EUSTACE MULLINS

OS SEGREDOS DA RESERVA FEDERAL

A LIGAÇÃO A LONDRES

A capa reproduz o contorno da águia do escudo vermelho, o brasão da cidade de Frankfurt, na Alemanha, adaptado por Mayer Amschel Bauer (1744-1812), que mudou o seu nome de Bauer para Rothschild («Escudo Vermelho»). Rothschild acrescentou cinco setas douradas nas garras da águia, simbolizando os seus cinco filhos que dirigiam as cinco casas bancárias da Casa Internacional dos Rothschild: Frankfurt, Londres, Paris, Viena e Nápoles.

OMNIA VERITAS®

EUSTACE CLARENCE MULLINS
(1923-2010)

Eustace Mullins (1923–2010) foi um escritor norte-americano conhecido pelas suas obras críticas sobre o sistema bancário e as instituições financeiras. Influenciado pelo poeta Ezra Pound, publicou, nomeadamente, *The Secrets of the Federal Reserve* em 1952, um livro que marcou certos círculos críticos das finanças internacionais. Autor prolífico, interessou-se por temas políticos, económicos e históricos ao longo de toda a sua carreira.

SECRETS OF THE FEDERAL RESERVE
The London Connection

OS SEGREDOS DA RESERVA FEDERAL
A LIGAÇÃO A LONDRES

1991

Traduzido e publicado pela Omnia Veritas Limited

OMNIA VERITAS®
www.omnia-veritas.com

Dedicado a dois dos melhores estudiosos do século XX, ***GEORGE STIMPSON*** *e* ***EZRA POUND,*** *que generosamente partilharam o seu vasto conhecimento com um jovem escritor para o orientar num campo que ele não teria conseguido dominar sozinho.*

AGRADECIMENTOS

Gostaria de agradecer aos meus antigos colegas da equipa da Biblioteca do Congresso, cuja amável assistência, cooperação e sugestões tornaram possíveis as primeiras versões deste livro. Gostaria também de agradecer aos funcionários da Biblioteca Newberry, em Chicago, da Biblioteca Pública de Nova Iorque, da Biblioteca Alderman da Universidade da Virgínia e da Biblioteca McCormick da Universidade Washington and Lee, em Lexington, Virgínia, pela sua inestimável ajuda na conclusão de trinta anos de investigação adicional para esta obra definitiva sobre o Sistema da Reserva Federal.

SOBRE O AUTOR

Eustace Mullins é um veterano da Força Aérea dos Estados Unidos, com trinta e oito meses de serviço ativo durante a Segunda Guerra Mundial. Nascido na Virgínia, estudou na Universidade Washington and Lee, na Universidade de Nova Iorque, na Universidade de Ohio, na Universidade do Dakota do Norte, nas Escuelas de Bellas Artes, em San Miguel de Allende, no México, e no Instituto de Artes Contemporâneas, em Washington, D.C.

O livro original, publicado sob o título *Mullins On The Federal Reserve*, foi encomendado pelo poeta Ezra Pound em 1948. Ezra Pound foi prisioneiro político durante treze anos e meio no Hospital St. Elizabeth, em Washington, D.C. (uma instituição federal para doentes mentais). A sua libertação deveu-se, em grande parte, aos esforços do Sr. Mullins.

A investigação na Biblioteca do Congresso foi dirigida e revista diariamente por George Stimpson, fundador do National Press Club em Washington, a quem *o The New York Times*, em 28 de setembro de 1952, chamou de «uma fonte de referência altamente conceituada na capital. Funcionários do governo, congressistas e repórteres recorriam a ele para obter informações sobre qualquer assunto».

Publicado em 1952 pela Kasper and Horton, Nova Iorque, o livro original foi a primeira revelação de âmbito nacional sobre as reuniões secretas dos banqueiros internacionais em Jekyll Island, Geórgia, entre 1907 e 1910, local onde foi redigido o projeto da Lei da Reserva Federal de 1913.

Durante os anos que se seguiram, o autor continuou a reunir informações novas e ainda mais surpreendentes sobre os antecedentes das pessoas que dirigem as políticas da Reserva Federal. As novas informações recolhidas ao longo dos anos a partir de centenas de jornais, revistas e livros fornecem uma visão corroborativa das ligações entre as casas bancárias internacionais.[1]

Enquanto pesquisava este material, Eustace Mullins fazia parte do quadro de funcionários da Biblioteca do Congresso. Mais tarde, Mullins foi consultor em financiamento rodoviário para o American Petroleum Institute, consultor em desenvolvimento hoteleiro para a revista Institutions Magazine e diretor editorial das quatro publicações do Chicago Motor Club.

[1] O London Acceptance Council é composto por apenas dezassete instituições bancárias internacionais autorizadas pelo Banco de Inglaterra a operar no mercado cambial.

PREFÁCIO

Em 1949, enquanto visitava Ezra Pound, que era prisioneiro político no Hospital St. Elizabeth, em Washington, D.C. (uma instituição federal para doentes mentais), o Dr. Pound perguntou-me se eu já tinha ouvido falar do Sistema da Reserva Federal. Respondi que não, aos 25 anos de idade. Ele mostrou-me então uma nota de dez dólares com a inscrição «Federal Reserve Note» e perguntou-me se eu poderia fazer alguma pesquisa na Biblioteca do Congresso sobre o Sistema da Reserva Federal, que tinha emitido essa nota. Pound não podia ir pessoalmente à Biblioteca, pois estava detido sem julgamento como prisioneiro político pelo governo dos Estados Unidos. Depois de lhe ter sido negado tempo de antena nos EUA, o Dr. Pound transmitiu a partir de Itália, numa tentativa de persuadir o povo dos Estados Unidos a não entrar na Segunda Guerra Mundial. Franklin D. Roosevelt tinha ordenado pessoalmente a acusação de Pound, instigado pelas exigências dos seus três assistentes pessoais, Harry Dexter White, Lauchlin Currie e Alger Hiss, todos eles posteriormente identificados como estando ligados à espionagem comunista.

Não tinha qualquer interesse em dinheiro ou na banca como tema, porque estava a trabalhar num romance. Pound ofereceu-se para complementar o meu rendimento com dez dólares por semana durante algumas semanas. A minha investigação inicial revelou provas da existência de um grupo bancário internacional que tinha planeado secretamente a redação da Lei da Reserva Federal e a promulgação do plano pelo Congresso. Estas descobertas confirmaram o que Pound há muito suspeitava. Ele disse: «Tens de trabalhar nisso como se fosse um romance policial.» Tive a sorte de ter a minha investigação na Biblioteca do Congresso orientada por um proeminente académico, George Stimpson, fundador do National Press Club, que foi descrito pelo *The New York Times* de 28 de setembro de 1952: «Amado pelos jornalistas de Washington como "a nossa Biblioteca do Congresso ambulante", o Sr. Stimpson era uma fonte de referência altamente conceituada no Capitólio. Funcionários do governo, congressistas e repórteres recorriam a ele para obter informações sobre qualquer assunto.»

Pesquisei quatro horas por dia na Biblioteca do Congresso e, à tarde, ia ao Hospital St. Elizabeth. O Pound e eu revíamos as notas do dia anterior. Depois, jantei com George Stimpson na Scholl's Cafeteria enquanto ele analisava o meu material, e. Regressei então ao meu quarto para dactilografar as notas corrigidas. Tanto Stimpson como Pound fizeram muitas sugestões para me orientar num campo em que eu não tinha qualquer experiência prévia. Quando os recursos de Pound se esgotaram, candidatei-me à Fundação Guggenheim, à Fundação Huntington Hartford e a outras fundações para concluir a minha investigação sobre a Reserva Federal. Apesar de as minhas candidaturas às fundações terem sido patrocinadas pelos três principais poetas da América, Ezra Pound, E.E. Cummings e Elizabeth Bishop, todas as fundações recusaram-se a patrocinar esta investigação. Escrevi então as minhas conclusões até à data e, em 1950, comecei a tentar comercializar este manuscrito em Nova Iorque. Dezoito editoras recusaram-no sem comentários, mas a décima nona, Devin Garrity, presidente da Devin Adair Publishing Company, deu-me alguns conselhos amigáveis no seu escritório. «Gosto do seu livro, mas não podemos publicá-lo», disse-me ele. «Ninguém mais em Nova Iorque o pode fazer. Porque não trazes um prospecto do teu romance? Acho que te podemos dar um adiantamento. Mais vale esqueceres a publicação do livro sobre a Reserva Federal. Duvido que alguma vez venha a ser impresso.»

Esta foi uma notícia devastadora, após dois anos de trabalho intensivo. Informei Pound e tentámos encontrar uma editora noutras partes do país. Após dois anos de submissões infrutíferas, o livro foi publicado numa pequena edição em 1952 por dois discípulos de Pound, John Kasper e David Horton, utilizando os seus fundos privados, sob o título Mullins on the Federal Reserve. Em 1954, uma segunda edição, com alterações não autorizadas, foi publicada em Nova Jérsia, com o título The Federal Reserve Conspiracy. Em 1955, Guido Roeder lançou uma edição alemã em Oberammergau, na Alemanha. O livro foi apreendido e toda a tiragem de 10 000 exemplares queimada por agentes do governo liderados pelo Dr. Otto John.

A queima do livro foi confirmada a 21 de abril de 1961 pelo juiz Israel Katz do Supremo Tribunal da Baviera. O Governo dos EUA recusou-se a intervir, porque o Alto Comissário dos EUA na

Alemanha, James B. Conant (presidente da Universidade de Harvard de 1933 a 1953), tinha aprovado a ordem inicial de queima do livro. Este é o único livro que foi queimado na Alemanha desde a Segunda Guerra Mundial. Em 1968, surgiu na Califórnia uma edição pirata deste livro. Tanto o FBI como os inspetores dos Correios dos EUA recusaram-se a agir, apesar das inúmeras queixas que apresentei durante a década seguinte. Em 1980, surgiu uma nova edição alemã. Como o Governo dos EUA aparentemente já não ditava os assuntos internos da Alemanha, o livro idêntico que tinha sido queimado em 1955 circula agora na Alemanha sem interferências.

Tinha colaborado em vários livros com o Sr. H.L. Hunt, e ele sugeriu que eu continuasse a minha investigação, há muito adiada, sobre a Reserva Federal e publicasse uma versão mais definitiva deste livro. Tinha acabado de assinar um contrato para escrever a biografia autorizada de Ezra Pound, e o livro sobre a Reserva Federal teve de ser adiado. O Sr. Hunt faleceu antes de eu poder retomar a minha investigação e, mais uma vez, deparei-me com o problema de financiar a investigação para o livro.

O meu livro original tinha identificado e nomeado as figuras obscuras nos Estados Unidos que planearam a Lei da Reserva Federal. Descobri agora que os homens que eu expus em 1952 como as figuras obscuras por trás do funcionamento do Sistema da Reserva Federal eram eles próprios meras sombras, as fachadas americanas para as figuras desconhecidas que ficaram conhecidas como a «Conexão de Londres». Descobri que, apesar dos nossos sucessos nas Guerras da Independência de 1812 contra a Inglaterra, continuávamos a ser uma colónia económica e financeira da Grã-Bretanha. Pela primeira vez, localizámos os acionistas originais dos Bancos da Reserva Federal e rastreámos as suas empresas-mãe até à Ligação de Londres.

Esta investigação é corroborada por citações e documentação de centenas de jornais, revistas e livros, bem como gráficos que mostram laços de sangue, matrimoniais e comerciais. Mais de mil edições do *The New York Times* em microfilme foram consultadas, não só para obter informação original, mas também para verificar afirmações de outras fontes.

É um lugar-comum na profissão de escritor que um escritor tem apenas um livro dentro de si. Isto parece aplicável no meu caso, porque estou agora na quinta década de escrita contínua sobre um único tema: a história interna do Sistema da Reserva Federal. Este livro foi, desde o seu início, encomendado e orientado por Ezra Pound. Quatro dos seus protegidos já receberam o Prémio Nobel da Literatura: William Butler Yeats pela sua poesia tardia, James Joyce por «Ulisses», Ernest Hemingway por «O Sol Também Se Levanta» e T.S. Eliot por «A Terra Desolada». Pound desempenhou um papel fundamental na inspiração e na edição destas obras — o que nos leva a acreditar, de forma, que a presente obra, também inspirada por Pound, representa uma tradição literária em curso.

Embora, na sua concepção, se esperasse que este livro fosse uma obra tortuosa sobre técnicas económicas e monetárias, rapidamente se transformou numa história de tal apelo universal e dramático que, desde o início, Ezra Pound me instou a escrevê-lo como um romance policial, um género que foi inventado pelo meu conterrâneo da Virgínia, Edgar Allan Poe. Acredito que a circulação contínua deste livro durante os últimos quarenta anos não só ilibou Ezra Pound das suas declarações políticas e monetárias tão condenadas, como também tem sido, e continuará a ser, a arma definitiva contra os poderosos conspiradores que o obrigaram a cumprir treze anos e meio sem julgamento, como prisioneiro político detido num manicómio ao estilo da KGB. A sua primeira reabilitação ocorreu quando os agentes governamentais que representavam os conspiradores se recusaram a permitir que ele testemunhasse em sua própria defesa; a segunda reabilitação ocorreu em 1958, quando esses mesmos agentes retiraram todas as acusações contra ele, e ele saiu do Hospital St. Elizabeth, um homem livre mais uma vez. A sua terceira e última reabilitação é esta obra, que documenta todos os aspetos da sua denúncia dos implacáveis financistas internacionais, para quem Ezra Pound se tornou apenas mais uma vítima, condenado a cumprir anos como o Homem da Máscara de Ferro, por ter ousado alertar os seus compatriotas americanos para os seus atos furtivos de traição contra todo o povo dos Estados Unidos.

Nas minhas palestras por todo o país e nas minhas participações em muitos programas de rádio e televisão, tenho alertado para o facto de que o Sistema da Reserva Federal não é federal; não tem reservas; e não é de todo um sistema, mas sim um sindicato do crime. Desde novembro de 1910, quando os conspiradores se reuniram em Jekyll Island, na Geórgia, até aos dias de hoje, as maquinações dos banqueiros da Reserva Federal têm estado envoltas em segredo. Hoje, esse segredo custou ao povo americano uma dívida de três biliões de dólares, com pagamentos de juros anuais a estes banqueiros que ascendem a cerca de trezentos mil milhões de dólares por ano, somas que ultrapassam a imaginação e que, por si só, são, em última análise, impagaveis. Os responsáveis do Sistema da Reserva Federal dirigem regularmente protestos ao público, tal como o faquir hindu entoa uma melodia insistente à cobra atordoada que balança a cabeça diante dele, não para resolver a situação, mas para impedir que ela o ataque. Tal foi a carta tranquilizadora escrita por um d e, Donald J. Winn, assistente do Conselho de Governadores, em resposta a um inquérito de um congressista, o ilustre Norman D. Shumway, em 10 de março de 1983. O Sr. Winn afirma que «O Sistema da Reserva Federal foi estabelecido por uma lei do Congresso em 1913 e não é uma "empresa privada"». Na página seguinte, o Sr. Winn continua: «As ações dos Bancos da Reserva Federal são detidas inteiramente por bancos comerciais que são membros do Sistema da Reserva Federal.» Ele não oferece qualquer explicação sobre por que razão o governo nunca detém uma única ação em qualquer Banco da Reserva Federal, ou por que razão o Sistema da Reserva Federal não é uma «empresa privada» quando todas as suas ações são detidas por «empresas privadas».

A história americana do século XX registou as incríveis conquistas dos banqueiros da Reserva Federal. Primeiro, o início da Primeira Guerra Mundial, que foi possível graças aos fundos disponibilizados pelo novo banco central dos Estados Unidos. Segundo, a Depressão Agrícola de 1920. Terceiro, a Queda da Black Friday em Wall Street, em outubro de 1929, e a Grande Depressão que se seguiu. Quarto, a Segunda Guerra Mundial. Em quinto lugar, a conversão dos ativos dos Estados Unidos e dos seus cidadãos de bens imóveis em ativos em papel, de 1945 até ao presente, transformando uma América vitoriosa e a principal potência mundial em 1945 na maior nação devedora do mundo em 1990. Hoje, esta nação encontra-se em ruínas económicas, devastada e indigente, numa situação tão difícil quanto aquela em que a Alemanha e o Japão se viram em 1945. Será que os americanos agirão para reconstruir a nossa nação, tal como a Alemanha e o

Japão fizeram quando enfrentaram as condições idênticas às que enfrentamos agora — ou continuaremos a ser escravizados pelo sistema monetário de dívida babilónico que foi criado pela Lei da Reserva Federal em 1913 para completar a nossa destruição total? Esta é a única questão a que temos de responder, e não nos resta muito tempo para o fazer.

Devido à profundidade e à importância da informação que eu tinha desenvolvido na Biblioteca do Congresso sob a orientação de Ezra Pound, este trabalho tornou-se um terreno fértil para muitos outros aspirantes a historiadores, que não tinham condições de pesquisar este material por conta própria. Ao longo das últimas quatro décadas, habituei-me a ver este material aparecer em muitos outros livros, invariavelmente atribuído a outros escritores, sem que o meu nome fosse mencionado. Para piorar a situação, não só o meu material, mas até o meu título foram apropriados, numa obra volumosa, embora obtusa, intitulada «Secrets of the Temple — the Federal Reserve». Este livro, alvo de intensa publicidade, recebeu críticas que variaram entre o incrédulo e o hilariante. A revista Forbes aconselhou os seus leitores a lerem a sua crítica e a pouparem o seu dinheiro, salientando que «o leitor não descobrirá quaisquer segredos» e que «este é um daqueles livros cuja fanfarra excede em muito o seu mérito». Isto não foi acidental, uma vez que esta exagurada tentativa de branquear os banqueiros da Reserva Federal foi publicada pela editora não literária mais famosa do mundo.

Após o meu choque inicial ao descobrir que a personalidade literária mais influente do século XX, Ezra Pound, estava preso no «Hellhole» (o Inferno), em Washington, escrevi imediatamente a um financista de Wall Street, na propriedade de quem eu tinha sido hóspede com frequência, a pedir ajuda. Lembrei-lhe que, como patrono das artes, não podia permitir que Pound permanecesse num cativeiro tão desumano. A sua resposta chocou-me ainda mais. Ele respondeu que «o seu amigo pode muito bem ficar onde está». Passaram-se alguns anos até eu conseguir compreender que, para este banqueiro de investimento e os seus colegas, Ezra Pound seria sempre «o inimigo».

INTRODUÇÃO

Eis os factos simples da grande traição. Wilson e House sabiam que estavam a fazer algo de transcendental. Não se consegue compreender as motivações dos homens e esta dupla provavelmente acreditava no que estava a fazer. Aquilo em que não acreditavam era no governo representativo. Acreditavam num governo por uma oligarquia descontrolada, cujos atos só se tornariam evidentes após um intervalo tão longo que o eleitorado seria para sempre incapaz de fazer qualquer coisa eficaz para remediar as depredações.

(NOTA DO AUTOR: O Dr. Pound escreveu esta introdução para a versão mais antiga deste livro, publicada pela Kasper and Horton, Nova Iorque, 1952. Como estava detido como prisioneiro político sem julgamento pelo Governo Federal, não podia dar-se ao luxo de permitir que o seu nome aparecesse no livro, devido a represálias adicionais contra ele. Também não podia permitir que o livro lhe fosse dedicado, embora tivesse encomendado a sua redação. O autor sente-se grato por poder corrigir estas omissões necessárias, trinta e três anos após os acontecimentos.)

A OPINIÃO DE JEFFERSON SOBRE A CONSTITUCIONALIDADE DO BANCO

15 de fevereiro de 1791

(The Writings of Thomas Jefferson, ed. por H. E. Bergh, Vol. III, p. 145 e seguintes)

O projeto de lei para a criação de um banco nacional, em 1791, prevê, entre outras coisas,--

1. Constituir os subscritores numa sociedade.

2. Permitir-lhes, na sua qualidade de sociedade, receber concessões de terras; e, até este ponto, é contrário às leis de mortmain.

3. Permitir que subscritores estrangeiros possuam terras; e, nesse sentido, viola as leis de alienação.

4. Transmitir essas terras, na morte de um proprietário, a uma determinada linha de sucessores; e, nesse sentido, altera o curso da sucessão.

5. Colocar as terras fora do alcance da confiscação ou da reversão ao erário; e, nesse sentido, é contrário às leis de confiscação e reversão ao erário.

6. Transmitir bens móveis a sucessores, numa determinada linha; e, nessa medida, é contrário às leis da distribuição.

7. Conceder-lhes o direito único e exclusivo de exercer atividades bancárias, sob a autoridade nacional; e, nesse sentido, é contrário às leis do monopólio.

8. Conceder-lhes o poder de promulgar leis, superiores às leis dos estados; pois assim devem ser interpretadas, para proteger a instituição do controlo das legislaturas estaduais; e assim provavelmente serão interpretadas.

Considero que a base da Constituição assenta neste princípio — que todos os poderes não delegados aos Estados Unidos pela Constituição, nem proibidos por ela aos estados, são reservados aos estados ou ao povo (12.ª emenda). Dar um único passo além dos limites assim especialmente traçados em torno dos poderes do

Congresso é tomar posse de um campo ilimitado de poder, que já não é suscetível de qualquer definição.

A constituição de um banco e os poderes assumidos por este projeto de lei não foram, na minha opinião, delegados aos Estados Unidos pela Constituição.

CAPÍTULO UM

ILHA DE JEKYLL

«A questão de uma taxa de desconto uniforme foi discutida e decidida em Jekyll Island.» — **Paul M. Warburg**[2]

Na noite de 22 de novembro de 1910, um grupo de repórteres de jornal permanecia desanimado na estação ferroviária de Hoboken, em Nova Jérsia. Tinham acabado de ver uma delegação dos principais financistas do país a deixar a estação numa missão secreta. Passariam anos até descobrirem qual era essa missão e, mesmo assim, não compreenderiam que a história dos Estados Unidos sofreu uma mudança drástica após aquela noite em Hoboken.

A delegação partira num vagão selado, com as persianas fechadas, rumo a um destino não revelado. Era liderada pelo senador Nelson Aldrich, presidente da Comissão Monetária Nacional. O presidente Theodore Roosevelt promulgara a lei que criava a Comissão Monetária Nacional em 1908, depois de a trágica crise de 1907 ter suscitado um clamor público para que o sistema monetário do país fosse estabilizado. Aldrich tinha liderado os membros da Comissão numa viagem de dois anos pela Europa, gastando cerca de trezentos mil dólares de dinheiro público. Ainda não tinha apresentado um relatório sobre os resultados desta viagem, nem tinha proposto qualquer plano para a reforma bancária.

---

2 Prof. Nathaniel Wright Stephenson, Memorando de Paul Warburg, *Nelson Aldrich: Um Líder na Política Americana*, Scribners, N.Y. 1930.

A acompanhar o senador Aldrich na estação de Hoboken estavam o seu secretário particular, Shelton; A. Piatt Andrew, secretário adjunto do Tesouro e assistente especial da Comissão Monetária Nacional; Frank Vanderlip, presidente do National City Bank de Nova Iorque; Henry P. Davison, sócio sénior da J.P. Morgan Company e geralmente considerado o emissário pessoal de Morgan; e Charles D. Norton, presidente do First National Bank de Nova Iorque, dominado por Morgan. Juntaram-se ao grupo pouco antes de o comboio deixar a estação Benjamin Strong, também conhecido como um braço direito de J.P. Morgan; e Paul Warburg, um imigrante recém-chegado da Alemanha que se tinha juntado à casa bancária Kuhn, Loeb and Company, de Nova Iorque, como sócio, ganhando quinhentos mil dólares por ano.

Seis anos mais tarde, um escritor financeiro chamado Bertie Charles Forbes (que mais tarde fundou a revista Forbes; o atual editor, Malcom Forbes, é seu filho), escreveu:

"Imagine um grupo dos maiores banqueiros do país a sair furtivamente de Nova Iorque num vagão ferroviário privado, ao abrigo da escuridão, a dirigir-se secretamente centenas de quilómetros para sul, a embarcar numa lancha misteriosa, entrando furtivamente numa ilha deserta, com exceção de alguns poucos criados, vivendo lá uma semana inteira sob um sigilo tão rigoroso que o nome de nenhum deles foi sequer mencionado, para que os criados não descobrissem a identidade e revelassem ao mundo esta expedição mais estranha e secreta da história das finanças americanas. Não estou a inventar; estou a revelar ao mundo, pela primeira vez, a verdadeira história de como o famoso relatório monetário de Aldrich, a base do nosso novo sistema monetário, foi escrito... Foi imposto o mais absoluto sigilo a todos. O público não devia perceber a menor pista do que estava para acontecer. O senador Aldrich instruiu cada um a entrar discretamente num vagão privado, para o qual a companhia ferroviária tinha recebido ordens para o estacionar numa plataforma pouco movimentada. E lá partiram. Os onipresentes repórteres de Nova Iorque tinham sido frustrados... Nelson (Aldrich) tinha confiado a Henry, Frank, Paul e Piatt que os iria manter isolados em Jekyll Island, afastados do resto do mundo, até que tivessem desenvolvido e compilado um sistema monetário científico para os Estados Unidos, o verdadeiro nascimento do atual Sistema da Reserva Federal, o plano elaborado em Jekyll Island na conferência com Paul, Frank e Henry... Warburg é o elo que une o sistema de Aldrich ao sistema atual. Ele, mais do que qualquer outro homem, tornou o sistema possível como uma realidade funcional.»[3]

A biografia oficial do senador Nelson Aldrich afirma:

«No outono de 1910, seis homens saíram para caçar patos: Aldrich, o seu secretário Shelton, Andrews, Davison, Vanderlip e Warburg. Os repórteres estavam à espera na estação de Brunswick (Geórgia). O Sr. Davison saiu e falou com eles. Os repórteres dispersaram-se e o segredo da estranha viagem não foi divulgado. O Sr. Aldrich perguntou-lhe como é que ele tinha conseguido isso e ele não revelou a informação.»[4]

Davison tinha uma excelente reputação como alguém capaz de conciliar facções em conflito, um papel que desempenhou para J.P. Morgan durante a resolução da Crise Monetária de 1907. Outro sócio de Morgan, T.W. Lamont, afirma:

«Henry P. Davison serviu como árbitro da expedição a Jekyll Island.»[5]

A partir destas referências, é possível reconstituir a história. O vagão privado de Aldrich, que tinha partido da estação de Hoboken com as cortinas fechadas, levou os financistas até Jekyll Island, na Geórgia. Alguns anos antes, um grupo muito exclusivo de milionários, liderado por J.P. Morgan, tinha comprado a ilha como refúgio de inverno. Chamavam-se a si próprios de Jekyll Island Hunt Club e, inicialmente, a ilha era utilizada apenas para expedições de caça, até que os milionários perceberam que o seu clima agradável oferecia um refúgio acolhedor dos rigores dos invernos em Nova Iorque e começaram a construir mansões esplêndidas, a que chamavam «chalés», para as férias de inverno das suas famílias. O próprio edifício do clube, por ser bastante isolado, era por vezes procurado para festas de despedida de solteiro e outras atividades não relacionadas com a caça. Nessas ocasiões, os membros do clube

---

[3] «CURRENT OPINION», dezembro de 1916, p. 382.

[4] Nathaniel Wright Stephenson, Nelson W. *Aldrich, Um Líder na Política Americana*, Scribners, N.Y. 1930, Cap. XXIV «Jekyll Island»

[5] T.W. Lamont, Henry P. Davison, Harper, 1933.

que não fossem convidados para esses eventos específicos eram convidados a não comparecerem ao local durante um determinado número de dias. Antes de o grupo de Nelson Aldrich ter partido de Nova Iorque, os membros do clube tinham sido notificados de que o clube estaria ocupado durante as duas semanas seguintes.

O Jekyll Island Club foi escolhido como o local para elaborar o plano de controlo do dinheiro e do crédito do povo dos Estados Unidos, não só devido ao seu isolamento, mas também porque era o refúgio privado das pessoas que estavam a elaborar o plano.

O New York Times observou mais tarde, a 3 de maio de 1931, ao comentar a morte de George F. Baker, um dos colaboradores mais próximos de J.P. Morgan, que «o Jekyll Island Club perdeu um dos seus membros mais ilustres. Um sexto da riqueza total do mundo era representado pelos membros do Jekyll Island Club.» A adesão era apenas por herança.

O grupo de Aldrich não tinha interesse em caça. Jekyll Island foi escolhida como local para a preparação do banco central porque oferecia total privacidade e porque não havia um jornalista num raio de oitenta quilómetros. A necessidade de sigilo era tal que os membros do grupo concordaram, antes de chegarem a Jekyll Island, que nenhum apelido seria usado em momento algum durante a sua estadia de duas semanas. O grupo passou a referir-se a si próprio como o Clube dos Nomes Próprios, uma vez que os apelidos de Warburg, Strong, Vanderlip e dos outros estavam proibidos durante a sua estadia. Aos funcionários habituais foram concedidas duas semanas de férias do clube, e foram trazidos do continente novos criados para esta ocasião, que não conheciam os nomes de nenhum dos presentes. Mesmo que tivessem sido interrogados depois de o grupo de Aldrich ter regressado a Nova Iorque, não teriam podido revelar os nomes. Este arranjo revelou-se tão satisfatório que os membros, limitados àqueles que estiveram efetivamente presentes em Jekyll Island, realizaram posteriormente uma série de encontros informais em Nova Iorque.

Porquê todo este secretismo? Porquê esta viagem de mil milhas num vagão ferroviário fechado até um clube de caça remoto? Aparentemente, era para levar a cabo um programa de serviço público, para preparar uma reforma bancária que seria uma bênção para o povo dos Estados Unidos, que tinha sido ordenada pela

Comissão Monetária Nacional. Os participantes não eram estranhos a obras de beneficência. Normalmente, os seus nomes eram inscritos em placas de bronze ou na fachada dos edifícios que tinham doado. Este não foi o procedimento que seguiram em Jekyll Island. Nunca foi erigida qualquer placa de bronze para assinalar as ações altruístas e e es daqueles que se reuniram no seu clube de caça privado em 1910 para melhorar a sorte de todos os cidadãos dos Estados Unidos.

Na verdade, nenhuma obra de beneficência teve lugar em Jekyll Island. O grupo de Aldrich deslocou-se para lá em privado para redigir a legislação bancária e monetária que a Comissão Monetária Nacional tinha recebido ordens para preparar em público. Em jogo estava o futuro controlo do dinheiro e do crédito dos Estados Unidos. Se alguma reforma monetária genuína tivesse sido preparada e apresentada ao Congresso, teria posto fim ao poder dos criadores de dinheiro de um mundo único elitista. Jekyll Island garantiu que fosse estabelecido um banco central nos Estados Unidos que daria a estes banqueiros tudo o que sempre desejaram.

Sendo o mais competente tecnicamente entre os presentes, Paul Warburg ficou encarregado de redigir a maior parte do plano. O seu trabalho seria então discutido e revisto pelo resto do grupo. O senador Nelson Aldrich estava lá para garantir que o plano final fosse apresentado de forma a que pudesse ser aprovado pelo Congresso, e os outros banqueiros estavam lá para incluir todos os detalhes necessários para terem a certeza de que obteriam tudo o que queriam, num rascunho final elaborado durante uma única estadia. Depois de regressarem a Nova Iorque, não poderia haver uma segunda reunião para reformular o plano. Não podiam esperar obter tal sigilo para o seu trabalho numa segunda viagem.

O grupo de Jekyll Island permaneceu no clube durante nove dias, trabalhando intensamente para concluir a sua tarefa. Apesar dos interesses comuns dos presentes, o trabalho não decorreu sem atritos. O senador Aldrich, sempre uma pessoa autoritária, considerava-se o líder natural do grupo e não conseguia evitar dar ordens a todos os outros. Aldrich também se sentia um pouco deslocado por ser o único membro que não era banqueiro profissional. Tinha tido interesses bancários substanciais ao longo da sua carreira, mas apenas como alguém que lucrava com a sua participação em ações bancárias. Sabia pouco sobre os aspetos técnicos das operações financeiras. O seu homólogo, Paul Warburg, acreditava que todas as questões levantadas pelo grupo exigiam, não apenas uma resposta, mas uma palestra. Raramente perdia uma oportunidade de proferir aos membros um longo discurso destinado a impressioná-los com a extensão do seu conhecimento bancário. Isto causava ressentimento nos outros e suscitava frequentemente comentários sarcásticos da parte de Aldrich. A diplomacia natural de Henry P. Davison revelou-se o catalisador que os manteve a trabalhar. O forte sotaque estrangeiro de Warburg irritava-os e lembrava-lhes constantemente que tinham de aceitar a sua presença se quisessem conceber um plano de banco central que lhes garantisse os lucros futuros. Warburg pouco se esforçava por amenizar os preconceitos deles e contestava-os em todas as ocasiões possíveis sobre questões técnicas bancárias, que considerava seu domínio exclusivo.

«Em todas as conspirações deve haver grande sigilo.»[6]

O plano de «reforma monetária» elaborado em Jekyll Island deveria ser apresentado ao Congresso como o trabalho concluído da Comissão Monetária Nacional. Era imperativo que os verdadeiros autores do projeto de lei permanecessem ocultos. Tão grande era o ressentimento popular contra os banqueiros desde o Pânico de 1907 que nenhum congressista ousaria votar a favor de um projeto de lei com a mancha de Wall Street, independentemente de quem tivesse contribuído para as suas despesas de campanha. O plano de Jekyll Island era um plano de banco central, e neste país havia uma longa tradição de luta contra a imposição de um banco central ao povo americano. Tudo tinha começado com a luta de Thomas Jefferson contra o esquema de Alexander Hamilton para o Primeiro Banco dos Estados Unidos, apoiado por James Rothschild. Tinha continuado com a guerra bem-sucedida do presidente Andrew Jackson contra o esquema de Alexander Hamilton para o Segundo Banco dos Estados Unidos, no qual Nicholas Biddle atuava como agente de James Rothschild, de Paris. O resultado dessa luta foi a criação do Sistema de Subtesouraria Independente, que supostamente serviu para manter os fundos dos Estados Unidos fora das mãos dos financistas. Um estudo sobre as crises de 1873, 1893 e 1907 indica que estas crises foram o resultado das operações dos banqueiros internacionais em Londres. Em 1908, o público exigia que o

[6] Clarendon, Hist. Reb. 1647.

Congresso aprovasse legislação para impedir a recorrência de crises monetárias induzidas artificialmente. Tal reforma monetária parecia agora inevitável. Foi para antecipar e controlar essa reforma que a Comissão Monetária Nacional foi criada, com Nelson Aldrich à sua frente, uma vez que este era o líder da maioria no Senado.

O principal problema, como Paul Warburg informou aos seus colegas, era evitar o nome «Banco Central». Por essa razão, ele tinha optado pela designação de «Sistema da Reserva Federal». Isto levaria as pessoas a pensar, erroneamente, que não se tratava de um banco central. No entanto, o plano de Jekyll Island seria um plano de banco central, cumprindo as principais funções de um banco central; seria propriedade de particulares que lucrariam com a posse de ações. Como banco de emissão, controlaria o dinheiro e o crédito da nação.

No capítulo sobre Jekyll Island na sua biografia de Aldrich, Stephenson escreve sobre a conferência:

«Como é que o Banco da Reserva seria controlado? Deveria ser controlado pelo Congresso. O governo estaria representado no conselho de administração, teria pleno conhecimento de todos os assuntos do Banco, mas a maioria dos administradores seria escolhida, direta ou indiretamente, pelos bancos da associação.»[7]

Assim, o Banco da Reserva Federal proposto deveria ser «controlado pelo Congresso» e responder perante o governo, mas a maioria dos administradores deveria ser escolhida, «direta ou indiretamente», pelos bancos da associação. No aperfeiçoamento final do plano de Warburg, o Conselho de Governadores da Reserva Federal seria nomeado pelo Presidente dos Estados Unidos, mas o verdadeiro trabalho do Conselho seria controlado por um Conselho Consultivo Federal, que se reuniria com os Governadores. O Conselho seria escolhido pelos diretores dos doze Bancos da Reserva Federal e permaneceria desconhecido do público.

A consideração seguinte foi ocultar o facto de que o proposto «Sistema da Reserva Federal» seria dominado pelos senhores do mercado monetário de Nova Iorque. Os congressistas do Sul e do Oeste não sobreviveriam se votassem a favor de um plano de Wall

[7] Nathaniel Wright Stephenson, Nelson W. *Aldrich, Um Líder na Política Americana*, Scribners, N.Y. 1930, Cap. XXIV «Jekyll Island», p. 379.

Street. Os agricultores e pequenos empresários dessas regiões tinham sido os que mais sofreram com as crises monetárias. Havia um grande ressentimento popular contra os banqueiros do Leste, que durante o século XIX se transformou num movimento político conhecido como «populismo». Os documentos privados de Nicholas Biddle, só divulgados mais de um século após a sua morte, mostram que, desde muito cedo, os banqueiros do Leste estavam plenamente cientes da oposição pública generalizada contra eles.

Paul Warburg apresentou em Jekyll Island o principal artifício que impediria os cidadãos de perceberem que o seu plano criava um banco central. Tratava-se do sistema de reservas regionais. Propôs um sistema de quatro (posteriormente doze) bancos de reserva regionais localizados em diferentes regiões do país. Poucas pessoas fora do mundo bancário perceberiam que a concentração existente da estrutura monetária e de crédito da nação em Nova Iorque tornava a proposta de um sistema de reservas regionais uma ilusão.

Outra proposta apresentada por Paul Warburg em Jekyll Island dizia respeito ao modo de seleção dos administradores para o sistema de reservas regionais proposto. O senador Nelson Aldrich insistiu que os funcionários deveriam ser nomeados, e não eleitos, e que o Congresso não deveria ter qualquer papel na sua seleção. A sua experiência no Capitólio ensinara-lhe que a opinião do Congresso seria frequentemente hostil aos interesses de Wall Street, uma vez que os congressistas do Oeste e do Sul poderiam querer demonstrar aos seus eleitores que os estavam a proteger contra os banqueiros do Leste.

Warburg respondeu que os administradores dos bancos centrais propostos deveriam estar sujeitos à aprovação executiva do Presidente. Esta retirada evidente do sistema do controlo do Congresso significava que a proposta da Reserva Federal era inconstitucional desde o seu início, uma vez que o Sistema da Reserva Federal se destinava a ser um banco emissor. O Artigo 1.º, Secção 8, Parágrafo 5 da Constituição confere expressamente ao Congresso «o poder de cunhar moeda e regular o seu valor». O plano de Warburg privaria o Congresso da sua soberania, e os sistemas de freios e contrapesos de poder estabelecidos por Thomas Jefferson na Constituição seriam agora destruídos. Os administradores do sistema proposto controlariam o dinheiro e o crédito da nação e seriam eles próprios aprovados pelo poder executivo do governo. O poder judicial (o Supremo Tribunal, etc.) já era virtualmente controlado pelo poder executivo através da nomeação presidencial para o tribunal.

Paul Warburg escreveu mais tarde uma exposição exaustiva do seu plano, intitulada «The Federal Reserve System, Its Origin and Growth» (O Sistema da Reserva Federal, a sua Origem e Crescimento)[8], com cerca de 1750 páginas, mas o nome «Jekyll Island» não aparece em parte alguma deste texto. Ele afirma (Vol. 1, p. 58):

«Mas então a conferência encerrou-se; após uma semana de deliberações sérias, o esboço do que mais tarde se tornou a Lei Aldrich tinha sido acordado, e tinha sido delineado um plano que previa uma "Associação Nacional de Reserva", ou seja, uma organização central de reserva com uma emissão de notas elástica baseada em ouro e papel comercial.»

Na página 60, Warburg escreve: «Os resultados da conferência foram inteiramente confidenciais. Nem mesmo o facto de ter havido uma reunião pôde ser divulgado.» Acrescenta numa nota de rodapé: «Embora tenham passado dezoito [sic] anos desde então, não me sinto à vontade para dar uma descrição desta conferência tão interessante, relativamente à qual o senador Aldrich obrigou todos os participantes a manter sigilo.»

A revelação de B.C. Forbes, em[9], sobre a expedição secreta a Jekyll Island, teve um impacto surpreendentemente reduzido. Só foi publicada dois anos após a aprovação da Lei da Reserva Federal pelo Congresso, pelo que nunca foi lida durante o período em que poderia ter tido efeito, ou seja, durante o debate do projeto de lei no Congresso. A história de Forbes foi também descartada, por aqueles «que sabiam do assunto», como absurda e uma mera invenção. Stephenson menciona isto na página 484 do seu livro sobre Aldrich.[10]

---

[8] Paul Warburg, *O Sistema da Reserva Federal, a sua Origem e Crescimento,* Volume I, p. 58, Macmillan, Nova Iorque, 1930.

[9] CURRENT OPINION, dezembro de 1916, p. 382.

[10] Nathaniel Wright Stephenson, Nelson W. Aldrich, *Um Líder na Política Americana,* Scribners, N.Y. 1930, Cap. XXIV «Jekyll Island», p. 379.

«Este curioso episódio de Jekyll Island tem sido geralmente considerado um mito. B.C. Forbes obteve algumas informações de um dos repórteres. Estas contavam, em linhas vagas, a história de Jekyll Island, mas não causaram qualquer impressão e foram geralmente consideradas como uma mera lenda.»

O encobrimento da conferência de Jekyll Island seguiu duas linhas, ambas bem-sucedidas. A primeira, como Stephenson menciona, consistiu em descartar toda a história como uma invenção romântica que nunca aconteceu de facto. Embora houvesse breves referências a Jekyll Island em livros posteriores sobre o Sistema da Reserva Federal, estas também atraíram pouca atenção do público. Como observámos, a obra volumosa e supostamente definitiva de Warburg sobre o Sistema da Reserva Federal não menciona de todo Jekyll Island, embora ele admita que uma conferência teve lugar. Em nenhum dos seus volumosos discursos ou escritos aparecem as palavras «Jekyll Island», com uma única exceção notável. Ele concordou com o pedido do Professor Stephenson para que preparasse uma breve declaração para a biografia de Aldrich. Esta aparece na página 485 como parte do «Memorando de Warburg». Neste excerto, Warburg escreve: «A questão de uma taxa de desconto uniforme foi discutida e resolvida em Jekyll Island.»

Outro membro do «First Name Club» foi menos reticente. Frank Vanderlip publicou mais tarde algumas breves referências à conferência. No Saturday Evening Post, de 9 de fevereiro de 1935, p. 25, Vanderlip escreveu:

«Apesar das minhas opiniões sobre o valor para a sociedade de uma maior publicidade dos assuntos das empresas, houve uma ocasião, perto do final de 1910, em que fui tão reservado, na verdade, tão furtivo, como qualquer conspirador... Uma vez que teria sido fatal para o plano do senador Aldrich que se soubesse que ele estava a recorrer a alguém de Wall Street para o ajudar na preparação do seu projeto de lei, foram tomadas precauções que teriam encantado o coração de James Stillman (um banqueiro excêntrico e reservado que foi presidente do National City Bank durante a Guerra Hispano-Americana e que se pensava ter estado envolvido em levar-nos a essa guerra)... Não me parece exagero falar da nossa expedição secreta a Jekyll Island como a ocasião da conceção efetiva do que acabou por se tornar o Sistema da Reserva Federal.»

Numa reportagem de viagens do The Washington Post, de 27 de março de 1983, intitulada «Siga os ricos até Jekyll Island», Roy Hoopes escreve:

«Em 1910, quando Aldrich e quatro especialistas financeiros procuravam um local para se reunirem em segredo com o objetivo de reformar o sistema bancário do país, fingiram uma viagem de caça a Jekyll e, durante 10 dias, isolaram-se no Clubhouse, onde traçaram os planos para o que viria a tornar-se o Banco da Reserva Federal.»

Vanderlip escreveu mais tarde na sua autobiografia, From Farmboy to Financier:[11]

«A nossa expedição secreta a Jekyll Island foi a ocasião em que se concebeu efetivamente o que viria a ser o Sistema de Reservas Federais. Os pontos essenciais do Plano Aldrich estavam todos contidos na Lei da Reserva Federal, tal como foi aprovada.»

O professor E.R.A. Seligman, membro da família bancária internacional J. & W. Seligman e chefe do Departamento de Economia da Universidade de Columbia, escreveu num ensaio publicado pela Academia de Ciências Políticas, Proceedings, v. 4, n.º 4, p. 387-90:

«São muito poucos os que sabem quão grande é a dívida dos Estados Unidos para com o Sr. Warburg. Pois pode dizer-se sem receio de contradição que, nas suas características fundamentais, a Lei da Reserva Federal é obra do Sr. Warburg mais do que de qualquer outro homem no país. A existência de um Conselho da Reserva Federal cria, em tudo menos no nome, um verdadeiro banco central. Nos dois fundamentos do controlo das reservas e da política de desconto, a Lei da Reserva Federal aceitou francamente o princípio do Projeto de Lei Aldrich, e esses princípios, como foi afirmado, foram criação do Sr. Warburg e do Sr. Warburg sozinho. Não se deve esquecer que o Sr. Warburg tinha um objetivo prático em vista. Ao formular os seus planos e ao avançar com sugestões ligeiramente variadas de tempos a tempos, cabia-lhe lembrar que a educação do país devia ser gradual e que grande parte da tarefa consistia em derrubar preconceitos e dissipar suspeitas. Os seus planos continham, portanto, todo o tipo de sugestões elaboradas

[11] Frank Vanderlip, *De Rapaz do Campo a Financeiro.*

destinadas a proteger o público contra perigos imaginários e a persuadir o país de que o esquema geral era, de todo, exequível. Era esperança do Sr. Warburg que, com o passar do tempo, fosse possível eliminar da lei algumas cláusulas que foram inseridas em grande parte por sua sugestão para fins educativos.»

Agora que a dívida pública dos Estados Unidos ultrapassou um trilião de dólares, podemos de facto admitir «quão grande é a dívida dos Estados Unidos para com o Sr. Warburg». Na altura em que redigiu a Lei da Reserva Federal, a dívida pública era praticamente inexistente.

O professor Seligman destaca a notável presciência de Warburg de que a verdadeira tarefa dos membros da conferência de Jekyll Island era preparar um plano bancário que gradualmente «educasse o país» e «derrubasse preconceitos e eliminasse suspeitas». A campanha para transformar o plano em lei conseguiu exatamente isso.

CAPÍTULO DOIS

O PLANO DE ALDRICH

«As finanças e as tarifas são reservadas por Nelson Aldrich como sendo da sua exclusiva competência e jurisdição. O Sr. Aldrich está a esforçar-se por elaborar, através da Comissão Monetária Nacional, uma lei bancária e monetária. Centenas de milhares de pessoas estão firmemente convencidas de que o Sr. Aldrich representa, na sua personalidade, a maior e mais sinistra ameaça ao bem-estar popular dos Estados Unidos. Ernest Newman afirmou recentemente: 'O que o Sul inflige aos negros em termos políticos, Aldrich infligiria aos pobres do Norte, se conseguisse conceber uma forma segura e prática de o fazer.' - Harper's Weekly, 7 de maio de 1910.

Os participantes na conferência de Jekyll Island regressaram a Nova Iorque para dirigir uma campanha de propaganda a nível nacional a favor do «Plano Aldrich». Três das principais universidades, Princeton, Harvard e a Universidade de Chicago, foram utilizadas como pontos de encontro para esta propaganda, e os bancos nacionais tiveram de contribuir para um fundo de cinco milhões de dólares para persuadir o público americano de que este plano de banco central deveria ser aprovado pelo Congresso.

Woodrow Wilson, governador de Nova Jérsia e antigo presidente da Universidade de Princeton, foi recrutado como porta-voz do Plano Aldrich. Durante a Crise de 1907, Wilson tinha declarado: «Todos estes problemas poderiam ser evitados se nomeássemos uma comissão de seis ou sete homens com espírito cívico, como J.P. Morgan, para gerir os assuntos do nosso país.»

Na sua biografia de Nelson Aldrich, de 1930, Stephenson afirma:

«Em 16 de janeiro de 1911, foi publicado um panfleto intitulado "Plano Sugerido para a Legislação Monetária", da autoria do Exmo. Nelson Aldrich, baseado nas conclusões da Reunião de Jekyll Island.» Stephenson afirma, na página 388: «Foi criada uma organização para o progresso financeiro. O Sr. Warburg apresentou uma resolução autorizando a criação da Liga dos Cidadãos, mais tarde a Liga Nacional dos Cidadãos... Ao Professor Laughlin, da Universidade de Chicago, foi confiada a responsabilidade pela propaganda da Liga.»[12]

É notável que Stephenson caracterize o trabalho da Liga Nacional dos Cidadãos como «propaganda», em consonância com a exposição de Seligman sobre o trabalho de Warburg como «a educação do país» e «para derrubar preconceitos».

Grande parte dos cinco milhões de dólares do fundo secreto dos banqueiros foi gasta sob os auspícios da Liga Nacional dos Cidadãos, que era composta por professores universitários. Os dois propagandistas mais incansáveis do Plano Aldrich foram o professor O.M. Sprague, de Harvard, e J. Laurence Laughlin, da Universidade de Chicago.

O congressista Charles A. Lindbergh, Sr., observa:

«J. Laurence Laughlin, presidente do Comité Executivo da Liga Nacional dos Cidadãos desde a sua fundação, regressou ao seu cargo de professor de economia política na Universidade de Chicago. Em junho de 1911, foi concedida ao professor Laughlin uma licença de um ano da universidade, para que pudesse dedicar todo o seu tempo à campanha de educação empreendida pela Liga... Trabalhou incansavelmente, e é em grande parte graças aos seus esforços e à sua persistência que a campanha entra na fase final com perspetivas lisonjeiras de um desfecho bem-sucedido... O leitor sabe que a

[12] Nathaniel Wright Stephenson, *Nelson W. Aldrich, Um Líder na Política Americana*, Scribners, N.Y. 1930.

Universidade de Chicago é uma instituição dotada por John D. Rockefeller com quase cinquenta milhões de dólares.»[13]

Na sua biografia de Nelson Aldrich, Stephenson revela que a Liga dos Cidadãos foi também um produto de Jekyll Island. No capítulo 24, em, descobrimos que: O Plano Aldrich foi apresentado ao Congresso como o resultado de três anos de trabalho, estudo e viagens por parte dos membros da Comissão Monetária Nacional, com despesas superiores a trezentos mil dólares.[14]

Ao testemunhar perante a Comissão de Regras, em 15 de dezembro de 1911, após a apresentação do Plano Aldrich no Congresso, o congressista Lindbergh afirmou:

«O nosso sistema financeiro é falso e constitui um enorme fardo para o povo... Eu aleguei que existe um Trust Monetário. O Plano Aldrich é um esquema claramente no interesse do Trust... Por que razão o Trust Monetário pressiona tanto a favor do Plano Aldrich agora, antes que o povo saiba o que o Trust Monetário tem vindo a fazer?»

Lindbergh continuou o seu discurso:

«O Plano Aldrich é o Plano de Wall Street. É um desafio generalizado ao Governo por parte do campeão do Money Trust. Significa mais um pânico, se necessário, para intimidar o povo. Aldrich, pago pelo Governo para representar o povo, propõe, em vez disso, um plano para os trusts. Foi através de uma manobra muito astuta que a Comissão Monetária Nacional foi criada. Em 1907, a natureza respondeu de forma maravilhosa e deu a este país a colheita mais abundante que alguma vez teve. Outras indústrias também estavam ocupadas e, de um ponto de vista natural, todas as condições estavam reunidas para um ano extremamente próspero. Em vez disso, um pânico acarretou-nos enormes perdas. Wall Street sabia que o povo americano exigia uma solução contra a recorrência de uma condição tão ridiculamente antinatural. A maioria dos senadores e deputados caiu na armadilha de Wall Street e aprovou a Lei de Emergência Monetária Aldrich-Vreeland. Mas o verdadeiro objetivo era obter uma comissão monetária que elaborasse uma

---

[13] Charles A. Lindbergh, Sr., *Banca, Moeda e o Trust Monetário*, 1913, p. 131.

[14] Em 1911, o Plano Aldrich passou a fazer parte da plataforma oficial do Partido Republicano.

proposta de emendas às nossas leis monetárias e bancárias que se adequasse ao Trust Monetário. Os interesses estão agora ocupados por todo o lado a educar as pessoas a favor do Plano Aldrich. É relatado que foi angariada uma grande soma de dinheiro para este fim. A especulação de Wall Street provocou o Pânico de 1907. Os fundos dos depositantes foram emprestados a especuladores e a quem quer que o Money Trust quisesse favorecer. Então, quando os depositantes quiseram o seu dinheiro, os bancos não o tinham. Isso causou o pânico."

Edward Vreeland, coautor do projeto de lei, escreveu no Independent de 25 de agosto de 1910 (que era propriedade de Aldrich): «Ao abrigo do plano monetário proposto pelo senador Aldrich, os monopólios desaparecerão, porque não conseguirão obter mais de quatro por cento de juros e os monopólios não podem continuar com uma taxa tão baixa. Além disso, isto marcará o desaparecimento do Governo do setor bancário.»

As fantásticas alegações de Vreeland eram típicas da enxurrada de propaganda desencadeada para aprovar o Plano Aldrich. Os monopólios desapareceriam, o Governo desapareceria do setor bancário. Promessas irrealistas.

A revista Nation, de 19 de janeiro de 1911, observou: «O nome de Banco Central é cuidadosamente evitado, mas a "Associação da Reserva Federal", nome dado à organização central proposta, está dotada dos poderes e responsabilidades habituais de um Banco Central europeu.»

Depois de a Comissão Monetária Nacional ter regressado da Europa, não realizou quaisquer reuniões oficiais durante quase dois anos. Nunca foram apresentados registos ou atas que indicassem quem tinha sido o autor do Plano Aldrich. Uma vez que não realizaram reuniões oficiais, os membros da comissão dificilmente poderiam reivindicar o Plano como sendo da sua autoria. O único resultado tangível da despesa de trezentos mil dólares da Comissão foi uma biblioteca de trinta volumes volumosos sobre a banca europeia. Típico destas obras é uma história de mil páginas do Reichsbank, o banco central que controlava a moeda e o crédito na Alemanha, e cujos principais acionistas eram os Rothschild e a casa bancária da família de Paul Warburg, a M.M. Warburg Company. Os registos da Comissão mostram que esta nunca funcionou como um órgão deliberativo. De facto, a sua única «reunião» foi a conferência secreta realizada em Jekyll Island, e esta conferência não é mencionada em nenhuma publicação da Comissão. O senador Cummins aprovou uma resolução no Congresso ordenando que a Comissão apresentasse um relatório a 8 de janeiro de 1912 e mostrasse alguns resultados construtivos do seu trabalho de três anos. Perante este desafio, a Comissão Monetária Nacional deixou de existir.

Com os seus cinco milhões de dólares como fundo de campanha, os propagandistas do Plano Aldrich travaram uma guerra sem limites contra a oposição. Andrew Frame testemunhou perante a Comissão Bancária e Monetária da Câmara dos Representantes da Associação Americana de Bancos. Ele representava um grupo de banqueiros do Oeste que se opunham ao Plano Aldrich:

PRESIDENTE CARTER GLASS: «Por que razão os banqueiros do Oeste não se fizeram ouvir quando a Associação Americana de Banqueiros deu a sua aprovação incondicional e, segundo nos foi assegurado, unânime ao esquema proposto pela Comissão Monetária Nacional?»

ANDREW FRAME: «Fico contente por ter chamado a minha atenção para isso. Quando esse projeto de lei monetária foi apresentado ao país, faltavam apenas alguns dias para a reunião da Associação Americana de Bancos em Nova Orleães, em 1911. Não havia um único banqueiro em cem que tivesse lido esse projeto de lei. Tivemos doze discursos a favor do mesmo. O General Hamby, de Austin, Texas, escreveu uma carta ao Presidente Watts a pedir uma audiência contra o projeto de lei. Não obteve uma resposta muito cortês. Recusei-me a votar sobre o mesmo, e muitos outros banqueiros fizeram o mesmo.»

SR. BULKLEY: «Quer dizer que nenhum membro da Associação pôde ser ouvido em oposição ao projeto de lei?»

ANDREW FRAME: «Eles sufocaram toda a discussão.»

SR. KINDRED: «Mas foi divulgado que a aprovação foi praticamente unânime.»

ANDREW FRAME: «O projeto de lei já tinha sido elaborado pelo Senador Aldrich e apresentado ao conselho executivo da Associação Americana de Banqueiros em maio de 1911. Como membro desse conselho, recebi uma cópia na véspera de a votarem. Quando o projeto de lei chegou a Nova Orleães, os banqueiros dos Estados Unidos ainda não o tinham lido.»

SR. KINDRED: «O presidente da sessão limitou-se a excluir aqueles que queriam discuti-lo de forma negativa?»

ANDREW FRAME: «Não permitiram que ninguém que não fosse a favor do projeto de lei participasse no programa.»

PRESIDENTE GLASS: «Que significado tem o facto de, na reunião anual seguinte da Associação Americana de Banqueiros, realizada em, em Detroit, em 1912, a Associação não ter reiterado o seu apoio ao plano da Comissão Monetária Nacional, conhecido como o esquema Aldrich?»

ANDREW FRAME: «Não reiterou o apoio pelo simples facto de os apoiantes do Plano Aldrich saberem que a Associação não o iria apoiar. Estávamos preparados para eles, mas não levantaram a questão.»

Andrew Frame expôs a conivência que, em 1911, conseguiu o apoio da Associação Americana de Bancos ao Plano Aldrich, mas que, em 1912, nem sequer se atreveu a repetir esse apoio, por receio de uma discussão honesta e aberta sobre os méritos do plano.

O presidente Glass chamou então como testemunha um dos dez banqueiros mais poderosos dos Estados Unidos, George Blumenthal, sócio da casa bancária internacional Lazard Frères e cunhado de Eugene Meyer, Jr. Carter Glass deu as boas-vindas efusivamente a Blumenthal, afirmando que «o senador O'Gorman, de Nova Iorque, teve a amabilidade de nos sugerir o seu nome.» Um ano mais tarde, O'Gorman impediu que uma comissão do Senado fizesse perguntas embaraçosas ao seu mestre, Paul Warburg, antes de aprovar a sua nomeação como primeiro governador do Conselho da Reserva Federal.

George Blumenthal afirmou: «Desde 1893, a minha empresa, a Lazard Frères, tem sido líder nas importações e exportações de ouro e, por isso, entrou em contacto com todos aqueles que tinham alguma relação com o assunto.»

O congressista Taylor perguntou: «Tem aí alguma declaração sobre o papel que desempenhou na importação de ouro para os

Estados Unidos?» Taylor perguntou isto porque a Crise de 1893 é conhecida pelos economistas como um exemplo clássico de pânico monetário causado por movimentos de ouro.

«Não», respondeu George Blumenthal, «não tenho nada sobre isso, porque não tem qualquer relevância para a questão.»

Um banqueiro de Filadélfia, Leslie Shaw, discordou das outras testemunhas nestas audiências, criticando a tão alardeada «descentralização» do Sistema. Ele afirmou: «Ao abrigo do Plano Aldrich, os banqueiros deverão ter associações locais e associações distritais, e quando se tem uma organização local, o controlo centralizado está garantido de form e. Suponha que tenhamos uma associação local em Indianápolis; não consegue nomear os três homens que irão dominar essa associação? E então, não consegue nomear o único homem em todos os outros locais? Quando se interliga os bancos, estes podem ter a maior influência de tudo neste país, com exceção dos jornais.»

Para promover o projeto de lei monetária democrata, Carter Glass tornou público o lamentável historial dos esforços republicanos da Comissão Monetária Nacional do senador Aldrich. O seu relatório à Câmara, em 1913, afirmava: «O senador MacVeagh fixa o custo da Comissão Monetária Nacional até 12 de maio de 1911 em 207 130 dólares. Desde então, gastaram mais cem mil dólares do dinheiro dos contribuintes. O trabalho realizado a tal custo não pode ser ignorado, mas, após ter examinado a extensa literatura publicada pela Comissão, a Comissão Bancária e Monetária considera que pouco tem a ver com o estado atual do mercado de crédito dos Estados Unidos. Opomo-nos ao projeto de lei de Aldrich pelos seguintes motivos:

- A sua total ausência de controlo governamental ou público adequado do mecanismo bancário que estabelece.

- A sua tendência para entregar o controlo do voto nas mãos dos grandes bancos do sistema.

- O perigo extremo de inflação monetária inerente ao sistema.

- A falta de sinceridade do plano de financiamento através de obrigações previsto na medida, havendo uma pretensão descarada de que este sistema não custaria nada ao governo.

- Os perigosos aspetos monopolistas do projeto de lei.

A nossa Comissão, no início do seu trabalho, deparou-se com um sentimento bem definido a favor de um banco central, que era o resultado manifesto do trabalho que tinha sido realizado pela Comissão Monetária Nacional.»

A denúncia de Glass do Projeto de Lei Aldrich como um plano de banco central ignorou o facto de que a sua própria Lei da Reserva Federal cumpriria todas as funções de um banco central. As suas ações seriam detidas por acionistas privados que poderiam usar o crédito do Governo para seu próprio lucro; teria o controlo dos recursos monetários e de crédito da nação; e seria um banco de emissão que financiaria o governo e, «mobilizando» crédito em tempo de guerra. Em «The Rationale of Central Banking», Vera C. Smith (Comité para a Investigação e Educação Monetária, junho de 1981) escreve: «A definição primária de um banco central é um sistema bancário no qual um único banco detém um monopólio completo ou residual na emissão de notas. Um banco central não é um produto natural do desenvolvimento bancário. É imposto a partir do exterior ou surge como resultado de favores do Governo.»

Assim, um banco central alcança a sua posição dominante a partir do monopólio da emissão de notas que lhe é concedido pelo governo. Esta é a chave do seu poder. Além disso, o ato de estabelecer um banco central tem um impacto inflacionário direto devido ao sistema de reserva fracionária, que permite a criação de empréstimos por lançamento contabilístico e, consequentemente, de dinheiro, num montante várias vezes superior ao «dinheiro» real que o banco possui nos seus depósitos ou reservas.

O Plano Aldrich nunca chegou a ser votado no Congresso, porque os republicanos perderam o controlo da Câmara dos Representantes em 1910 e, posteriormente, perderam o Senado e a Presidência em 1912.

CAPÍTULO TRÊS

A LEI DA RESERVA FEDERAL

«O nosso sistema financeiro é falso e um enorme fardo para o povo... Esta lei estabelece o maior trust da Terra.» — **Congressista Charles Augustus Lindbergh, Sr.**

Os discursos do senador LaFollette e do congressista Lindbergh tornaram-se pontos de mobilização da oposição ao Plano Aldrich em 1912. Também despertaram o sentimento popular contra o Trust Monetário. O congressista Lindbergh afirmou, em 15 de dezembro de 1911: «O governo processa outros trusts, mas apoia o trust monetário. Há vários anos que espero pacientemente por uma oportunidade para expor o falso padrão monetário e para mostrar que o maior de todos os favoritismos é aquele concedido pelo governo ao trust monetário.»

O senador LaFollette acusou publicamente que um trust monetário de cinquenta homens controlava os Estados Unidos. George F. Baker, sócio de J.P. Morgan, ao ser questionado por repórteres sobre a veracidade da acusação, respondeu que era absolutamente errada. Ele disse que sabia por conhecimento pessoal que não eram mais do que oito homens a governar este país.

A revista The Nation respondeu editorialmente ao senador LaFollette que «Se existe um trust monetário, não será prático determinar se este exerce a sua influência para o bem ou para o mal.»

O senador LaFollette observa nas suas memórias que o seu discurso contra o Money Trust acabou por lhe custar a Presidência dos Estados Unidos, tal como o apoio inicial de Woodrow Wilson ao Plano Aldrich o tinha colocado na corrida para esse cargo.

O Congresso acabou por dar um passo para acalmar a opinião pública, nomeando uma comissão para investigar o controlo do dinheiro e do crédito nos Estados Unidos. Tratava-se da Comissão Pujo, uma subcomissão da Comissão de Bancos e Moeda da Câmara dos Representantes, que conduziu as famosas audiências do «Money Trust» em 1912, sob a liderança do congressista Arsene Pujo, da Louisiana, considerado um porta-voz dos interesses petrolíferos. Estas audiências foram deliberadamente arrastadas por cinco meses e resultaram em seis mil páginas de depoimentos impressos em quatro volumes. Mês após mês, os banqueiros faziam a viagem de comboio de Nova Iorque a Washington, testemunhavam perante a Comissão e regressavam a Nova Iorque. As audiências eram extremamente enfadonhas e nenhuma informação surpreendente surgiu nessas sessões. Os banqueiros admitiram solenemente que eram, de facto, banqueiros, insistiram que operavam sempre no interesse público e alegaram que eram movidos apenas pelos mais elevados ideais de serviço público, tal como os congressistas perante os quais testemunhavam.

A natureza paradoxal das Audiências do Pujo Money Trust pode ser melhor compreendida se examinarmos o homem que, sozinho, conduziu estas audiências, Samuel Untermyer. Ele foi um dos principais contribuintes para o fundo de campanha presidencial de Woodrow Wilson e um dos mais ricos advogados de empresas em Nova Iorque. Ele afirma na sua autobiografia, no «Who's Who» de 1926, que recebeu uma vez honorários de 775 000 dólares por uma única transação jurídica: a fusão bem-sucedida da Utah Copper Company com a Boston Consolidated and Nevada Company, uma empresa com um valor de mercado de cem milhões de dólares. Recusou-se a pedir ao senador LaFollette ou ao congressista Lindbergh que testemunhassem na investigação que eles próprios tinham forçado o Congresso a realizar. Como Conselheiro Especial da Comissão Pujo, Untermyer conduziu as audiências sozinho. Os membros do Congresso, incluindo o seu presidente, o congressista Arsene Pujo, pareciam ter ficado sem palavras desde o início das audiências até à sua conclusão. Um desses servos silenciosos do público era o congressista James Byrnes, da Carolina do Sul, representante do distrito natal de Bernard Baruch, que mais tarde alcançou fama como «o homem de Baruch» e foi colocado por Baruch à frente do Gabinete de Mobilização de Guerra durante a Segunda Guerra Mundial.

Embora fosse especialista nessas matérias, Untermyer não questionou nenhum dos banqueiros sobre o sistema de conselhos de administração interligados através do qual controlavam a indústria. Não abordou os movimentos internacionais de ouro, que eram conhecidos como um fator de pânicos monetários, nem as relações internacionais entre banqueiros americanos e europeus. As casas bancárias internacionais de Eugene Meyer, Lazard Frères, J. & W. Seligman, Ladenburg Thalmann, Speyer Brothers, M. M. Warburg e os irmãos Rothschild não despertaram a curiosidade de Samuel Untermyer, embora fosse do conhecimento geral no mundo financeiro de Nova Iorque que todas estas casas bancárias familiares tinham sucursais ou controlavam filiais em Wall Street. Quando Jacob Schiff compareceu perante a Comissão Pujo, o interrogatório hábil do Sr. Untermyer permitiu que o Sr. Schiff falasse durante muitos minutos sem revelar qualquer informação sobre as operações da casa bancária da Kuhn Loeb Company, da qual era sócio sénior, e que o senador Robert L. Owen tinha identificado como a representante dos Rothschild europeus nos Estados Unidos.

O envelhecido J.P. Morgan, a quem restavam apenas mais alguns meses de vida, compareceu perante a Comissão para justificar as suas décadas de transações financeiras internacionais. Afirmou, para edificação do Sr. Untermyer, que «o dinheiro é uma mercadoria». Este era um estratagema favorito dos criadores de dinheiro, pois desejavam fazer o público acreditar que a criação de dinheiro era um fenómeno natural semelhante ao cultivo de um campo de milho, embora fosse, na verdade, uma dádiva concedida aos banqueiros pelos governos sobre os quais tinham ganho controlo.

J.P. Morgan também disse à Comissão Pujo que, ao conceder um empréstimo, considerava seriamente apenas um fator: o caráter do homem; mesmo a capacidade do homem para reembolsar o empréstimo, ou a sua garantia, eram de pouca importância. Esta observação surpreendente espantou até os membros mais indiferentes da Comissão.

A farsa da Comissão Pujo terminou sem que um único opositor conhecido dos criadores de dinheiro fosse autorizado a comparecer ou testemunhar. No que dizia respeito a Samuel Untermyer, o senador LaFollette e o congressista Charles Augustus Lindbergh nunca tinham existido. No entanto, estes congressistas tinham conseguido convencer o povo dos Estados Unidos de que os banqueiros de Nova Iorque detinham, de facto, o monopólio do dinheiro e do crédito da nação. No final das audiências da Comissão de Investigação sobre a Crise Financeira, os banqueiros e os seus jornais subsidiados alegaram que a única forma de quebrar este monopólio era aprovar a legislação bancária e monetária que estava a ser proposta ao Congresso, um projeto de lei que seria aprovado um ano mais tarde como a Lei da Reserva Federal. A imprensa exigiu seriamente que o monopólio bancário de Nova Iorque fosse quebrado, entregando a administração do novo sistema bancário ao banqueiro mais experiente de todos, Paul Warburg.

A campanha presidencial de 1912 registou uma das reviravoltas políticas mais interessantes da história americana. O presidente em exercício, William Howard Taft, era um presidente popular e os republicanos, num período de prosperidade geral, detinham o controlo firme do governo através de uma maioria republicana em ambas as câmaras. O candidato democrata, Woodrow Wilson, governador de Nova Jérsia, não gozava de reconhecimento nacional e era um homem rígido e austero que suscitava pouco apoio público. Ambos os partidos incluíram um projeto de lei de reforma monetária nas suas plataformas: os republicanos estavam comprometidos com o Plano Aldrich, que tinha sido denunciado como um plano de Wall Street, e os democratas tinham a Lei da Reserva Federal. Nenhum dos partidos se preocupou em informar o público de que os projetos de lei eram quase idênticos, exceto pelos nomes. Em retrospetiva, parece óbvio que os criadores de dinheiro decidiram abandonar Taft e apoiar Wilson. Como sabemos isto? Taft parecia certo da reeleição e Wilson voltaria à obscuridade. De repente, Theodore Roosevelt «entrou na corrida». Anunciou que se candidatava como candidato de um terceiro partido, o «Bull Moose». A sua candidatura teria sido ridícula se não fosse o facto de ele dispor de um financiamento excecionalmente bom. Além disso, recebeu cobertura mediática ilimitada, mais do que Taft e Wilson juntos. Como ex-presidente republicano, era óbvio que Roosevelt iria tirar uma grande parte dos votos de Taft. Foi isso que aconteceu, e Wilson venceu a eleição. Até hoje, ninguém sabe dizer qual era o programa de Theodore Roosevelt, nem por que razão ele sabotaria o seu próprio partido.

Uma vez que os banqueiros estavam a financiar os três candidatos, eles sairiam a ganhar independentemente do resultado. Testemunhos posteriores no Congresso revelaram que, na empresa Kuhn Loeb Company, Felix Warburg apoiava Taft, Paul Warburg e Jacob Schiff apoiavam Wilson, e Otto Kahn apoiava Roosevelt. O resultado foi que, em 1912, foram eleitos um Congresso democrata e um presidente democrata para aprovar a legislação do banco central. Parece provável que a identificação do Plano Aldrich como uma operação de Wall Street tenha previsto que a sua aprovação no Congresso seria difícil, uma vez que os democratas se oporiam firmemente a ele, enquanto um candidato democrata bem-sucedido, apoiado por um Congresso democrata, seria capaz de aprovar o plano do banco central. Taft foi descartado porque os banqueiros duvidavam que ele pudesse cumprir o Plano Aldrich, e Roosevelt foi o instrumento da sua queda.[15]

Para confundir ainda mais o povo americano e cegá-lo para o verdadeiro objetivo da proposta de Lei da Reserva Federal, os arquitetos do Plano Aldrich, o poderoso Nelson Aldrich, embora já não fosse senador, e Frank Vanderlip, presidente do National City Bank, organizaram uma campanha de protestos contra o projeto de lei. Concediam entrevistas sempre que encontravam uma audiência, denunciando a proposta de Lei da Reserva Federal como prejudicial à banca e ao bom governo. O bicho-papão da inflação foi levantado devido às disposições da Lei relativas à impressão de notas da Reserva Federal. A revista The Nation, em 23 de outubro de 1913, salientou: «O próprio Sr. Aldrich levantou um alvoroço sobre a questão da "moeda fiduciária" do governo, ou seja, dinheiro emitido sem o respaldo de ouro ou metais preciosos, embora um projeto de lei para fazer exatamente isso tivesse sido aprovado em 1908 com o seu próprio nome como autor e ele soubesse, além disso, que o "governo" não tinha nada a ver com isso, que o Conselho da Reserva Federal teria total responsabilidade pela emissão de tais moedas.»

As alegações de Frank Vanderlip eram tão bizarras que o senador Robert L. Owen, presidente da recém-formada Comissão de Bancos e Moeda do Senado, criada em 18 de março de 1913, o acusou de conduzir abertamente uma campanha de deturpação sobre o projeto

15 A contagem final dos votos eleitorais em 1912 foi: Wilson - 409; Roosevelt - 167; e Taft - 15.

de lei. Os interesses do público, assim afirmou Carter Glass num discurso proferido a 10 de setembro de 1913 perante o Congresso, seriam protegidos por um conselho consultivo de banqueiros. «Não pode haver nada de sinistro nas suas transações. Reunir-se com ele pelo menos quatro vezes por ano será um conselho consultivo de banqueiros que representa todos os distritos de reserva regionais do sistema. Como poderíamos ter exercido maior cautela na salvaguarda dos interesses públicos?»

Glass afirmou que o Conselho Consultivo Federal proposto obrigaria o Conselho de Governadores da Reserva Federal a agir no melhor interesse do povo.

O senador Root levantou a questão da inflação, alegando que, ao abrigo da Lei da Reserva Federal, a circulação de notas se expandiria sempre indefinidamente, causando uma grande inflação. No entanto, a história posterior do Sistema da Reserva Federal mostrou que este não só causava inflação, como a emissão de notas também podia ser restringida, causando deflação, tal como ocorreu entre 1929 e 1939.

Um dos críticos do sistema «descentralizado» proposto foi um advogado de Cleveland, Ohio, Alfred Crozier: Crozier foi chamado a testemunhar perante a Comissão do Senado porque tinha escrito um livro provocador em 1912, intitulado «U.S. Money vs. Corporation Currency» (O Dinheiro dos EUA contra a Moeda das Corporações).[16] Ele atacou a Lei Aldrich-Vreeland de 1908 como um instrumento de Wall Street e salientou que, quando o nosso governo tivesse de emitir moeda com base em títulos de propriedade privada, já não seríamos uma nação livre.

Crozier testemunhou perante a Comissão do Senado que «deveria proibir a concessão ou o resgate de empréstimos com o objetivo de influenciar os preços de cotação de títulos e a contratação de empréstimos ou o aumento das taxas de juro de forma concertada pelos bancos para influenciar a opinião pública ou a ação de qualquer órgão legislativo. Nos últimos meses, William McAdoo, Secretário do Tesouro dos Estados Unidos, foi citado na imprensa aberta acusando especificamente que havia uma

---

[16] O livro de Crozier expôs o plano dos financistas de substituir a «moeda corporativa» pela moeda legal dos EUA, tal como garantido pelo Artigo I, Sec. 8, Parágrafo 5, da Constituição.

conspiração entre certos grandes interesses bancários para contrair a moeda e aumentar as taxas de juro, com o objetivo de forçar o público a obrigar o Congresso a aprovar a legislação monetária desejada por esses interesses. O chamado projeto de lei monetária da administração concede exatamente aquilo por que Wall Street e os grandes bancos têm lutado há vinte e cinco anos, ou seja, O CONTROLO PRIVADO, EM VEZ DO PÚBLICO, DA MOEDA. Faz-o de forma tão completa quanto o Projeto de Lei Aldrich. Ambas as medidas privam o governo e o povo de todo o controlo efetivo sobre o dinheiro público e conferem exclusivamente aos bancos o perigoso poder de tornar o dinheiro escasso ou abundante entre a população. O projeto de lei Aldrich coloca este poder num único banco central. O projeto de lei da Administração coloca-o em doze bancos centrais regionais, todos detidos exclusivamente pelos mesmos interesses privados que teriam detido e operado o Banco Aldrich. O presidente Garfield, pouco antes do seu assassinato, declarou que quem controlasse a oferta de moeda controlaria os negócios e as atividades do povo. Thomas Jefferson advertiu-nos há cem anos que um banco central privado a emitir a moeda pública era uma ameaça maior às liberdades do povo do que um exército permanente.»

É interessante notar quantos assassinatos de presidentes dos Estados Unidos se seguem à sua preocupação com a emissão de moeda pública; Lincoln com o seu Greenback, notas sem juros, e Garfield, fazendo uma declaração sobre problemas monetários pouco antes de ser assassinado.

Começamos agora a compreender por que razão foi necessária uma campanha tão prolongada de engano planeado, desde a conferência secreta em Jekyll Island até aos planos de «reforma» idênticos propostos pelos partidos Democrata e Republicano sob nomes diferentes. Os banqueiros não conseguiram arrancar o controlo da emissão de dinheiro aos cidadãos dos Estados Unidos, a quem tinha sido atribuído pelo Congresso através da Constituição, até que o Congresso lhes concedeu o monopólio de um banco central. Por conseguinte, grande parte da influência exercida para aprovar a Lei da Reserva Federal foi feita nos bastidores, principalmente por duas figuras obscuras e não eleitas: o imigrante alemão Paul Warburg e o coronel Edward Mandell House, do Texas.

Paul Warburg compareceu perante a Comissão de Bancos e Moeda da Câmara dos Representantes em 1913, ocasião em que descreveu sucintamente o seu percurso: «Sou membro da instituição bancária Kuhn, Loeb Company. Cheguei a este país em 1902, tendo nascido e recebido a minha formação no setor bancário em Hamburgo, na Alemanha, e estudado banca em Londres e Paris, tendo viajado por todo o mundo. Durante a crise de 1907, a primeira sugestão que fiz foi: 'Vamos criar uma câmara de compensação nacional.' O Plano Aldrich contém alguns elementos que são simplesmente regras fundamentais da banca. O vosso objetivo neste plano (o projeto de lei Owen-Glass) deve ser o mesmo: centralizar as reservas, mobilizar o crédito comercial e obter uma emissão de notas elástica.»

A expressão de Warburg, «mobilização de crédito», era importante, porque a Primeira Guerra Mundial estava prestes a começar e a primeira tarefa do Sistema da Reserva Federal seria financiar a Guerra Mundial. As nações europeias já estavam falidas, porque mantiveram grandes exércitos permanentes durante quase cinquenta anos, uma situação criada pelos seus próprios bancos centrais, e, por isso, não podiam financiar uma guerra. Um banco central impõe sempre um fardo tremendo à nação para o «rearmamento» e a «defesa», a fim de criar uma dívida inextinguível, criando simultaneamente uma ditadura militar e escravizando o povo para pagar os «juros» da dívida que os banqueiros criaram artificialmente.

No debate no Senado sobre a Lei da Reserva Federal, o senador Stone afirmou, em 12 de dezembro de 1913: «Os grandes bancos procuram, há anos, ter e controlar agentes no Tesouro para servir os seus propósitos. Permitam-me citar este artigo da World: 'Assim que o Sr. McAdoo chegou a Washington, uma mulher que o National City Bank tinha colocado no Departamento do Tesouro para obter informações antecipadas sobre a situação dos bancos e outros assuntos de interesse para o grande grupo de Wall Street foi afastada. Imediatamente, o Secretário e o Secretário Adjunto, John Skelton Williams, foram severamente criticados pelos agentes do grupo de Wall Street.'

«Eu próprio testemunhei mais do que uma ocasião em que banqueiros recusaram crédito a homens que se opunham às suas visões e objetivos políticos. Quando o senador Aldrich e outros percorriam o país a explorar este esquema, os grandes bancos de Nova Iorque e Chicago estavam empenhados em angariar um fundo generoso para reforçar a propaganda de Aldrich. Fui informado por banqueiros do meu próprio estado que lhes tinham sido exigidas contribuições para este fundo de exploração e que tinham contribuído por medo de serem colocados na lista negra ou boicotados. Há banqueiros neste país que são inimigos do bem-estar público. No passado, alguns grandes bancos seguiram políticas e projetos que paralisaram as energias industriais do país para perpetuar o seu tremendo poder sobre as indústrias financeiras e empresariais da América.»

Carter Glass afirma na sua autobiografia que foi convocado por Woodrow Wilson para a Casa Branca e que Wilson lhe disse que tencionava tornar as notas de reserva obrigações dos Estados Unidos. Glass diz: «Fiquei por um instante sem palavras. Protestei. Não há aqui qualquer obrigação do governo, Sr. Presidente. Wilson disse que teve de fazer um compromisso neste ponto para salvar o projeto de lei.»

O termo «compromisso» neste ponto veio diretamente de Paul Warburg. O coronel Elisha Ely Garrison, em Roosevelt,[17] Wilson and the Federal Reserve Law, escreveu: «Em 1911, Lawrence Abbot, assessor privado do Sr. Roosevelt na revista "The Outlook", entregou-me uma cópia do chamado Plano Aldrich para a reforma monetária. Eu disse que não conseguia acreditar que o Sr. Warburg fosse o autor. Este plano não é mais do que a legislação Aldrich-Vreeland, que previa a emissão de moeda contra títulos. Warburg sabe disso tão bem como eu. Vou ter com ele imediatamente e perguntar-lhe sobre isso. Muito bem, a verdade. Sim, fui eu que o escrevi, disse ele. Porquê? Perguntei. Foi um compromisso, respondeu Warburg.»[18]

Garrison diz que Warburg lhe escreveu a 8 de fevereiro de 1912.

«Não tenho dúvidas de que, no final de uma discussão aprofundada, ou você verá as coisas à minha maneira ou eu as verei à sua — mas espero que as veja à minha.»

---

[17] Theodore Roosevelt.

[18] Elisha Ely Garrison, *Roosevelt, Wilson and the Federal Reserve Law*, Christopher Publications, Boston, 1931.

Esta era outra famosa frase de Warburg quando pressionava secretamente os congressistas para que apoiassem os seus interesses, a ameaça velada de que eles deveriam «ver as coisas à sua maneira». Aqueles que não o faziam viam grandes somas contribuídas para os seus adversários nas eleições seguintes e, normalmente, acabavam por ser derrotados.

O Coronel Garrison, um agente dos banqueiros Brown Brothers, mais tarde Brown Brothers Harriman, tinha acesso a toda a comunidade financeira. Ele escreve sobre o Coronel House: «O Coronel House concordava inteiramente com os primeiros escritos do Sr. Warburg.» Na página 337, cita o Coronel House:

«Sugiro também que o Conselho Central passe de quatro para cinco membros e que os seus mandatos sejam prolongados de oito para dez anos. Isto proporcionaria estabilidade e retiraria ao presidente o poder de alterar o pessoal do conselho durante um único mandato.»

A frase de House, «retirar o poder de um presidente», é significativa, porque os presidentes posteriores viram-se impotentes para mudar a direção do governo, uma vez que não tinham o poder de alterar a composição do Conselho da Reserva Federal para obter uma maioria no mesmo durante o mandato desse presidente. Garrison também escreveu neste livro:

«Paul Warburg é o homem que elaborou a Lei da Reserva Federal depois de o Plano Aldrich ter suscitado tal ressentimento e oposição a nível nacional. O mentor de ambos os planos foi o Barão Alfred Rothschild, de Londres.»

O coronel Edward Mandell House[19] foi referido pelo rabino Stephen Wise na sua autobiografia, *Challenging Years*, como «o Secretário de Estado não oficial». House observou que ele e Wilson sabiam que, ao aprovarem a Lei da Reserva Federal, tinham criado um instrumento mais poderoso do que o Supremo Tribunal. O Conselho de Governadores da Reserva Federal constituía, na verdade, um Supremo Tribunal das Finanças, e não havia recurso contra nenhuma das suas decisões.

[19] Ver nota de House em «Biografias»

Em 1911, antes de Wilson assumir o cargo de presidente, House tinha regressado à sua casa no Texas e concluído um livro intitulado Philip Dru, Administrator. Aparentemente um romance, era na verdade um plano detalhado para o futuro governo dos Estados Unidos, «que estabeleceria o socialismo tal como sonhado por Karl Marx», segundo House. Este «romance» previa a promulgação do imposto sobre o rendimento progressivo, do imposto sobre lucros excessivos, do seguro de desemprego, da segurança social e de um sistema monetário flexível. Em suma, era o projeto que mais tarde foi seguido pelas administrações de Woodrow Wilson e Franklin D. Roosevelt. Foi publicado «anonimamente» por B. W. Huebsch, de Nova Iorque, e amplamente divulgado entre funcionários do governo, que não tinham dúvidas quanto à sua autoria. George Sylvester Viereck,[20] que conhecia House há anos, escreveu mais tarde um relato sobre a relação entre Wilson e House, intitulado The Strangest Friendship in History.[21] Em 1955, Westbrook Pegler, colunista da Hearst de 1932 a 1956, ouviu falar do livro Philip Dru e ligou a Viereck para perguntar se ele tinha uma cópia. Viereck enviou a Pegler a sua cópia do livro, e Pegler escreveu uma coluna sobre o mesmo, afirmando:

«Uma das instituições descritas em Philip Dru é o Sistema da Reserva Federal. Os Schiff, os Warburg, os Kahn, os Rockefeller e os Morgan depositaram a sua confiança em House. Os interesses dos Schiff, Warburg, Rockefeller e Morgan estiveram pessoalmente representados na misteriosa conferência em Jekyll Island. Frankfurter ingressou no corpo docente de Direito de Harvard, graças a uma contribuição financeira para Harvard feita por Felix Warburg e Paul Warburg, e assim tivemos Alger e Donald Hiss, Lee Pressman, Harry Dexter White e muitos outros protegidos de Little Weenie.»[22]

---

20 Ver nota de Viereck em «Biografias»

21 George Sylvester Viereck, *A Amizade Mais Estranha da História, Woodrow Wilson e o Coronel House*, Liveright, Nova Iorque, 1932

22 O presente autor estava com Viereck na sua suíte no Hotel Belleclaire quando Pegler ligou e pediu o livro. Viereck mandou-o entregar pela sua secretária. Ele sorriu e disse que Pegler parecia muito entusiasmado. «Ele deve conseguir escrever uma boa coluna com isso», disse-me Viereck. De facto, Pegler conseguiu tirar uma boa coluna disso. Infelizmente para ele, tinha ido longe

As opiniões abertamente socialistas de House foram expressas de forma direta em Philip Dru, Administrator; nas páginas 57-58, House escreveu:

«De forma direta e contundente, ele salientou que a nossa civilização estava fundamentalmente errada, na medida em que, entre outras coisas, restringia a eficiência; que, se a sociedade estivesse devidamente organizada, não haveria ninguém que não estivesse suficientemente vestido e alimentado. O resultado era que as leis, os hábitos e a formação ética em voga eram igualmente responsáveis pelas desigualdades de oportunidade e pela consequente grande diferença entre os poucos e os muitos; que o resultado de tais condições era tornar ineficiente uma grande parte da população, variando a percentagem em cada país na proporção em que a educação, o esclarecimento e as leis altruístas se relacionavam com a ignorância, o fanatismo e as leis egoístas.»[23]

No seu livro, House (Dru) imagina-se a tornar-se ditador e a impor ao povo as suas visões radicais, página 148: «, reconheceram o facto de que Dru dominava a situação e que uma mente brilhante tinha finalmente surgido na República.» Ele assume agora o título de General. «O General Dru anunciou a sua intenção de assumir os poderes de um ditador... garantiram-lhes que ele estava isento de qualquer ambição pessoal... proclamou-se "Administrador da República".»[24]

---

demais ao mencionar os Warburg. Enquanto limitou os seus ataques a La Grand Bouche (Eleanor Roosevelt) e ao seu cônjuge, foi-lhe permitido continuar, mas agora que tinha exposto a ligação dos Warburg com a rede de espionagem comunista em Washington, a sua coluna foi imediatamente retirada dos grandes jornais diários da cidade, e a longa carreira de Pegler chegou ao fim.

[23] Coronel Edward M. House, *Philip Dru, Administrador*, B. W. Heubsch, Nova Iorque, 1912.

[24] Esta citação de *Philip Dru, Administrador*, escrita pelo Coronel House em 1912, é aqui incluída para mostrar a sua filosofia marxista totalitária. House viria a tornar-se, durante 8 anos ao lado de Wilson, o conselheiro mais próximo do Presidente. Mais tarde, continuou a exercer a sua influência na administração de Franklin D. Roosevelt. A partir da sua casa em Magnolia, Massachusetts, House aconselhava FDR através de visitas frequentes de Felix Frankfurter à Casa Branca. Frankfurter foi posteriormente nomeado para o Supremo Tribunal por F.D.R.

Este sonhador pensativo que se imaginava ditador conseguiu, de facto, colocar-se na posição de conselheiro confidencial do Presidente dos Estados Unidos e, em seguida, fazer com que muitos dos seus desejos fossem transformados em lei! Na página 227, ele enumera algumas das leis que deseja promulgar como ditador. Entre elas estão uma lei de pensões de velhice, indemnizações de seguro para trabalhadores, mercados cooperativos, um sistema bancário de reserva federal, empréstimos cooperativos, agências nacionais de emprego e outra «legislação social», parte da qual foi promulgada durante a administração de Wilson e outra durante a administração de Franklin D. Roosevelt. Esta última foi, na verdade, uma continuação da Administração Wilson, com grande parte do mesmo pessoal e com House a orientar a administração nos bastidores.

Tal como a maioria dos operadores nos bastidores deste livro, o coronel Edward Mandell House tinha a obrigatória «ligação a Londres». Originalmente de uma família holandesa, «Huis», os seus antepassados viveram em Inglaterra durante trezentos anos, após o que o seu pai se estabeleceu no Texas, onde fez fortuna a furar o bloqueio durante a Guerra Civil, enviando algodão e outros contrabandos para os seus contactos britânicos, incluindo os Rothschild, e trazendo de volta provisões para os texanos sitiados. O House mais velho, desconfiado da situação volátil do Texas, depositou prudentemente todos os lucros do seu contrabando de bloqueio em ouro na casa bancária Baring, em Londres.[25] No final da Guerra Civil, era um dos homens mais ricos do Texas. Deu ao filho o nome de «Mandell», em homenagem a um dos seus sócios comerciantes.

Segundo Arthur Howden Smith, quando o pai de House faleceu em 1880, o seu património foi distribuído entre os filhos da seguinte

---

[25] Dope, Inc. identifica a Barings da seguinte forma: «A Baring Brothers, o principal banco comercial do comércio de ópio de 1783 até aos dias de hoje, também manteve contacto próximo com as famílias de Boston... O principal banqueiro do grupo tornou-se, no final do século[XIX], a Casa de Morgan – que também recebia a sua parte no tráfico de ópio no Oriente... As operações de Morgan no Extremo Oriente eram o tráfico de ópio britânico conduzido oficialmente... O caso de Morgan merece um escrutínio especial por parte da polícia e das agências reguladoras americanas, devido às associações íntimas do Morgan Guaranty Trust com a liderança identificada dos bancos britânicos de drogas.»

forma: Thomas William ficou com o negócio bancário; John, com a plantação de açúcar; e Edward M., com as plantações de algodão, que lhe rendiam um rendimento de 20 000 dólares por ano.[26]

Aos doze anos, o jovem Edward Mandell House teve uma febre cerebral e, mais tarde, ficou ainda mais debilitado devido a uma insolação. Era um semi-inválido, e as suas doenças conferiam-lhe uma estranha aparência oriental. Nunca exerceu qualquer profissão, mas utilizou o dinheiro do pai para se tornar o «fabricante de reis» da política do Texas, elegendo sucessivamente cinco governadores entre 1893 e 1911. Em 1911, começou a apoiar Wilson para presidente e entregou-lhe a crucial delegação do Texas, o que garantiu a sua nomeação. House conheceu Wilson pela primeira vez no Hotel Gotham, a 31 de maio de 1912.

Em *The Strangest Friendship In History, Woodrow Wilson and Col. House*, de George Sylvester Viereck, Viereck escreve:

«O que», perguntei a House, «cimentou a vossa amizade?A identidade dos nossos temperamentos e das nossas políticas públicas», respondeu House. «Qual era o seu objetivo e o dele?Traduzir em legislação certas ideias liberais e progressistas.»[27]

House contou a Viereck que, quando foi ter com Wilson na Casa Branca, entregou-lhe 35 000 dólares. Este montante só foi superado pelos 50 000 dólares que Bernard Baruch tinha dado a Wilson.

A aprovação bem-sucedida dos programas de House não passou despercebida a outros colaboradores de Wilson. No vol. 1, página 157 de *The Intimate Papers of Col. House*, House observa: «Membros do gabinete como o Sr. Lane e o Sr. Bryan comentaram a influência de Dru junto do presidente. "Tudo o que o livro dizia que deveria acontecer", escreveu Lane, "acontece. O presidente acaba por se tornar 'Philip Dru'."»[28]

---

[26] Arthur Howden Smith, *The Real Col. House*, Doran Company, Nova Iorque, 1918.

[27] George Sylvester Viereck, *The Strangest Friendship in History, Woodrow Wilson and Col. House*, Liveright, Nova Iorque, 1932.

[28] Coronel Edward Mandell House, *The Intimate Papers of Col. House*, editado por Charles Seymour, Houghton Mifflin Co., 1926-28, Vol. 1, p. 157

House registou alguns dos seus esforços em prol da Lei da Reserva Federal em The Intimate Papers of Col. House: «19 de dezembro de 1912. Falei com Paul Warburg ao telefone sobre a reforma monetária. Contei-lhe da minha viagem a Washington e do que tinha feito lá para pôr tudo a funcionar. Disse-lhe que o Senado e os congressistas pareciam ansiosos por fazer o que ele desejava, e que o presidente eleito Wilson pensava com lucidez sobre a questão.»[29]

Assim, temos o agente de Warburg em Washington, o Coronel House, a assegurar-lhe que o Senado e os congressistas farão o que ele deseja, e que o Presidente eleito «tinha uma visão clara sobre a questão». Neste contexto, o governo representativo parece ter deixado de existir. House continua nos seus «Documentos»:

> «13 de março de 1913. Warburg e eu tivemos uma conversa íntima sobre a reforma monetária.
>
> 27 de março de 1913. O Sr. J.P. Morgan, Jr. e o Sr. Denny, da sua empresa, chegaram pontualmente às cinco e 47
>
> McAdoo chegou cerca de dez minutos depois. Morgan já tinha um plano monetário impresso. Sugeri que o mandasse dactilografar, para que não parecesse demasiado pré-combinado, e que o enviasse hoje ao Wilson e a mim.
>
> 23 de julho de 1913. Tentei mostrar ao Presidente da Câmara Quincy (de Boston) a insensatez dos banqueiros do Leste em assumirem uma atitude antagónica em relação ao Projeto de Lei Monetária. Expliquei ao Major Henry Higginson[30] com que cuidado o projeto de lei tinha sido elaborado. Pouco antes de ele chegar, terminei uma análise do Professor Sprague, de Harvard, sobre a crítica de Paul Warburg ao Projeto de Lei Glass-Owen, e irei enviá-la para Washington amanhã. Todos os banqueiros conhecidos de Warburg, que conhecem o assunto na prática, foram consultados sobre a elaboração do projeto de lei.
>
> 13 de outubro de 1913. Paul Warburg foi a minha primeira visita hoje. Ele veio para discutir a medida monetária. Há muitos aspetos do projeto de lei Owen-Glass que ele não aprova.

---

[29] Ibid. Vol. 1, p. 163.

[30] O banqueiro mais proeminente de Boston.

Prometi colocá-lo em contacto com McAdoo e o senador Owen para que ele pudesse discutir o assunto com eles.

17 de novembro de 1913. Paul Warburg telefonou a falar da sua viagem a Washington. Mais tarde, ele e o Sr. Jacob Schiff passaram por cá por alguns minutos.

Warburg foi quem mais falou. Tinha uma nova sugestão no que diz respeito ao agrupamento dos bancos de reserva regulares, de modo a unir as unidades e facilitar o contacto com o Conselho da Reserva Federal.»

George Sylvester Viereck, em *The Strangest Friendship in History, Woodrow Wilson and Col. House*, escreveu: «Os Schiff, os Warburg, os Kahn, os Rockefeller, os Morgan depositaram a sua confiança em House. Quando a legislação da Reserva Federal finalmente assumiu uma forma definitiva, House foi o intermediário entre a Casa Branca e os financistas.»[31]

Na página 45, Viereck observa: «O Coronel House considera a reforma do sistema monetário como a maior conquista interna da Administração Wilson.»[32]

O Projeto de Lei Glass (a versão da Câmara dos Representantes da Lei final do Federal Reserve) tinha sido aprovado pela Câmara em 18 de setembro de 1913, por 287 votos a favor e 85 contra. Em 19 de dezembro de 1913, o Senado aprovou a sua versão por 54 votos a favor e 34 contra. Mais de quarenta diferenças importantes entre as versões da Câmara e do Senado continuavam por resolver, e os opositores do projeto de lei em ambas as câmaras do Congresso foram levados a acreditar que ainda passariam muitas semanas até que o projeto de lei da Conferência estivesse pronto para apreciação. Os congressistas prepararam-se para deixar Washington para o recesso anual de Natal, certos de que o projeto de lei da Conferência não seria apresentado até ao ano seguinte. Agora, os criadores de dinheiro prepararam e executaram o golpe mais brilhante do seu plano. Num único dia, resolveram todas as quarenta passagens controversas do projeto de lei e levaram-no rapidamente a votação. Na segunda-feira, 22 de dezembro de 1913, o projeto foi aprovado

---

[31] George Sylvester Viereck, A Amizade Mais Estranha da História, Woodrow Wilson e o Coronel House, Liveright, Nova Iorque, 1932.

[32] Ibid.

pela Câmara por 282 votos a 60 e pelo Senado por 43 votos a 23. Em 21 de dezembro de 1913, *o The New York Times* comentou editorialmente sobre a lei: «Nova Iorque estará numa base mais sólida de crescimento financeiro, e em breve a veremos como o centro monetário do mundo.»

O The New York Times noticiou na primeira página, na segunda-feira, 22 de dezembro de 1913, com as seguintes manchetes: PROJETO DE LEI MONETÁRIA PODE SER APROVADO HOJE — OS MEMBROS DA CONFERÊNCIA AJUSTARAM QUASE TODAS AS DIFERENÇAS ÀS 1H30 DESTA MANHÃ- SEM GARANTIAS DE DEPÓSITOS — O SENADO CEDEU NESTE PONTO, MAS APROVOU MUITAS OUTRAS ALTERAÇÕES «Com uma rapidez quase sem precedentes, a conferência para resolver as divergências entre a Câmara dos Representantes e o Senado sobre o projeto de lei monetária praticamente concluiu os seus trabalhos esta madrugada. No sábado, os participantes da conferência pouco mais fizeram do que despachar os preliminares, deixando quarenta divergências essenciais para serem debatidas no domingo... Nenhuma outra legislação de importância será tratada em nenhuma das Câmaras do Congresso esta semana. Os membros de ambas as Câmaras já se preparam para deixar Washington.»

«Velocidade sem precedentes», diz *o The New York Times*. Vê-se a mão habilidosa de Paul Warburg nesta estratégia final. Alguns dos críticos mais veementes do projeto de lei já tinham deixado Washington. Era uma cortesia política de longa data que legislação importante não fosse tratada durante a semana antes do Natal, mas esta tradição foi rudemente quebrada para impor a Lei da Reserva Federal ao povo americano.

O Times ocultou uma breve citação do congressista Lindbergh de que «o projeto de lei iria estabelecer o maior trust da Terra», e citou o deputado Guernsey do Maine, um republicano da Comissão de Bancos e Moeda da Câmara, que afirmou: «Este é um projeto de lei inflacionista, sendo a única questão a extensão da inflação.»

O congressista Lindbergh disse naquele dia histórico, perante a Câmara:

«Esta lei cria o maior trust do mundo. Quando o Presidente assinar este projeto de lei, o governo invisível do Poder Monetário será legalizado. O povo pode não perceber isso imediatamente, mas o dia do acerto de contas está a apenas alguns anos de distância. Os trusts logo perceberão que foram longe demais, mesmo para o seu próprio bem. O povo deve fazer uma declaração de independência para se libertar do Poder Monetário. Conseguirão fazê-lo assumindo o controlo do Congresso. Os de Wall Street não nos poderiam enganar se os senhores senadores e deputados não transformassem o Congresso numa farsa. Se tivessemos um Congresso do povo, haveria estabilidade.

O maior crime do Congresso é o seu sistema monetário. O pior crime legislativo de todos os tempos é perpetrado por este projeto de lei bancária. O grupo parlamentar e os chefes partidários voltaram a agir e impediram o povo de usufruir dos benefícios do seu próprio governo.»

O New York Times de 23 de dezembro de 1913 comentou editorialmente, em contraste com as críticas do congressista Lindbergh ao projeto de lei: «O projeto de lei bancário e monetário tornou-se melhor e mais sólido cada vez que foi enviado de uma ponta à outra do Capitólio. O Congresso trabalhou sob supervisão pública na elaboração do projeto de lei.»

Por «supervisão pública», *o Times* aparentemente referia-se a Paul Warburg, que durante vários dias mantivera um pequeno gabinete no edifício do Capitólio, onde dirigiu a bem-sucedida campanha pré-natalícia para aprovar o projeto de lei, e onde senadores e congressistas se deslocavam de hora a hora a seu pedido para executar a sua estratégia.

A «rapidez sem precedentes» com que a Lei da Reserva Federal tinha sido aprovada pelo Congresso durante o que ficou conhecido como «o massacre de Natal» teve um aspeto imprevisto. Woodrow Wilson foi apanhado de surpresa, pois, tal como muitos outros, lhe tinham garantido que o projeto de lei só seria submetido a votação depois do Natal. Agora, ele recusava-se a assiná-lo, porque se opunha às disposições relativas à seleção dos diretores da Classe B. William L. White relata na sua biografia de Bernard Baruch que este, um dos principais contribuintes para o fundo de campanha de Wilson, ficou estupefacto quando foi informado de que Wilson se recusava a assinar o projeto de lei. Apressou-se a dirigir-se à Casa Branca e assegurou a Wilson que se tratava de uma questão menor, que poderia ser resolvida mais tarde através de «processos administrativos». O importante era que a Lei da Reserva Federal fosse promulgada imediatamente. Com esta garantia, Wilson assinou a Lei da Reserva Federal a 23 de dezembro de 1913. A história provou que, nesse dia, a Constituição deixou de ser o pacto que regia o povo americano, e as nossas liberdades foram entregues a um pequeno grupo de banqueiros internacionais.

A edição de 24 de dezembro de 1913 do New York Times trazia na primeira página a manchete «WILSON ASSINA A LEI MONETÁRIA!». Abaixo desta, também em letras maiúsculas, encontravam-se mais duas manchetes: «A PROSPERIDADE SERÁ GRATUITA» e «AJUDARÁ TODAS AS CLASSES». Quem poderia opor-se a uma lei que proporcionava benefícios a todos? *O Times* descreveu o ambiente festivo enquanto a família de Wilson e os responsáveis governamentais assistiam à assinatura da lei. «O espírito natalício permeava a reunião», exultou *o Times*.

Na sua biografia de Carter Glass, Rixey Smith afirma que entre os presentes na assinatura da lei estavam o vice-presidente Marshall, o secretário Bryan, Carter Glass, o senador Owen, o secretário McAdoo, o presidente da Câmara Champ Clark e outros funcionários do Tesouro. Nenhum dos verdadeiros autores do projeto de lei, os redatores de Jekyll Island, estava presente. Eles tinham-se ausentado prudentemente do local da sua vitória. Rixey Smith também escreveu: «Era como se o Natal tivesse chegado dois dias mais cedo.» A 24 de dezembro de 1913, Jacob Schiff escreveu ao Coronel House:

«Meu caro Coronel House. Quero dizer-lhe algumas palavras pelo trabalho silencioso, mas sem dúvida eficaz, que realizou em prol da legislação monetária e felicitá-lo pelo facto de a medida ter finalmente sido promulgada como lei. Com os meus melhores votos, sinceramente seu, JACOB SCHIFF.»

O deputado Moore, do Kansas, ao comentar a aprovação da lei, disse à Câmara dos Representantes: «O Presidente dos Estados Unidos torna-se agora o ditador absoluto de todas as finanças do país. Ele nomeia um conselho de controlo composto por sete homens, todos pertencentes ao seu partido político, mesmo que este seja minoritário. O Secretário do Tesouro terá a palavra final sempre que houver uma diferença de opinião entre ele e o Conselho da Reserva Federal.

E, apenas um membro do Conselho deixará o cargo enquanto o Presidente estiver no cargo.»

Os mandatos de dez anos dos membros do Conselho foram prolongados pela Lei Bancária de 1935 para catorze anos, o que significava que estes diretores das finanças da nação, embora não fossem eleitos pelo povo, permaneciam no cargo por mais tempo do que três presidentes.

Enquanto o Coronel House, Jacob Schiff e Paul Warburg desfrutavam do prestígio de um trabalho bem feito, os outros intervenientes neste drama foram alvo de reflexões posteriores. Woodrow Wilson escreveu em 1916, em «National Economy and the Banking System», Sen. Doc. n.º 3, n.º 223, 76.º Congresso, 1.ª sessão, 1939: «O nosso sistema de crédito está concentrado (no Sistema da Reserva Federal). O crescimento da nação, portanto, e todas as nossas atividades, estão nas mãos de poucos homens.»

Quando Clarence W. Barron lhe perguntou se aprovava o projeto de lei tal como tinha sido finalmente aprovado, Warburg comentou: «Bem, não tem exatamente tudo o que queremos, mas o que falta pode ser ajustado mais tarde através de processos administrativos.»

A maioria dos historiadores contemporâneos atribui o mérito da lei a Woodrow Wilson e Carter Glass, mas, de todos os envolvidos, Wilson foi quem menos teve a ver com a ação do Congresso sobre o projeto de lei. George Creel, um correspondente veterano em Washington, escreveu na Harper's Weekly, de 26 de junho de 1915:

«No que dizia respeito ao Partido Democrata, Woodrow Wilson não tinha influência, salvo pelo clientelismo de que dispunha. Foi Bryan quem colocou o Congresso na linha em relação ao projeto de lei sobre tarifas, à revogação das portagens do Canal do Panamá e ao projeto de lei monetária.» O Sr. Bryan escreveu mais tarde: «Essa é a única coisa na minha carreira pública de que me arrependo — o meu trabalho para garantir a promulgação da Lei da Reserva Federal.»

A 25 de dezembro de 1913, *a revista The Nation* salientou que «A Bolsa de Valores de Nova Iorque começou a subir de forma constante com a notícia de que o Senado estava pronto para aprovar a Lei da Reserva Federal.»

Isto desmente a alegação de que a Lei da Reserva Federal era um projeto de reforma monetária. A Bolsa de Valores de Nova Iorque é geralmente considerada um barómetro preciso do verdadeiro significado de qualquer legislação financeira aprovada em Washington. O senador Aldrich também decidiu que já não tinha dúvidas quanto à Lei da Reserva Federal. Numa revista de que era proprietário, e a que chamou *The Independent*, escreveu em julho de 1914: «Antes da aprovação desta Lei, os banqueiros de Nova Iorque só podiam dominar as reservas de Nova Iorque. Agora somos capazes de dominar as reservas bancárias de todo o país.»

H.W. Loucks denunciou a Lei da Reserva Federal em *The Great Conspiracy of the House of Morgan*: «Na Lei da Reserva Federal, eles arrancaram ao povo e asseguraram para si próprios o poder constitucional de emitir moeda e regular o seu valor.» Na página 31, Loucks escreve: «A Casa de Morgan detém agora o controlo supremo da nossa indústria, comércio e assuntos políticos.»

Eles detêm o controlo total da definição de políticas dos partidos Democrata, Republicano e Progressista. A atual campanha de propaganda extraordinária em prol da «preparação» visa mais a coação interna do que a defesa contra a agressão estrangeira."[33] A assinatura da Lei da Reserva Federal por Woodrow Wilson representou o culminar de anos de conluio com o seu amigo íntimo, o Coronel House, e Paul Warburg. Um dos homens com quem House se familiarizou na Administração Wilson foi Franklin D. Roosevelt, Secretário Adjunto da Marinha. Assim que obteve a nomeação democrata para a Presidência, em 1932, Franklin D. Roosevelt fez uma «peregrinação» à casa do coronel House em Magnolia, Massachusetts. Roosevelt, após o hiato republicano da década de 1920, concretizou os objetivos de Philip Dru, administrador d[34], que Wilson não tinha conseguido levar a cabo. As realizações do falecido Roosevelt incluíram a promulgação do programa de segurança social, o imposto sobre lucros excessivos e a expansão do imposto sobre o rendimento progressivo para 90% do rendimento auferido.

---

33 H.W. Loucks, *A Grande Conspiração da Casa de Morgan*, impressão privada, 1916.

34 E.M. House, *Philip Dru, Administrator*, B. W. Heubsch, N.Y., 1912.

O biógrafo de House, Charles Seymour, escreveu: «Ele estava cansado dos pormenores da política partidária e das nomeações. Mesmo a participação que teve na legislação interna construtiva (a Lei da Reserva Federal, a revisão das tarifas e a emenda ao Imposto sobre o Rendimento) não o satisfazia. Desde o início de 1914, dedicou cada vez mais do seu tempo ao que considerava a forma mais elevada de política e àquilo para que estava particularmente dotado — os assuntos internacionais.»[35]

Em 1938, pouco antes de morrer, House disse a Charles Seymour: «Durante os últimos quinze anos, estive próximo do centro das coisas, embora poucas pessoas o suspeitem. Nenhum estrangeiro importante veio aos Estados Unidos sem falar comigo. Estive próximo do movimento “ ” que nomeou Roosevelt. Ele deu-me carta branca para o aconselhar. Todos os embaixadores me prestaram contas frequentemente.»

Uma comparação entre a versão da Lei da Reserva Federal de 1913 aprovada pela Câmara dos Representantes e a versão alterada pelo Senado revela a seguinte mudança notável:

O Senado suprimiu: «Suspender os funcionários dos bancos da Reserva Federal por justa causa, declarada por escrito com oportunidade de audiência, exigir a destituição do referido funcionário por incompetência, negligência no cumprimento do dever, fraude ou engano, devendo tal destituição estar sujeita à aprovação do Presidente dos Estados Unidos.» Isto foi alterado pelo Senado para: «Suspender ou destituir qualquer funcionário ou administrador de qualquer Banco da Reserva Federal, devendo a causa de tal destituição ser imediatamente comunicada por escrito pelo Conselho da Reserva Federal ao funcionário ou administrador destituído e ao referido banco.» Isto alterou completamente as condições em que um funcionário ou administrador poderia ser destituído. Já não sabemos quais são as condições para a destituição, nem a causa. Aparentemente, a incompetência, o incumprimento do dever, a fraude ou o engano não importam para o Conselho da Reserva Federal. Além disso, o funcionário destituído não tem a oportunidade de recorrer ao Presidente. Em resposta a um pedido de informação por escrito, o Secretário Adjunto do Conselho da

---

[35] Coronel E.M. House, *The Intimate Papers of Col. House*, 4 v. 1926-1928, Houghton Mifflin Co.

Reserva Federal respondeu que apenas um funcionário foi destituído «por justa causa» nos últimos trinta e seis anos, sendo o nome e os pormenores deste caso um «assunto privado» entre o indivíduo, o Banco da Reserva em causa e o Conselho da Reserva Federal.

O Sistema da Reserva Federal iniciou as suas operações em 1914 com a atividade do Comité Organizador, nomeado por Woodrow Wilson e composto pelo Secretário do Tesouro William McAdoo, que era seu genro, pelo Secretário da Agricultura Houston e pelo Controlador da Moeda John Skelton Williams.

A 6 de janeiro de 1914, J.P. Morgan reuniu-se com o Comité Organizador em Nova Iorque. Informou-os de que não deveria haver mais de sete distritos regionais no novo sistema.

Este comité deveria selecionar as localizações dos bancos de reserva «descentralizados». Estavam habilitados a selecionar entre oito a doze bancos de reserva, embora J.P. Morgan tivesse testemunhado que achava que não deveriam ser selecionados mais de quatro. Muita política esteve envolvida na seleção destes locais, uma vez que as doze cidades assim favorecidas se tornariam extremamente importantes como centros financeiros. Nova Iorque, claro, era uma conclusão inevitável. Richmond foi a escolha seguinte, como recompensa a Carter Glass e Woodrow Wilson, os dois virginianos a quem tinha sido atribuído o mérito político pela Lei da Reserva Federal. As outras escolhas do Comité foram Boston, Filadélfia, Cleveland, Chicago, St. Louis, Atlanta, Dallas, Minneapolis, Kansas City e São Francisco. Todas estas cidades desenvolveram mais tarde importantes «distritos financeiros» em resultado desta seleção.

Estas disputas locais, no entanto, empalideceram perante o domínio absoluto do Banco da Reserva Federal de Nova Iorque no sistema.

Ferdinand Lundberg salientou, em America's Sixty Families, que «Na prática, o Banco da Reserva Federal de Nova Iorque tornou-se a fonte do sistema de doze bancos regionais, pois Nova Iorque era o mercado monetário da nação. Os outros onze bancos eram tantos mausoléus dispendiosos erigidos para acalmar o orgulho local e apaziguar os receios jacksonianos do interior. Benjamin Strong, presidente do Bankers Trust (J.P. Morgan), foi escolhido como o primeiro governador do Banco da Reserva Federal de Nova

Iorque. Versado em altas finanças, Strong manipulou durante muitos anos o sistema monetário do país à discrição dos administradores que representavam os principais bancos de Nova Iorque. Sob a liderança de Strong, o Sistema da Reserva Federal estabeleceu relações interligadas com o Banco de Inglaterra e o Banco de França. Benjamin Strong manteve o cargo de governador do Banco da Reserva Federal de Nova Iorque até à sua morte súbita em 1928, durante uma investigação do Congresso sobre as reuniões secretas entre os governadores da Reserva Federal e os dirigentes dos bancos centrais europeus que provocaram a Grande Depressão de 1929-31.[36] Strong casara-se com a filha do presidente do Bankers Trust, o que o colocou na linha de sucessão nas intrigas dinásticas que desempenham um papel tão importante no mundo das altas finanças. Tinha também sido membro do grupo original de Jekyll Island, o First Name Club, e estava assim qualificado para o cargo mais alto no Sistema da Reserva Federal, como governador do Banco da Reserva Federal de Nova Iorque, que dominava todo o sistema.

Paul Warburg é também mencionado na obra de referência de J. Laurence Laughlin, *The Federal Reserve Act, Its Origins and Purposes*: «O Sr. Paul Warburg, da Kuhn, Loeb Company, apresentou em março de 1910 um plano bastante bem elaborado, que ficaria conhecido como o United Reserve Bank of the United States. Este foi publicado no **The New York Times** de 24 de março de 1910. O grupo interessado nos objetivos da Comissão Monetária Nacional reuniu-se secretamente em Jekyll Island durante cerca de duas semanas em dezembro de 1910 e concentrou-se na preparação de um projeto de lei a ser apresentado ao Congresso pela Comissão Monetária Nacional. Os homens presentes em Jekyll Island foram o senador Aldrich, H. P. Davison da J.P. Morgan Company, Paul Warburg da Kuhn, Loeb Company, Frank Vanderlip do National City Bank e Charles D. Norton do First National Bank. Sem dúvida, a mente bancária mais brilhante do grupo era a do Sr. Warburg, que tinha recebido formação bancária na Europa. O senador Aldrich não tinha formação específica em banca.»[37]

---

[36] Ferdinand Lundberg, *As Sessenta Famílias da América*, 1937.

[37] J. Laurence Laughlin, *A Lei da Reserva Federal, as suas origens e objetivos.*

Uma menção a Paul Warburg, escrita por Harold Kelloch e intitulada «Warburg, o Revolucionário», apareceu na revista Century Magazine, em maio de 1915. Kelloch escreve:

«Ele impôs as suas ideias a uma nação de cem milhões de pessoas... Sem o Sr. Warburg, não teria havido a Lei da Reserva Federal. A casa bancária Warburg & Warburg, em Hamburgo, sempre foi estritamente um negócio de família. Ninguém além de um Warburg era elegível para ela, mas todos os Warburgs nasceram nela. Em 1895, casou-se com a filha do falecido Solomon Loeb, da Kuhn Loeb Company. Tornou-se membro da Kuhn Loeb Company em 1902. O salário do Sr. Warburg proveniente do seu negócio privado tem sido de aproximadamente meio milhão por ano. As motivações do Sr. Warburg foram puramente de abnegação patriótica.»

Os verdadeiros objetivos da Lei da Reserva Federal começaram rapidamente a desiludir muitos que, inicialmente, tinham acreditado nas suas alegações. W. H. Allen escreveu na revista Moody's, em 1916: «O objetivo da Lei da Reserva Federal era impedir a concentração de dinheiro nos bancos de Nova Iorque, tornando lucrativo para os banqueiros do interior utilizarem os seus fundos no próprio território, mas a circulação de moeda mostra que os bancos de Nova Iorque lucraram com o interior em todos os meses, exceto em dezembro de 1915, desde que a lei entrou em vigor. A estabilização das taxas ocorreu apenas em Nova Iorque. Noutras regiões, as taxas elevadas continuam. A Lei, que deveria privar Wall Street dos seus fundos para a especulaçã, na verdade proporcionou aos otimistas e aos pessimistas um volume de recursos como nunca tiveram antes. A verdade é que, longe de ter obstruído o canal para Wall Street, como o Sr. Glass se gabava com tanta confiança, ela na verdade alargou os canais antigos e abriu dois novos. O primeiro deles conduz diretamente a Washington e dá a Wall Street o controlo sobre todo o excedente de caixa do Tesouro dos Estados Unidos. Além disso, com o poder de emitir moeda em notas bancárias, fornece uma oferta inesgotável de moeda de crédito; o segundo canal conduz aos grandes bancos centrais da Europa, pelo que, através da venda de aceites, virtualmente garantidos pelo Governo dos Estados Unidos, é concedida a Wall Street imunidade face às exigências estrangeiras de ouro que precipitaram todas as grandes crises da nossa história.»

Durante muitos anos, houve um mistério considerável sobre quem detém efetivamente as ações dos Bancos da Reserva Federal. O congressista Wright Patman, principal crítico do Sistema, tentou descobrir quem eram os acionistas. As ações dos doze bancos regionais originais da Reserva Federal foram adquiridas por bancos nacionais nessas doze regiões. Como o Banco da Reserva Federal de Nova Iorque deveria fixar as taxas de juro e dirigir as operações de mercado aberto, controlando assim a oferta diária e o preço do dinheiro em todos os Estados Unidos, são os acionistas desse banco que são os verdadeiros diretores de todo o sistema. Pela primeira vez, é possível revelar quem são esses acionistas. Este autor possui os certificados de constituição originais dos doze Bancos da Reserva Federal, indicando a propriedade das ações pelos bancos nacionais em cada distrito. O Banco da Reserva Federal de Nova Iorque emitiu 203 053 ações e, conforme registado junto do Controlador da Moeda em 19 de maio de 1914, os grandes bancos da cidade de Nova Iorque adquiriram mais de metade das ações em circulação. O National City Bank, controlado por Rockefeller, Kuhn e Loeb, adquiriu o maior número de ações de qualquer banco, 30 000 ações. O First National Bank de J.P. Morgan adquiriu 15 000 ações. Quando estes dois bancos se fundiram em 1955, detinham num único bloco quase um quarto das ações do Federal Reserve Bank de Nova Iorque, que controlava todo o sistema, e assim podiam nomear Paul Volcker ou qualquer outra pessoa que escolhessem para presidente do Conselho de Governadores da Reserva Federal. O Chase National Bank adquiriu 6.000 ações. O Marine Nation Bank de Buffalo, mais tarde conhecido como Marine Midland, adquiriu 6.000 ações. Este banco era propriedade da família Schoellkopf, que controlava a Niagara Power Company e outros grandes interesses. O National Bank of Commerce de Nova Iorque adquiriu 21 000 ações. Os acionistas destes bancos, detentores das ações do Banco da Reserva Federal de Nova Iorque, são as pessoas que controlam os nossos destinos políticos e económicos desde 1914. São os

- Rothschilds, da Europa,
- Lazard Frères (Eugene Meyer),
- a Kuhn Loeb Company, a Warburg Company,
- Lehman Brothers,
- Goldman Sachs,
- a família Rockefeller,
- e os interesses de J.P. Morgan.

Estes interesses fundiram-se e consolidaram-se nos últimos anos, de modo que o controlo está agora muito mais concentrado. O National Bank of Commerce é agora a Morgan Guaranty Trust Company. A Lehman Brothers fundiu-se com a Kuhn, Loeb Company, o First National Bank fundiu-se com o National City Bank e, nos outros onze Distritos da Reserva Federal, estes mesmos acionistas detêm ou controlam indiretamente ações desses bancos, sendo as restantes ações detidas pelas famílias mais influentes dessas áreas, que detêm ou controlam as principais indústrias nessas regiões.[38] As famílias «locais» criaram conselhos regionais, sob ordens de Nova Iorque, de grupos como o Conselho de Relações Externas, a Comissão Trilateral e outros instrumentos de controlo concebidos pelos seus senhores. Financiam e controlam os desenvolvimentos políticos na sua área, nomeiam candidatos e raramente enfrentam oposição bem-sucedida aos seus planos.

Com a criação dos doze «distritos financeiros» através dos Bancos da Reserva Federal, a divisão tradicional dos Estados Unidos nos quarenta e oito estados foi derrubada, e entramos na era do «regionalismo», ou seja, doze regiões que não tinham qualquer relação com as fronteiras estaduais tradicionais.

Estes desenvolvimentos, na sequência da aprovação da Lei da Reserva Federal, provaram todas as alegações que Thomas Jefferson tinha feito contra um banco central em 1791: que os subscritores das ações do Banco da Reserva Federal tinham formado uma sociedade, cujas ações podiam ser e eram detidas por estrangeiros; que estas ações seriam transmitidas a uma determinada linha de sucessores; que estariam isentas de confisco e de reversão ao Estado; que receberiam o monopólio da banca e, o que era contrário às leis do monopólio; e que agora tinham o poder de fazer leis, superiores às leis dos estados. Nenhuma legislatura estadual pode revogar qualquer uma das leis estabelecidas pelo Conselho de Governadores da Reserva Federal em benefício dos seus acionistas privados. Este conselho emite leis sobre qual deve ser a taxa de juro, qual deve ser a quantidade de dinheiro e qual deve ser o preço do dinheiro. Todos estes poderes revogam os poderes das legislaturas estaduais e a sua responsabilidade para com os cidadãos desses estados.

---

[38] Ver gráficos V a IX.

O New York Times afirmou que os Bancos da Reserva Federal estariam prontos para iniciar a sua atividade a 1 de agosto de 1914, mas na realidade começaram a operar a 16 de novembro de 1914. Naquela altura, os seus ativos totais estavam registados em 143 000 000 de dólares, provenientes da venda de ações dos Bancos da Reserva Federal aos acionistas dos bancos nacionais que subscreveram o capital.

A parte efetiva destes 143 milhões de dólares que foi paga por estas ações permanece envolta em mistério. Alguns historiadores acreditam que os acionistas pagaram apenas cerca de metade do montante em dinheiro; outros acreditam que não pagaram em dinheiro de todo, mas limitaram-se a enviar cheques sacados sobre os bancos nacionais de que eram proprietários. Parece muito provável que, desde o início, as operações da Reserva Federal fossem «papel emitido contra papel», ou seja, que os lançamentos contabilísticos constituíssem os únicos valores que mudaram de mãos.

Os homens que o presidente Woodrow Wilson escolheu para compor o primeiro Conselho de Governadores da Reserva Federal eram provenientes do grupo bancário. Ele tinha sido nomeado para a Presidência pelo Partido Democrata, que afirmava representar o «homem comum» contra os «interesses estabelecidos». Segundo o próprio Wilson, só lhe foi permitido escolher um homem para o Conselho da Reserva Federal. Os outros foram escolhidos pelos banqueiros de Nova Iorque. A escolha de Wilson recaiu sobre Thomas D. Jones, administrador da Universidade de Princeton e diretor da International Harvester e de outras empresas. Os outros membros eram Adolph C. Miller, economista da Universidade de Chicago de Rockefeller e da Universidade de Harvard de Morgan, e que também exercia as funções de Secretário Adjunto do Interior; Charles S. Hamlin, que tinha exercido anteriormente as funções de Secretário Adjunto do Tesouro durante oito anos; F.A. Delano, um parente de Roosevelt e operador ferroviário que assumiu várias companhias ferroviárias para a Kuhn, Loeb Company; W.P.G. Harding, presidente do First National Bank de Atlanta; e Paul Warburg, da Kuhn, Loeb Company. De acordo com The Intimate Papers of Col. House, Warburg foi nomeado porque «O Presidente aceitou a sugestão (de House) de Paul Warburg, de Nova Iorque, devido ao seu interesse e experiência em problemas monetários tanto sob administrações republicanas como democratas.»[39] Tal como Warburg, Delano também tinha nascido fora dos limites continentais dos Estados Unidos, embora fosse cidadão americano. O pai de Delano, Warren Delano, segundo o Dr. Josephson e outras autoridades, estava ativo em Hong Kong no comércio de ópio chinês, e Frederick Delano nasceu em Hong Kong em 1863.

Em The Money Power of Europe, Paul Emden escreve que «Os Warburg alcançaram a sua proeminência notável durante os últimos vinte anos do século passado, em simultâneo com o crescimento da Kuhn, Loeb Company em Nova Iorque, com quem mantinham uma união pessoal e relações familiares. Paul Warburg levou a cabo com magnífico sucesso, em 1913, a reorganização do sistema bancário americano, na qual vinha a trabalhar com o senador Aldrich desde 1911, consolidando assim de forma muito completa a moeda e as finanças dos Estados Unidos.»[40]

O New York Times[41] tinha noticiado, em 6 de maio de 1914, que Paul Warburg se tinha «aposentado» da Kuhn, Loeb Company para integrar o Conselho da Reserva Federal, embora não tivesse renunciado aos cargos de administrador da American Surety Company, da Baltimore and Ohio Railroad, da National Railways of Mexico, da Wells Fargo ou da Westinghouse Electric Corporation, mas continuasse a integrar os conselhos de administração destas empresas.O "Who's Who" listava-o como detentor destes cargos de administração e, além disso, da American I.G. Chemical Company (filial da I.G. Farben), da Agfa Ansco Corporation, da Westinghouse Acceptance Company, da Warburg Company de Amesterdão, presidente do Conselho de Administração do International Acceptance Bank e de inúmeros outros bancos, companhias ferroviárias e corporações da. "A Kuhn Loeb & Co.,

---

39 Charles Seymour, *Os Documentos Inteiros do Coronel House*, 4 v., 1926-1928, Houghton Mifflin Co.

40 Paul Emden, *O Poder Monetário da Europa nos Séculos XIX e XX*, S. Low, Marston Co., Londres, 1937.

41 *O New York Times* de 30 de abril de 1914 noticiou que os 12 distritos tinham subscrições no valor de 74 740 800 dólares e que os bancos subscritores pagariam metade deste montante em seis meses.

juntamente com Warburg, detém quatro votos, ou seja, a maioria no Conselho da Reserva Federal."[42]

Apesar de se ter afastado da Kuhn, Loeb Company em maio de 1914 para integrar o Conselho de Governadores da Reserva Federal, Warburg foi convidado a comparecer perante uma subcomissão do Senado em junho de 1914 para responder a algumas perguntas sobre o seu papel nos bastidores na aprovação da Lei da Reserva Federal pelo Congresso. Tal poderia implicar perguntas sobre a conferência secreta em Jekyll Island, pelo que Warburg recusou-se a comparecer. A 7 de julho de 1914, escreveu uma carta a G.M. Hitchcock, presidente da Comissão de Bancos e Moeda do Senado, afirmando que responder a quaisquer perguntas poderia comprometer a sua utilidade no Conselho e que, por isso, retiraria a sua candidatura. Parecia que Warburg estava preparado para intimidar a Comissão do Senado a confirmá-lo sem que lhe fossem feitas quaisquer perguntas. A 10 de julho de 1914, *o The New York Times* defendeu Warburg na página editorial e denunciou a «Inquisição Senatorial». Uma vez que ainda não tinham sido feitas quaisquer perguntas a Warburg, o termo «Inquisição» parecia notavelmente inadequado, nem havia qualquer perigo real de que os senadores se estivessem a preparar para usar instrumentos de tortura no Sr. Warburg. O imbróglio foi resolvido quando a Comissão do Senado, em rendição abjeta, concordou que o Sr. Warburg receberia uma lista de perguntas antes da sua comparência, para que pudesse analisá-las, e que poderia ser dispensado de responder a quaisquer perguntas que pudessem prejudicar o seu desempenho no Conselho de Governadores. A revista The Nation noticiou, a 23 de julho de 1914, que «o Sr. Warburg teve finalmente uma reunião com o senador O'Gorman e concordou em encontrar-se informalmente com os membros da Subcomissão do Senado, com vista a chegar a um entendimento e a fornecer-lhes qualquer informação razoável que pudessem desejar. A opinião em Washington é que a confirmação do Sr. Warburg está assegurada.» *A revista The Nation* estava certa. O Sr. Warburg foi confirmado, tendo o caminho sido facilitado pelo seu «facilitador», o senador O'Gorman de Nova Iorque, mais conhecido como «o senador de Wall Street». O senador Robert L. Owen tinha anteriormente acusado Warburg de ser o

---

[42] Clarence W. Barron, More They Told Barron, Arno Press, New York Times, 1973, 12 de junho de 1914. p. 204.

representante americano da família Rothschild, mas questioná-lo sobre isso teria, de facto, chegado a um e da «Inquisição» medieval, e os seus colegas senadores eram demasiado civilizados para se entregarem a tal barbárie.[43]

Durante as audiências do Senado sobre Paul Warburg perante a Comissão de Bancos e Moeda do Senado, em 1 de agosto de 1914, o senador Bristow perguntou: «Quantos destes sócios (da Kuhn, Loeb Company) são cidadãos americanos?» WARBURG: «São todos cidadãos americanos, exceto o Sr. Kahn. Ele é súbdito britânico.» BRISTOW: «Ele foi, em tempos, candidato ao Parlamento, não foi?» WARBURG: «Houve conversas sobre isso, tinha sido sugerido e ele tinha isso em mente.»

Paul Warburg também declarou à Comissão: «Fui para Inglaterra, onde fiquei dois anos, primeiro na empresa bancária e de desconto Samuel Montague & Company. Depois disso, fui para França, onde trabalhei num banco francês.»

PRESIDENTE: «Que banco francês era esse?»

WARBURG: «É o Banco Russo de Comércio Externo, que tem uma agência em Paris.»

BRISTOW: «Se bem entendi, o senhor diz que era republicano, mas quando o Sr. Theodore Roosevelt surgiu, passou a ser simpatizante do Sr. Wilson e apoiou-o?»

WARBURG: «Sim.»

BRISTOW: «Enquanto o seu irmão (Felix Warburg) apoiava Taft?»

WARBURG: «Sim.»

Assim, três sócios da Kuhn, Loeb Company apoiavam três candidatos diferentes à Presidência dos Estados Unidos. Paul Warburg apoiava Wilson, Felix Warburg apoiava Taft e Otto Kahn apoiava Theodore Roosevelt. Paul Warburg explicou esta situação

[43] Warburg foi confirmado a 8 de agosto de 1914, por 38 votos a 11, tendo enfrentado oposição principalmente do senador Bristow, do Kansas, que foi denunciado pelo *The New York Times* como um «republicano radical» e cuja excelente biblioteca de livros raros sobre banca foi adquirida pelo presente autor em 1983 para investigação sobre este trabalho.

curiosa, dizendo à Comissão que não tinham influência sobre as convicções políticas uns dos outros, «uma vez que as finanças e a política não se misturam.»

As questões relativas à nomeação de Warburg desapareceram no meio de um alvoroço causado pela única nomeação de Wilson para o Conselho de Governadores, Thomas D. Jones. Os jornalistas tinham descoberto que Jones, na altura da sua nomeação, estava a ser alvo de acusação por parte do Procurador-Geral dos Estados Unidos. Wilson saiu em defesa da sua escolha, dizendo aos repórteres que «A maioria dos homens ligados ao que passámos a chamar de "grandes empresas" são honestos, incorruptíveis e patriotas.» Apesar das protestos de Wilson, a Comissão de Bancos e Moeda do Senado marcou audiências sobre a aptidão de Thomas D. Jones para ser membro do Conselho de Governadores. Wilson escreveu então uma carta ao senador Robert L. Owen, presidente dessa comissão:

Casa Branca

18 de junho de 1914

Caro Senador Owen:

O Sr. Jones sempre defendeu os direitos do povo contra os direitos dos privilegiados. A sua ligação à Harvester Company foi um serviço público, não um interesse privado. Ele é o único homem de todo o grupo que, num sentido peculiar, foi a minha escolha pessoal.

Atenciosamente,

Woodrow Wilson

Woodrow Wilson afirmou: «Não há motivos para acreditar que o relatório desfavorável represente a atitude do próprio Senado.» Após várias semanas, Thomas D. Jones retirou a sua candidatura, e o país teve de passar sem os seus serviços.

Os outros membros do primeiro Conselho de Governadores eram o Secretário do Tesouro, William McAdoo, genro de Wilson, e Presidente da Hudson-Manhattan Railroad, uma empresa controlada pela Kuhn, Loeb Company, e o Controlador da Moeda, John Skelton Williams.

Quando os Bancos da Reserva Federal iniciaram a sua atividade a 16 de novembro de 1914, Paul Warburg afirmou: «Esta data pode ser considerada como o 4 de julho na história económica dos Estados Unidos.»

CAPÍTULO QUATRO

O CONSELHO CONSULTIVO FEDERAL

Ao fazer passar a Lei da Reserva Federal pela Câmara dos Representantes, o congressista Carter Glass declarou, em 30 de setembro de 1913, no plenário da Câmara, que os interesses do público seriam protegidos por um conselho consultivo de banqueiros. «Não pode haver nada de sinistro nas suas transações. Reunir-se com ele pelo menos quatro vezes por ano será um conselho consultivo de banqueiros que representa todos os distritos de reserva regionais do sistema. Como poderíamos ter exercido maior cautela na salvaguarda do interesse público?»

Carter Glass, nem nessa altura nem mais tarde, apresentou qualquer fundamentação para a sua convicção de que um grupo de banqueiros protegeria os interesses do público, nem existe qualquer evidência na história dos Estados Unidos de que algum grupo de banqueiros alguma vez o tenha feito. Na verdade, o Conselho Consultivo Federal revelou-se o «processo administrativo» que Paul Warburg tinha inserido na Lei da Reserva Federal para proporcionar exatamente o tipo de controlo remoto, mas invisível, sobre o Sistema que ele desejava. Quando lhe foi perguntado pelo repórter financeiro C.W. Barron, logo após a Lei da Reserva Federal ter sido promulgada pelo Congresso, se aprovava o projeto de lei tal como foi finalmente aprovado, Warburg respondeu: «Bem, não tem exatamente tudo o que queremos, mas o que falta pode ser ajustado mais tarde por processos administrativos.» O conselho revelou-se o veículo ideal para os objetivos de Warburg, uma vez que funcionou durante setenta anos num anonimato quase total, com os seus membros e as suas associações empresariais a passarem despercebidos pelo público.

O senador Robert Owen, presidente da Comissão de Bancos e Moeda do Senado, tinha afirmado, conforme citado no *The New York Times*, de 3 de agosto de 1913, antes da aprovação da lei:

«A Lei da Reserva Federal proporcionará aos bancos e aos interesses industriais e comerciais o desconto de papel comercial qualificado, estabilizando assim a nossa vida comercial e industrial. Os bancos da Reserva Federal não se destinam a ser bancos lucrativos, mas a servir um grande propósito nacional de acomodar o comércio, os empresários e os bancos, salvaguardando um mercado estável para os produtos manufaturados, para os produtos agrícolas e para a mão de obra. Não há razão para que os bancos devam controlar o sistema da Reserva Federal. A estabilidade fará com que o nosso comércio se expanda de forma saudável em todas as direções.»

O otimismo do senador Owen foi condenado pelo domínio dos promotores de Jekyll Island sobre a composição inicial do Sistema da Reserva Federal.

Não só a aliança Morgan-Kuhn-Loeb adquiriu o controlo dominante das ações do Banco da Reserva Federal de Nova Iorque, com quase metade das ações detidas pelos cinco bancos de Nova Iorque sob o seu controlo,

- First National Bank,
- National City Bank,
- National Bank of Commerce,
- Chase National Bank e
- Hanover National Bank,

mas também persuadiram o presidente Woodrow Wilson a nomear um dos membros do grupo de Jekyll Island, Paul Warburg, para o Conselho de Governadores da Reserva Federal.

Cada um dos doze Bancos da Reserva Federal deveria eleger um membro do Conselho Consultivo Federal, que se reuniria com o Conselho de Governadores da Reserva Federal quatro vezes por ano em Washington, a fim de «aconselhar» o Conselho sobre a futura política monetária. Isto parecia garantir uma democracia absoluta, uma vez que se esperava que cada um dos doze «conselheiros», representando uma região diferente dos Estados Unidos, defendesse os interesses económicos da sua área, e cada um dos doze membros teria um voto igual. A teoria pode ter sido admirável no seu conceito, mas a dura realidade da vida económica resultou num quadro bastante diferente. O presidente de um pequeno banco em St. Louis ou Cincinnati, sentado numa conferência com Paul Warburg e J.P. Morgan para os «aconselhar» sobre a política monetária, dificilmente iria contradizer dois dos mais poderosos financistas internacionais do mundo, uma vez que uma nota rabiscada por qualquer um d, um deles, seria suficiente para levar o seu pequeno banco à falência. Na verdade, os pequenos bancos dos doze distritos da Reserva Federal existiam apenas como satélites dos grandes interesses financeiros de Nova Iorque e estavam completamente à sua mercê. Martin Mayer, em The Bankers, salienta que «J.P. Morgan mantinha relações de correspondência com muitos pequenos bancos por todo o país.»[44] Os grandes bancos de Nova Iorque não se limitavam a negócios multimilionários com outros grandes interesses financeiros, mas realizavam muitas transações menores e mais rotineiras com os seus bancos «correspondentes» por todo os Estados Unidos.

Aparentemente seguros na sua convicção de que as suas atividades nunca seriam expostas ao público, os interesses de Morgan-Kuhn, Loeb selecionaram ousadamente os membros do Conselho Consultivo Federal a partir dos seus bancos correspondentes e de bancos nos quais detinham ações. Ninguém na comunidade financeira pareceu notar, já que nada foi dito sobre isso durante setenta anos de funcionamento do Sistema da Reserva Federal.

Para evitar qualquer suspeita de que os interesses de Nova Iorque pudessem controlar o Conselho Consultivo Federal, o seu primeiro presidente, eleito em 1914 pelos outros membros, foi J.B. Forgan, presidente do First National Bank of Chicago. O Rand McNally Bankers Directory de 1914 lista os principais correspondentes dos grandes bancos. O principal banco correspondente do First National Bank of New York, controlado por Baker-Morgan, é listado como o First National Bank of Chicago. O principal correspondente listado pelo First National Bank of Chicago é o Bank of Manhattan em Nova Iorque, controlado por Jacob Schiff e Paul Warburg da Kuhn,

44 Martin Mayer, *The Bankers*, Weybright and Talley, Nova Iorque, 1974, p. 207.

Loeb Company. James B. Forgan também constava como administrador da Equitable Life Insurance Company, igualmente controlada por Morgan. No entanto, a relação entre o First National Bank of Chicago e estes bancos de Nova Iorque era ainda mais estreita do que estas listagens indicam.

Na página 701 de The Growth of Chicago Banks, de F. Cyril James, encontramos uma menção à «ligação lucrativa do First National Bank of Chicago com os interesses de Morgan. Um embaixador de boa vontade foi enviado apressadamente a Nova Iorque para convidar George F. Baker a tornar-se um diretor e e do First National Bank of Chicago.»[45] (J.B. Forgan para Ream, 7 de janeiro de 1903.) Na prática, Baker e Morgan tinham escolhido pessoalmente o primeiro presidente do Conselho Consultivo Federal.

James B. Forgan (1852-1924) também demonstra a inevitável «ligação a Londres» no funcionamento do Sistema da Reserva Federal. Nascido em St. Andrew's, na Escócia, iniciou a sua carreira bancária nesse local no Royal Bank of Scotland, um correspondente do Banco de Inglaterra. Veio para o Canadá para o Bank of British North America, trabalhou para o Bank of Nova Scotia, que o enviou para Chicago na década de 1880, e em 1900 já se tinha tornado presidente do First National Bank of Chicago. Desempenhou funções durante seis anos como presidente do Conselho Consultivo Federal e, quando deixou o conselho, foi substituído por Frank O. Wetmore, que também o tinha substituído como presidente do First National Bank of Chicago quando Forgan foi nomeado presidente do conselho de administração.

A representar o distrito da Reserva Federal de Nova Iorque no primeiro Conselho Consultivo Federal estava J.P. Morgan. Foi nomeado presidente do Comité Executivo. Assim, Paul Warburg e J.P. Morgan participaram nas reuniões do Conselho da Reserva Federal durante os primeiros quatro anos de funcionamento, rodeados pelos outros governadores e membros do conselho, que dificilmente poderiam ignorar que o seu futuro seria orientado por estes dois poderosos banqueiros.

---

[45] F. Cyril James, *The Growth of Chicago Banks*, Harper, Nova Iorque, 1938.

Outro membro do Conselho Consultivo Federal em 1914 foi Levi L. Rue, em representação do distrito de Filadélfia. Rue era presidente do Philadelphia National Bank. O Rand McNally Bankers Directory de 1914 listava o Philadelphia National Bank como principal correspondente do First National Bank of New York. O First National Bank of Chicago também listava o Philadelphia National Bank como seu principal correspondente em Filadélfia. Os outros membros do Conselho Consultivo Federal incluíam Daniel S. Wing, presidente do First National Bank of Boston, W.S. Rowe, presidente do First National Bank of Cincinnati, e C.T. Jaffray, presidente do First National Bank of Minneapolis. Todos estes eram bancos correspondentes dos «cinco grandes» bancos de Nova Iorque que controlavam o mercado monetário nos Estados Unidos.

Jaffray tinha uma ligação ainda mais estreita com os interesses de Baker-Morgan. Em 1908, para reinvestir os elevados dividendos anuais das suas ações do First National Bank of New York, Baker e Morgan criaram uma holding, a First Security Corporation, que comprou 500 ações do First National Bank of Minneapolis. Assim, Jaffray era pouco mais do que um funcionário assalariado de Baker e Morgan, embora tivesse sido «selecionado» pelos acionistas do Federal Reserve Bank of Minneapolis para representar os seus interesses. A First Security Corporation detinha também 50 000 ações do Chase National Bank, 5400 ações do National Bank of Commerce, 2500 ações do Bankers Trust, 928 ações do Liberty National Bank — o banco de que Henry P. Davison tinha sido presidente quando foi convidado para integrar a empresa J.P. Morgan — e ações do New York Trust, do Atlantic Trust e do Brooklyn Trust. A First Security concentrou-se em ações bancárias que valorizaram rapidamente e pagavam dividendos anuais generosos. Em 1927, obteve cinco milhões de dólares, mas pagou aos acionistas oito milhões, retirando o restante das suas reservas.

Outro membro do Conselho Consultivo Federal inicial foi E.F. Swinney, presidente do First National Bank of Kansas City. Era também administrador da Southern Railway e apresenta-se no Who's Who como «independente em política».

Archibald Kains representou o distrito de São Francisco no Conselho Consultivo Federal, embora mantivesse o seu escritório em Nova Iorque, como presidente da American Foreign Banking Corporation.

Depois de ter exercido funções como governador do Conselho da Reserva Federal entre 1914 e 1918, Paul Warburg não solicitou um novo mandato. No entanto, não estava disposto a cortar os laços com o Sistema da Reserva Federal, pelo qual tanto tinha feito para criar e colocar em funcionamento. J.P. Morgan cedeu de bom grado o seu lugar no Conselho Consultivo Federal e, durante os dez anos seguintes, Paul Warburg continuou a representar o distrito da Reserva Federal de Nova Iorque no Conselho. Foi vice-presidente do Conselho entre 1922 e 1925 e presidente entre 1926 e 1927. Assim, Warburg continuou a ser a presença dominante nas reuniões do Conselho da Reserva Federal ao longo da década de 1920, quando os bancos centrais europeus planeavam a grande contração do crédito que precipitou o Crash de 1929 e a Grande Depressão.

Embora a maioria dos «pareceres» do Conselho Consultivo Federal dirigidos ao Conselho de Governadores nunca tenha sido divulgada, em raras ocasiões, breves artigos publicados no *The New York Times* permitiram alguns vislumbres * * das suas deliberações. A 21 de novembro de 1916, *o *The Times** noticiou que o Conselho Consultivo Federal se tinha reunido em Washington para a sua conferência trimestral.

«Discutiu-se a absorção da concessão de crédito da Europa à América do Sul e a outros países. Os responsáveis da Reserva Federal afirmaram que, para manter a sua posição como um dos banqueiros do mundo, os Estados Unidos devem esperar ser chamados a prestar grande parte dos serviços que, no passado, eram prestados principalmente pela Inglaterra, na concessão de créditos de curto prazo necessários à produção e transporte de mercadorias de todos os tipos no comércio mundial, e que as aceitações no comércio externo exigem descontos mais baixos e mercados de ouro mais livres e fiáveis.» (A Primeira Guerra Mundial estava no seu auge em 1916.)

Para além do seu serviço no Conselho de Governadores e no Conselho Consultivo Federal, Paul Warburg continuou a dirigir-se a grupos de banqueiros sobre as políticas monetárias que se esperava que seguissem. Em 22 de outubro de 1915, dirigiu-se ao Twin City Bankers Club, em St. Paul, Minnesota, durante o qual afirmou: «É do vosso interesse que os bancos da Reserva Federal sejam tão fortes quanto possível. É impressionante pensar no que o futuro poderá reservar para o desenvolvimento da banca americana. Com as principais potências da Europa limitadas ao seu próprio campo, e com os Estados Unidos transformados numa nação credora para todo o mundo, os limites do campo que se abre para nós são determinados apenas pelo nosso poder de expansão segura. O alcance do nosso futuro bancário será, em última análise, limitado pela quantidade de ouro que conseguirmos reunir como base da nossa estrutura bancária e de crédito.»

A composição do Conselho de Governadores da Reserva Federal e do Conselho Consultivo da Reserva Federal, desde os seus membros iniciais até aos dias de hoje, revela ligações à conferência de Jekyll Island e à comunidade bancária de Londres, o que constitui prova incontestável, aceitável em qualquer tribunal, de que existia um plano para obter o controlo do dinheiro e do crédito do povo dos Estados Unidos e para o utilizar em benefício dos seus arquitetos. Os veteranos de Jekyll Island eram Frank Vanderlip, presidente do National City Bank, que comprou uma grande parte das ações do Banco da Reserva Federal de Nova Iorque em 1914; Paul Warburg, da Kuhn, Loeb Company; Henry P. Davison, braço direito de J.P. Morgan e diretor do First National Bank de Nova Iorque e do National Bank of Commerce, que adquiriu uma grande parte das ações do Federal Reserve Bank de Nova Iorque; e Benjamin Strong, também conhecido como um braço direito de Morgan, que serviu como governador do Federal Reserve Bank de Nova Iorque durante a década de 1920.[46]

---

46 «O Conselho Consultivo Federal tem grande influência junto do Conselho da Reserva Federal. Destaca-se nesse conselho J.P. Morgan, membro de destaque da J.P. Morgan Company e filho do falecido J.P. Morgan. Cada um dos doze membros do Conselho Consultivo, como bem sabem, foi educado no mesmo ambiente. A Lei da Reserva Federal não é apenas uma lei de privilégios especiais, mas pessoas privilegiadas foram colocadas no controlo e são os seus conselheiros na sua administração. O Conselho da Reserva Federal e o Conselho Consultivo Federal administram o Sistema da Reserva Federal como sua autoridade máxima, e nenhum dos funcionários de menor hierarquia, mesmo que o desejasse, ousaria cruzar espadas com eles.»
(DE: *«Why Is Your Country At War?»* [Por que está o seu país em guerra?], de Charles Lindbergh, publicado em 1917). O parágrafo acima explica por que razão Woodrow Wilson ordenou que agentes do governo apreendessem e destruíssem as chapas de impressão e as cópias deste livro na primavera de 1918.

A seleção dos membros regionais do Conselho Consultivo Federal a partir da lista de banqueiros que trabalhavam mais estreitamente com os «cinco grandes» bancos de Nova Iorque, e que eram os seus principais bancos correspondentes, prova que a tão alardeada «salvaguarda regional do interesse público» por Carter Glass e outros defensores da Lei da Reserva Federal em Washington foi, desde o seu início, um engano deliberado. O facto de, durante setenta anos, este conselho ter conseguido reunir-se com o Conselho de Governadores da Reserva Federal e «aconselhar» os governadores sobre decisões de política monetária que afetavam a vida quotidiana de todas as pessoas nos Estados Unidos, sem que o público tivesse conhecimento da sua existência, demonstra que os planeadores da operação do banco central sabiam exatamente como alcançar os seus objetivos através de «processos administrativos» dos quais o público permaneceria ignorante. A alegação de que o «conselho» dos membros do conselho não é vinculativo para os governadores ou que não tem qualquer peso equivale a afirmar que, quatro vezes por ano, doze dos banqueiros mais influentes dos Estados Unidos tiram tempo do seu trabalho para viajar até Washington para se reunirem com o Conselho da Reserva Federal apenas para tomar café e trocar gentilezas. É uma alegação que qualquer pessoa familiarizada com o funcionamento da comunidade empresarial achará impossível levar a sério. Em 1914, era uma viagem de quatro dias em cada sentido para os banqueiros do Extremo Oeste virem a Washington para uma reunião do conselho com o Conselho da Reserva Federal. Estes homens tinham interesses empresariais extensos que exigiam o seu tempo. J.P. Morgan era administrador de sessenta e três empresas que realizavam reuniões anuais, e dificilmente se poderia esperar que viajasse até Washington para participar em reuniões do Conselho da Reserva Federal se o seu conselho fosse considerado sem importância.[47]

---

[47] A ligação com a J.P. Morgan tem permanecido predominante no Conselho Consultivo Federal. Nos últimos anos, o prestigiado Distrito n.º 2 da Reserva Federal, o Distrito de Nova Iorque, tem sido representado no Conselho Consultivo Federal por Lewis Preston. Preston é presidente da J.P. Morgan Company e também presidente e diretor executivo da Morgan Guaranty Trust, em Nova Iorque. Herdeiro da fortuna Baldwin (uma empresa controlada por Morgan), Preston casou-se com a herdeira da fortuna do jornal Pulitzer. A 26 de fevereiro de 1929, *o The New York Times* noticiou que se tinha concretizado

CAPÍTULO CINCO

A CASA DOS ROTHSCHILD

O sucesso da Conspiração da Reserva Federal suscitará muitas questões nas mentes dos leitores que não estão familiarizados com a história dos Estados Unidos e do capital financeiro. Como é que a aliança Kuhn, Loeb-Morgan, por mais poderosa que fosse, poderia acreditar que seria capaz, em primeiro lugar, de conceber um plano que colocasse todo o dinheiro e crédito do povo dos Estados Unidos nas suas mãos e, em segundo lugar, de conseguir que tal plano fosse promulgado como lei?

A capacidade de conceber e implementar o «Plano da Reserva Nacional», como foi designado o resultado imediato da expedição a Jekyll Island, estava facilmente ao alcance da aliança Kuhn, Loeb-Morgan, de acordo com o seguinte trecho da revista McClure's, de agosto de 1911, no artigo «Os Sete Homens», de John Moody:

«Sete homens em Wall Street controlam agora uma grande parte da indústria e dos recursos fundamentais dos Estados Unidos. Três dos sete homens, J.P. Morgan, James J. Hill e George F. Baker, presidente do First National Bank of New York, pertencem ao chamado grupo Morgan; quatro deles, John D. e William Rockefeller, James Stillman, presidente do National City Bank, e Jacob H. Schiff, da empresa bancária privada Kuhn, Loeb Company, pertencem ao chamado grupo Standard Oil City Bank... a máquina central do capital estende o seu controlo sobre os Estados Unidos...

---

uma fusão entre o National Bank of Commerce e a Guaranty Trust, tornando-os no maior banco dos Estados Unidos, com um capital de dois mil milhões de dólares. A fusão foi negociada por Myron C. Taylor, presidente da U.S. Steel, uma empresa de Morgan. Os bancos ocupavam edifícios adjacentes em Wall Street e, como observou *o The New York Times*, «A Guaranty Trust Company é há muito conhecida como um dos bancos do "grupo Morgan"». O National Bank of Commerce também tem sido identificado com os interesses de Morgan.

O processo não é apenas economicamente lógico; é agora praticamente automático.»[48]

Assim, vemos que a conspiração de 1910 para tomar o controlo do dinheiro e do crédito do povo dos Estados Unidos foi planeada por homens que já controlavam a maior parte dos recursos do país. Parecia a John Moody «praticamente automático» que eles continuassem com as suas operações.

O que John Moody não sabia, ou não contou aos seus leitores, era que os homens mais poderosos dos Estados Unidos eram eles próprios responsáveis perante outro poder, um poder estrangeiro, e um poder que vinha procurando incansavelmente estender o seu controlo sobre a jovem república dos Estados Unidos desde a sua própria fundação. Esse poder era o poder financeiro da Inglaterra, centrado na filial londrina da Casa de Rothschild. O facto é que, em 1910, os Estados Unidos eram, para todos os efeitos práticos, governados a partir da Inglaterra, e assim continua a ser hoje. As dez maiores holdings bancárias dos Estados Unidos estão firmemente nas mãos de certas casas bancárias, todas elas com sucursais em Londres. São elas: J.P. Morgan Company, Brown Brothers Harriman, Warburg, Kuhn Loeb e J. Henry Schroder. Todas elas mantêm relações estreitas com a Casa de Rothschild, principalmente através do controlo que esta exerce sobre os mercados monetários internacionais, mediante a manipulação do preço do ouro. Todos os dias, o preço mundial do ouro é fixado no escritório londrino da N.M. Rothschild and Company.

Embora estas empresas sejam ostensivamente americanas, mantendo apenas sucursais em Londres, a verdade é que estas instituições bancárias recebem, na realidade, as suas orientações de Londres. A sua história é fascinante e desconhecida do público americano, tendo tido origem no tráfico internacional de ouro, escravos, diamantes e outros bens de contrabando. Não há considerações morais em nenhuma decisão comercial tomada por estas empresas. Estão interessadas exclusivamente em dinheiro e poder.

---

48 John Moody, «*The Seven Men*», McClure's Magazine, agosto de 1911, p. 418.

Hoje em dia, os turistas ficam boquiabertos perante as magníficas mansões dos muito ricos em Newport, Rhode Island, sem perceberem que estas «casas de campo» não só se erguem como um memorial aos desejos baronais dos nossos milionários vitorianos, mas que a sua construção em Newport representou uma memorialização nostálgica das grandes fortunas americanas, que tiveram o seu início em Newport quando esta era a capital do comércio de escravos.

Durante séculos, o comércio de escravos teve a sua sede em Veneza, até que a Grã-Bretanha do século XVII, a nova senhora dos mares, usou o seu controlo dos oceanos para obter o monopólio. À medida que as colónias americanas foram sendo colonizadas, o seu povo ferozmente independente, cuja maioria não queria escravos, descobriu, para sua surpresa, que os escravos estavam a ser enviados para os nossos portos em grande número.

Durante muitos anos, Newport foi a capital deste comércio repugnante. William Ellery, o coletor do porto de Newport, afirmou em 1791:

«... um etíope poderia tão facilmente mudar de pele como um comerciante de Newport poderia ser induzido a trocar um comércio tão lucrativo... pelos lucros lentos de qualquer manufatura.»

John Quincy Adams observou no seu Diário, página 459: «A antiga prosperidade de Newport devia-se principalmente ao seu extenso envolvimento no comércio de escravos africanos.»

A preeminência de J.P. Morgan e da firma Brown nas finanças americanas remonta ao desenvolvimento de Baltimore como a capital do comércio de escravos no século XIX. Ambas as firmas tiveram origem em Baltimore, abriram sucursais em Londres, passaram a estar sob a égide da Casa de Rothschild e regressaram aos Estados Unidos para abrir sucursais em Nova Iorque e tornarem-se a potência dominante, não só nas finanças, mas também no governo. Nos últimos anos, cargos-chave como o de Secretário da Defesa foram ocupados por Robert Lovett, sócio da Brown Brothers Harriman, e por Thomas S. Gates, sócio da Drexel and Company, uma empresa subsidiária da J.P. Morgan. O atual Vice-Presidente, George Bush, é filho de Prescott Bush, sócio da Brown Brothers Harriman, durante muitos anos senador por Connecticut e organizador financeiro da Columbia Broadcasting System, da qual também foi administrador durante muitos anos.

Para compreender por que razão estas empresas operam como o fazem, é necessário fazer uma breve história das suas origens. Poucos americanos sabem que a J.P. Morgan Company começou como George Peabody and Company. George Peabody (1795-1869), nascido em South Danvers, Massachusetts, iniciou a sua atividade em Georgetown, D.C., em 1814, como Peabody, Riggs and Company, dedicando-se ao comércio grossista de produtos têxteis e à gestão do Mercado de Escravos de Georgetown. Em 1815, para se aproximarem da sua fonte de abastecimento, mudaram-se para Baltimore, onde operaram como Peabody and Riggs, de 1815 a 1835. Peabody viu-se cada vez mais envolvido em negócios com origem em Londres e, em 1835, fundou a empresa George Peabody and Company em Londres. Tinha excelentes contactos no mundo dos negócios londrino através de outra empresa de Baltimore estabelecida em Liverpool, a Brown Brothers. Alexander Brown chegou a Baltimore em 1801 e fundou o que hoje é conhecido como a mais antiga casa bancária dos Estados Unidos, ainda em atividade como Brown Brothers Harriman de Nova Iorque; Brown, Shipley and Company de Inglaterra; e Alex Brown and Son de Baltimore. O poder nos bastidores exercido por esta empresa é indicado pelo facto de Sir Montagu Norman, governador do Banco de Inglaterra durante muitos anos, ter sido sócio da Brown, Shipley and Company.[49] Considerado o banqueiro mais influente do mundo, Sir Montagu Norman foi o organizador de «conversas informais» entre os chefes dos bancos centrais em 1927, o que conduziu diretamente ao Grande Crash da Bolsa de 1929.

Pouco depois de chegar a Londres, George Peabody ficou surpreendido ao ser convocado para uma audiência com o rude Barão Nathan Mayer Rothschild. Sem meias palavras, Rothschild revelou a Peabody que grande parte da aristocracia londrina detestava abertamente Rothschild e recusava os seus convites. Propôs que Peabody, um homem de recursos modestos, se tornasse um anfitrião generoso, cujas festas em breve seriam o assunto do

[49] «Existe um entendimento informal de que um diretor da Brown, Shipley deve fazer parte do Conselho de Administração do Banco de Inglaterra, e Norman foi eleito para o mesmo em 1907.» Montagu Norman, Current Biography, 1940.

momento em Londres. Rothschild, claro, pagaria todas as contas. Peabody aceitou a oferta e rapidamente se tornou conhecido como o anfitrião mais popular de Londres. O seu jantar anual do 4 de julho, em comemoração da Independência Americana, tornou-se extremamente popular entre a aristocracia inglesa, muitos dos quais, enquanto bebiam o vinho de Peabody, divertiam-se a contar piadas sobre a grosseria e os maus modos de Rothschild, sem perceberem que cada gota que bebiam tinha sido paga por Rothschild.

Não é de admirar que o anfitrião mais popular de Londres se tornasse também um empresário de grande sucesso, sobretudo com o apoio da Casa de Rothschild nos bastidores. Peabody operava frequentemente com um capital disponível de 500 000 libras e tornou-se muito astuto nas suas compras e vendas em ambos os lados do Atlântico. O seu agente americano era a empresa de Boston Beebe, Morgan and Company, liderada por Junius S. Morgan, pai de John Pierpont Morgan. Peabody, que nunca se casou, não tinha ninguém para lhe suceder e ficou muito favoravelmente impressionado com o alto e bonito Junius Morgan. Convenceu Morgan a juntar-se a ele em Londres como sócio da George Peabody and Company em 1854. Em 1860, John Pierpont Morgan tinha sido contratado como aprendiz pela firma Duncan, Sherman, em Nova Iorque. Não era muito atento aos negócios e, em 1864, o pai de Morgan ficou indignado quando a Duncan, Sherman se recusou a tornar o seu filho sócio. Ele rapidamente propôs um acordo pelo qual um dos principais funcionários da Duncan, Sherman, Charles H. Dabney, foi persuadido a juntar-se a John Pierpont Morgan numa nova empresa, a Dabney, Morgan and Company. A revista Bankers Magazine, de dezembro de 1864, referiu que Peabody tinha retirado a sua conta da Duncan, Sherman e que se esperava que outras empresas fizessem o mesmo. A conta de Peabody, claro, passou para a Dabney, Morgan Company.

John Pierpont Morgan nasceu em 1837, durante a primeira crise monetária nos Estados Unidos. Significativamente, esta tinha sido causada pela Casa de Rothschild, com quem Morgan viria mais tarde a associar-se.

Em 1836, o presidente Andrew Jackson, enfurecido com as táticas dos banqueiros que tentavam persuadi-lo a renovar a carta constitutiva do Segundo Banco dos Estados Unidos, disse: «Vocês são um ninho de víboras. Tenciono expulsá-los e, pelo Deus Eterno, vou expulsá-los. Se o povo compreendesse a injustiça flagrante do nosso sistema monetário e bancário, haveria uma revolução antes do amanhecer.»

Embora Nicholas Biddle fosse presidente do Banco dos Estados Unidos, era do conhecimento geral que o Barão James de Rothschild, de Paris, era o principal investidor neste banco central. Embora Jackson tivesse vetado a renovação da carta constitutiva do Banco dos Estados Unidos, provavelmente não sabia que, alguns meses antes, em 1835, a Casa de Rothschild tinha consolidado uma relação com o Governo dos Estados Unidos ao substituir a firma Baring como agente financeiro do Departamento de Estado em 1 de janeiro de 1835.

Henry Clews, o famoso banqueiro, no seu livro Twenty-eight Years in Wall Street,[50], afirma que o Pânico de 1837 foi orquestrado porque a carta constitutiva do Segundo Banco dos Estados Unidos tinha expirado em 1836. O presidente Jackson não só retirou prontamente os fundos do governo do Segundo Banco dos Estados Unidos, como depositou esses fundos, 10 milhões de dólares, em bancos estaduais. O resultado imediato, diz-nos Clews, foi que o país começou a desfrutar de grande prosperidade. Este fluxo repentino de dinheiro causou uma expansão imediata da economia nacional, e o governo liquidou toda a dívida nacional, deixando um excedente de 50 milhões de dólares no Tesouro.

Os financistas europeus tinham a resposta para esta situação. Clews afirma ainda: «O Pânico de 1837 foi agravado pelo Banco de Inglaterra quando, num só dia, rejeitou todos os títulos relacionados com os Estados Unidos.»

O Banco de Inglaterra, claro, era sinónimo do nome do Barão Nathan Mayer Rothschild. Por que razão o Banco de Inglaterra, num único dia, «rejeitou» todos os títulos relacionados com os Estados Unidos, ou seja, recusou-se a aceitar ou descontar quaisquer títulos, obrigações ou outros papéis financeiros com sede nos Estados Unidos? O objetivo desta ação era criar um pânico financeiro imediato nos Estados Unidos, provocar uma contração total do crédito, interromper novas emissões de ações e obrigações e arruinar

---

[50] Henry Clews, *Twenty-eight Years in Wall Street*, Irving Company, Nova Iorque, 1888, página 157.

aqueles que procuravam converter títulos dos Estados Unidos em dinheiro. Nesta atmosfera de pânico financeiro, John Pierpont Morgan veio ao mundo. A sua avó, Joseph Morgan, era um agricultor abastado que possuía 106 acres em Hartford, Connecticut. Mais tarde, abriu o City Hotel e o Exchange Coffee Shop e, em 1819, foi um dos fundadores da Aetna Insurance Company.

George Peabody constatou que tinha feito uma boa escolha ao selecionar Junius S. Morgan como seu sucessor. Morgan concordou em continuar a relação secreta com a N.M. Rothschild Company e, em breve, expandiu as atividades da empresa enviando grandes quantidades de ferro para a construção de ferrovias para os Estados Unidos. Foi o ferro de Peabody que serviu de base para grande parte dos trilhos ferroviários americanos entre 1860 e 1890. Em 1864, satisfeito por se aposentar e deixar a sua empresa nas mãos de Morgan, Peabody permitiu que o nome fosse alterado para Junius S. Morgan Company. A empresa Morgan, desde então, sempre foi dirigida a partir de Londres. John Pierpont Morgan passava grande parte do seu tempo na sua magnífica mansão londrina, Prince's Gate.

Um dos pontos altos do bem-sucedido empreendimento comercial Rothschild-Peabody-Morgan foi a Crise de 1857. Já se tinham passado vinte anos desde a Crise de 1837: as suas lições tinham sido esquecidas por hordas de investidores ansiosos, que estavam ansiosos por investir os lucros de uma América em desenvolvimento. Estava na hora de os espremer novamente. O mercado de ações funciona como uma onda que vai e vem na praia. Ela arrasta consigo muitas criaturas minúsculas que obtêm todo o seu suporte vital do oxigénio e da água da onda. Elas flutuam na crista da «Maré da Prosperidade». De repente, a onda, tendo atingido a marca da maré alta na praia, recua, deixando todas as criaturas a lutar pela respiração na areia. Outra onda pode chegar a tempo de as salvar, mas muito provavelmente não chegará tão longe, e algumas das criaturas marinhas estão condenadas. Da mesma forma, as ondas de prosperidade, alimentadas por dinheiro recém-criado, através de uma contração artificial do crédito, recuam, deixando aqueles que tinham levado às alturas a ofegar e a morrer sem esperança de salvação.

Corsair, a Vida de J.P. Morgan,[51], conta-nos que o Pânico de 1857 foi causado pelo colapso do mercado de cereais e pelo colapso repentino da Ohio Life and Trust, com uma perda de cinco milhões de dólares. Com este colapso, outras novecentas empresas americanas faliram. Significativamente, uma não só sobreviveu, como prosperou com a crise. Em Corsair, ficamos a saber que o Banco de Inglaterra emprestou à George Peabody and Company cinco milhões de libras durante o pânico de 1857. Winkler, em Morgan the Magnificent[52], afirma que o Banco de Inglaterra adiantou a Peabody um milhão de libras, uma soma enorme naquela época e o equivalente a cem milhões de dólares hoje, para salvar a empresa. No entanto, nenhuma outra empresa recebeu tal beneficência durante este pânico. A razão é revelada por Matthew Josephson, em The Robber Barons. Ele afirma na página 60:

«Pelas suas qualidades de conservadorismo e pureza, a George Peabody and Company, a árvore antiga da qual a Casa de Morgan cresceu, era famosa. No pânico de 1857, quando títulos desvalorizados foram lançados no mercado por investidores em dificuldades na América, Peabody e o Morgan mais velho, estando na posse de dinheiro, compraram livremente os títulos que possuíam valor real e, depois, revenderam-nos com um grande lucro quando a sanidade foi restaurada.»[53]

Assim, a partir de várias biografias de Morgan, a história pode ser reconstituída. Depois de o pânico ter sido orquestrado, uma empresa entrou no mercado com um milhão de libras em dinheiro, comprou títulos a investidores em dificuldades a preços de pânico e, mais tarde, revendeu-os com um lucro enorme. Essa empresa era a Morgan, e por trás dela estava a manobra astuta do Barão Nathan Mayer Rothschild. A associação permaneceu secreta até para as mentes financeiras mais perspicazes de Londres e Nova Iorque, embora Morgan ocasionalmente aparecesse como agente financeiro numa operação dos Rothschild. À medida que a empresa Morgan crescia rapidamente durante o final do século XIX, até dominar as finanças da nação, muitos observadores ficaram perplexos com o facto de os Rothschild parecerem tão pouco interessados em lucrar

---

[51] Corsair, *The Life of Morgan.*

[52] John K. Winkler, *Morgan, o Magnífico,* Vanguard, N.Y. 1930.

[53] Matthew Josephson, *Os Barões Ladrões,* Harcourt Brace, N.Y. 1934.

com o investimento na economia americana em rápido avanço. John Moody observa, em The Masters of Capital, página 27: «Os Rothschild contentavam-se em permanecer como aliados próximos de Morgan... no que dizia respeito ao campo americano.»[54] O sigilo era mais lucrativo do que a bravura.

A razão pela qual os Rothschilds europeus preferiram operar anonimamente nos Estados Unidos por trás da fachada da J.P. Morgan and Company é explicada por George Wheeler, em Pierpont Morgan and Friends, the Anatomy of a Myth, página 17:

«Mas já estavam a ser tomadas medidas para o tirar da situação financeira precária em que se encontrava, e essas medidas não estavam a ser tomadas pelo próprio Pierpont Morgan. A primeira sugestão do seu nome para desempenhar um papel na reconstituição da reserva teve origem na sucursal londrina da Casa de Rothschild, os empregadores de Belmont.»[55]

Wheeler prossegue explicando que se tinha desenvolvido na Europa e nos Estados Unidos um movimento anti-Rothschild considerável, centrado nas atividades bancárias da família Rothschild. Apesar de terem um agente registado nos Estados Unidos, August Schoenberg, que mudara o nome para Belmont quando chegou aos Estados Unidos como representante dos Rothschild em 1837, era extremamente vantajoso para eles ter um representante americano que não fosse conhecido como agente dos Rothschild.

Embora a casa londrina da Junius S. Morgan and Company continuasse a ser a filial dominante das empresas Morgan, com a morte de, o Morgan mais velho, em 1890, num acidente de carruagem na Riviera, John Pierpont Morgan tornou-se o chefe da empresa. Depois de operar como representante americano da firma londrina de 1864 a 1871 sob o nome de Dabney Morgan Company, Morgan associou-se a um novo sócio em 1871, Anthony Drexel, de Filadélfia, e operou como Drexel Morgan and Company até 1895. Drexel faleceu nesse ano, e Morgan mudou o nome da filial americana para J.P. Morgan and Company.

---

[54] John Moody, *Os Mestres do Capital*.

[55] George Wheeler, *Pierpont Morgan e os Amigos, a Anatomia de um Mito*, Prentice Hall, N.J., 1973.

LaRouche, em «[56] », conta-nos que, em 5 de fevereiro de 1891, uma associação secreta conhecida como o «Round Table Group» foi formada em Londres por Cecil Rhodes, o seu banqueiro, Lord Rothschild, o parente dos Rothschild, Lord Rosebery e Lord Curzon. Ele afirma que, nos Estados Unidos, a «Round Table» era representada pelo grupo Morgan. O Dr. Carrol Quigley refere-se a este grupo como «A Sociedade Secreta Britânico-Americana» em Tragedy and Hope, afirmando que «A espinha dorsal principal desta organização desenvolveu-se ao longo da cooperação financeira já existente que ia do Morgan Bank em Nova Iorque a um grupo de financistas internacionais em Londres liderado pelos Lazard Brothers (em 1901).»[57]

William Guy Carr, em *Pawns In The Game*, afirma que «em 1899, J.P. Morgan e Drexel foram a Inglaterra para participar na Convenção Internacional de Banqueiros. Quando regressaram, J.P. Morgan tinha sido nomeado representante principal dos interesses dos Rothschild nos Estados Unidos. Como resultado da Conferência de Londres, a J.P. Morgan and Company de Nova Iorque, a Drexel and Company de Filadélfia, a Grenfell and Company de Londres, a Morgan Harjes Cie de Paris, a M.M. Warburg Company da Alemanha e da América e a Casa dos Rothschild ficaram todas afiliadas.»[58]

Aparentemente alheio à ligação dos Peabody aos Rothschild e ao facto de os Morgan terem estado sempre afiliados à Casa dos Rothschild, Carr supôs que tinha descoberto esta relação em 1899, quando na verdade ela remontava a 1835.[59]

---

[56] Lyndon H. LaRouche, Jr., Dope, Inc., The New Benjamin Franklin House Publishing Company, Nova Iorque, 1978.

[57] Dr. Carrol Quigley, *Tragedy and Hope*, Macmillan Co., N.Y.

[58] William Guy Carr, *Pawns In The Game*, impressão privada, 1956, p. 60.

[59] 30 de julho de 1930 McFadden: Fundamentos do Controlo das Condições Económicas. Este controlo da estrutura empresarial mundial e da felicidade e progresso humanos por parte de um pequeno grupo é uma questão de intenso interesse público. Ao analisá-lo, devemos começar pelo grupo interno que se articula em torno da J.P. Morgan Company. Nunca antes houve um controlo centralizado tão poderoso sobre as finanças, a produção industrial, o crédito e os salários como o que está atualmente nas mãos do grupo Morgan... O controlo

Após a Primeira Guerra Mundial, a Mesa Redonda passou a ser conhecida como Conselho de Relações Exteriores nos Estados Unidos e Instituto Real de Assuntos Internacionais em Londres. Os principais responsáveis governamentais tanto da Inglaterra como dos Estados Unidos eram escolhidos de entre os seus membros. Na década de 1960, à medida que a atenção crescente se centrava nas atividades governamentais secretas do Conselho de Relações Exteriores, grupos subsidiários, conhecidos como a Comissão Trilateral e os Bilderbergers, representando os mesmos interesses financeiros, iniciaram as suas operações, com os responsáveis mais importantes, como Robert Roosa, a serem membros dos três grupos.

George F. Peabody, em History of the Great American Fortunes, Gustavus Myers, Mod. Lib. 537, observa que o pai de J.P. Morgan, Junius S. Morgan, se tinha tornado sócio de George Peabody no ramo bancário. «Quando a Guerra Civil eclodiu, a George Peabody and Company foi nomeada representante financeira do Governo dos EUA na Inglaterra... com esta nomeação, a sua riqueza começou subitamente a acumular-se; enquanto até então tinham amassado riquezas a um ritmo não particularmente rápido, agora acrescentaram muitos milhões em poucos anos.» Segundo os escritores da época, os métodos da George Peabody & Company não eram apenas irracionais, mas constituíam dupla traição, na medida em que, ao mesmo tempo que prestavam ajuda interna ao inimigo, a George Peabody & Company era mandatária do Governo dos EUA e estava a ser bem remunerada para promover os seus interesses.

«*Springfield* Republic», 1866: «Pois todos os que sabem alguma coisa sobre o assunto sabem muito bem que Peabody e os seus sócios não nos deram nenhuma confiança nem ajuda na nossa luta pela existência nacional. Participaram ao máximo na desconfiança inglesa comum em relação à nossa causa e ao nosso sucesso e falaram e agiram a favor do Sul em vez de a favor da nossa nação. Ninguém contribuiu tanto para inundar os nossos mercados monetários e enfraquecer a confiança financeira na nossa nacionalidade como a George Peabody & Company, e ninguém ganhou mais dinheiro com a operação. Todo o dinheiro que o Sr. Peabody está a distribuir tão generosamente entre as nossas

de Morgan sobre o Sistema da Reserva Federal é exercido através do controlo da gestão do Banco da Reserva Federal de Nova Iorque.

instituições de ensino foi ganho pelas especulações da sua empresa com base nas nossas desgraças.»

Além disso, *New York Times*, 31 de outubro de 1866: Fundo Monetário dos Especuladores da Reconstrução. Relâmpago sobre o Edifício do Tesouro, John Elson, Meador Publishing Co., Boston 41, p. 53, «O *Banco de Inglaterra*, com os seus bancos subsidiários na América (sob o domínio de J.P. Morgan), o Banco de França e o Reichsbank da Alemanha, compunham um sistema bancário interligado e cooperativo, cujo principal objetivo era a exploração do povo.»

De acordo com William Guy Carr, em *Pawns In The Game*,[60], a reunião inicial destes planeadores ex officio teve lugar na joalharia de Mayer Amschel Bauer, em Frankfurt, em 1773. Bauer, que adotou o nome de «Rothschild» ou Escudo Vermelho, devido ao escudo vermelho que pendurava sobre a sua porta para anunciar o seu negócio (o escudo vermelho é hoje o brasão oficial da cidade de Frankfurt), (Ver Capa) «tinha apenas trinta anos de idade quando convidou outros doze homens ricos e influentes para se reunirem com ele em Frankfurt. O seu objetivo era convencê-los de que, se concordassem em reunir os seus recursos, poderiam então financiar e controlar o Movimento Revolucionário Mundial e usá-lo como seu Manual de Ação para conquistar o controlo definitivo da riqueza, dos recursos naturais e da mão de obra de todo o mundo. Chegado a este acordo, Mayer revelou o seu plano revolucionário. O projeto seria apoiado por todo o poder que pudesse ser comprado com os seus recursos reunidos.

Através de uma manipulação inteligente da sua riqueza combinada, seria possível criar condições económicas tão adversas que as massas seriam reduzidas a um estado à beira da fome devido ao desemprego... Os seus propagandistas pagos despertariam sentimentos de ódio e vingança contra as classes dominantes, expondo todos os casos reais e alegados de extravagância, conduta licenciosa, injustiça, opressão e perseguição. Inventariam também infâmias para desacreditar outros que, se deixados em paz, pudessem interferir nos seus planos globais... Rothschild voltou-se

[60] William Guy Carr, *Pawns In The Game*, impressão privada, 1956.

para um manuscrito e começou a ler um plano de ação cuidadosamente preparado.

1. Ele argumentou que a LEI não passava de FORÇA disfarçada. Concluiu que era lógico afirmar que «segundo as leis da natureza, o direito reside na força».

2. A liberdade política é uma ideia, não um facto. Para usurpar o poder político, bastava pregar o «liberalismo», de modo a que o eleitorado, em nome de uma ideia, cedesse parte do seu poder e prerrogativas, que os conspiradores poderiam então reunir nas suas próprias mãos.

3. O orador afirmou que o Poder do Ouro tinha usurpado o poder dos governantes liberais... Ele salientou que era irrelevante para o sucesso do seu plano se os governos estabelecidos fossem destruídos por inimigos externos ou internos, porque o vencedor teria necessariamente de pedir a ajuda do «Capital», que «está inteiramente nas nossas mãos».

4. Argumentou que o uso de todos e quaisquer meios para alcançar o seu objetivo final se justificava com base no facto de que o governante que governava segundo o código moral não era um político habilidoso, pois deixava-se vulnerável e numa posição instável.

5. Afirmou que «O nosso direito reside na força. A palavra DIREITO é um pensamento abstrato e não prova nada. Encontro um novo DIREITO... de atacar pelo Direito do Mais Forte, de reconstruir todas as instituições existentes e de me tornar o Senhor soberano de todos aqueles que nos deixaram os Direitos aos seus poderes, entregando-nos-os no seu liberalismo.

6. O poder dos nossos recursos deve permanecer invisível até ao momento em que tenha adquirido tal força que nenhuma astúcia ou força possa miná-lo.

7. Ele prosseguiu, delineando vinte e cinco pontos.

O ponto 8 tratava do uso de bebidas alcoólicas, drogas, corrupção moral e todos os vícios para corromper sistematicamente a juventude de todas as nações.

9. Tinham o direito de confiscar bens por qualquer meio, e sem hesitação, se, ao fazê-lo, garantissem a submissão e a soberania.

10. Fomos os primeiros a colocar os slogans Liberdade, Igualdade e Fraternidade na boca das massas, o que criou uma nova aristocracia. O requisito para esta aristocracia é a RIQUEZA, que depende de nós.

11. As guerras devem ser conduzidas de forma a que as nações envolvidas de ambos os lados fiquem ainda mais endividadas para connosco.

12. Os candidatos a cargos públicos devem ser servis e obedientes às nossas ordens, para que possam ser prontamente utilizados.

13. Propaganda — a sua riqueza combinada controlaria todos os meios de informação pública.

14. O pânico e as depressões financeiras acabariam por resultar num Governo Mundial, uma nova ordem de um governo mundial único.»

A família Rothschild tem desempenhado um papel crucial nas finanças internacionais há dois séculos, como escreve Frederick Morton em The Rothschilds:

«Nos últimos cento e cinquenta anos, a história da Casa de Rothschild tem sido, em grande medida, a história nos bastidores da Europa Ocidental.»38 (Prefácio)... Devido ao seu sucesso em conceder empréstimos não a indivíduos, mas a nações, colheram lucros enormes, embora, como escreve Morton, p. 36, «Alguém disse uma vez que a riqueza dos Rothschild consiste na falência das nações.»[61]

E.C. Knuth escreve, em *The Empire of the City*: «O facto de a Casa de Rothschild ter feito fortuna nas grandes crises e nas grandes guerras da história, precisamente nos períodos em que outros perderam o seu dinheiro, é inquestionável.»[62]

A Grande Enciclopédia Soviética afirma: «O exemplo mais claro de uma ligação pessoal (conselhos de administração internacionais) à escala da Europa Ocidental é a família Rothschild. As filiais de

---

[61] Frederick Morton, *The Rothschilds*, Fawcett Publishing Company, N.Y., 1961.

[62] E.C. Knuth, *Empire of the City*, p. 71.

Londres e Paris dos Rothschild estão ligadas não apenas por laços familiares, mas também por ligações pessoais em empresas controladas em conjunto.»[63] A enciclopédia descreveu ainda estas empresas como monopólios internacionais.

O progenitor da família, Mayer Amschel Rothschild, fundou um pequeno negócio como negociante de moedas em Frankfurt em 1743. Embora anteriormente conhecido como Bauer,[64], anunciou a sua profissão colocando uma placa com uma águia num escudo vermelho, uma adaptação do brasão da cidade de Frankfurt, à qual acrescentou cinco setas douradas a sair das garras, simbolizando os seus cinco filhos. Devido a esta placa, adotou o nome «Rothschild» ou «Escudo Vermelho». Quando o Eleitor de Hesse ganhou uma fortuna ao alugar mercenários hessianos aos britânicos para reprimir a rebelião nas colónias americanas, Rothschild ficou encarregado de investir esse dinheiro. Obteve excelentes lucros tanto para si como para o Eleitor e atraiu outras contas. Em 1785, mudou-se para uma casa maior, no n.º 148 da Judengasse, uma casa de cinco andares conhecida como «O Escudo Verde», que partilhava com a família Schiff.

Os cinco filhos estabeleceram filiais nas principais cidades da Europa, sendo os mais bem-sucedidos James, em Paris, e Nathan Mayer, em Londres. Ignatius Balla, em The Romance of the Rothschilds[65], conta-nos como o Rothschild de Londres construiu a sua fortuna. Ele foi a Waterloo, onde o destino da Europa estava em jogo, viu que Napoleão estava a perder a batalha e correu de volta para Bruxelas. Em Ostend, tentou alugar um barco para a Inglaterra, mas devido a uma tempestade violenta, ninguém estava disposto a sair. Rothschild ofereceu 500 francos, depois 700 e, finalmente, 1000 francos por um barco. Um marinheiro disse: «Levo-o por 2000 francos; assim, pelo menos a minha viúva ficará com alguma coisa se nos afogarmos.» Apesar da tempestade, atravessaram o Canal da Mancha.

---

63 *Grande Enciclopédia Soviética*, 3.ª edição, 1973, Macmillan, Londres, vol. 14, p. 691

64 «O nome original de Rothschild era Bauer.» p. 397, Henry Clews, *Vinte e oito anos em Wall Street.*

65 Ignatius Balla, *The Romance of the Rothschilds*, Everleigh Nash, Londres, 1913

Na manhã seguinte, Rothschild encontrava-se no seu posto habitual na Bolsa de Londres. Todos repararam no seu aspecto pálido e exausto. De repente, começou a vender, despejando grandes quantidades de títulos no mercado. O pânico tomou conta imediatamente da Bolsa. «Rothschild está a vender; ele sabe que perdemos a Batalha de Waterloo.» Rothschild e todos os seus agentes conhecidos continuaram a lançar títulos no mercado. Balla afirma: «Nada conseguia travar o desastre. Ao mesmo tempo, ele estava a comprar discretamente todos os títulos por meio de agentes secretos que ninguém conhecia. Num único dia, ganhou quase um milhão de libras esterlinas, dando origem ao ditado: 'Os Aliados venceram a Batalha de Waterloo, mas foi realmente Rothschild quem venceu.'"[66]

Em The Profits of War, Richard Lewinsohn afirma: «Os lucros de guerra de Rothschild provenientes das Guerras Napoleónicas financiaram as suas especulações bolsistas posteriores. Sob Metternich, a Áustria, após longa hesitação, concordou finalmente em aceitar a orientação financeira da Casa de Rothschild.»[67]

Após o sucesso da sua façanha em Waterloo, Nathan Mayer Rothschild ganhou o controlo do Banco de Inglaterra através do seu quase monopólio dos «Consols» e de outras ações. Vários bancos «centrais», ou bancos com o poder de emitir moeda, tinham sido criados na Europa: o Banco da Suécia, em 1656, que começou a emitir notas em 1661, sendo o mais antigo o Banco de Amesterdão, que financiou a tomada do poder por Oliver Cromwell na Inglaterra

66 *O The New York Times*, de 1 de abril de 1915, noticiou que, em 1914, o Barão Nathan Mayer de Rothschild recorreu ao tribunal para proibir o livro de Ignatius Balla, alegando que a história de Waterloo sobre o seu avô era falsa e difamatória. O tribunal decidiu que a história era verdadeira, indeferiu a ação de Rothschild e ordenou-lhe que pagasse todas as custas. *O The New York Times* observou nesta notícia que «A fortuna total dos Rothschild foi estimada em 2 mil milhões de dólares». Uma notícia anterior no *The New York Times* (27 de maio de 1905) referia que o Barão Alphonse de Rothschild, chefe da casa francesa dos Rothschild, possuía 60 milhões de dólares em títulos americanos na sua fortuna, embora os Rothschilds, alegadamente, não fossem ativos no campo americano. Isto explica por que razão o seu agente, J.P. Morgan, tinha apenas 19 milhões de dólares em títulos no seu património quando faleceu em 1913, e os títulos geridos por Morgan eram, na verdade, propriedade do seu empregador, Rothschild.»

67 Richard Lewinsohn, *The Profits of War*, E.P. Dutton, 1937.

em 1649, ostensivamente devido a diferenças religiosas. Cromwell morreu em 1657 e o trono de Inglaterra foi restabelecido quando Carlos II foi coroado em 1660. Ele morreu em 1685. Em 1689, o mesmo grupo de banqueiros recuperou o poder em Inglaterra ao colocar o rei Guilherme de Orange no trono. Ele rapidamente retribuiu aos seus financiadores, ordenando ao Tesouro britânico que contraísse um empréstimo de 1 250 000 libras junto destes banqueiros. Concedeu-lhes também uma Carta Real para o Banco de Inglaterra, que lhes permitia consolidar a dívida pública (que acabara de ser criada por este empréstimo) e garantir o pagamento de juros e capital através da tributação direta da população. A Carta proibia os ourives privados de armazenar ouro e de emitir recibos, o que conferiu aos acionistas do Banco de Inglaterra, membros da, um monopólio monetário. Os ourives foram também obrigados a armazenar o seu ouro nos cofres do Banco de Inglaterra. Não só lhes tinha sido retirado o privilégio de emitir meio de circulação por decreto governamental, como as suas fortunas passaram agora para aqueles que os tinham suplantado.[68]

Nos seus «*Cantos*», 46; 27, Ezra Pound refere-se aos privilégios únicos que William Paterson anunciou no seu prospecto para a Carta do Banco de Inglaterra:

«Disse Paterson

Tem o benefício dos juros sobre todo o dinheiro que ele, o banco, cria do nada.»

O «nada» a que se refere, claro, é a operação contabilística do banco, que «cria» dinheiro ao registar que lhe «emprestou» mil dólares, dinheiro que não existia até o banco ter feito o registo.

Em 1698, o Tesouro britânico devia 16 milhões de libras esterlinas ao Banco de Inglaterra. Em 1815, principalmente devido aos juros compostos, a dívida tinha subido para 885 milhões de libras esterlinas. Parte deste aumento deveu-se às guerras que eclodiram durante esse período, incluindo as Guerras Napoleónicas

[68] Nos Estados Unidos, depois de os acionistas do Sistema da Reserva Federal terem consolidado o seu poder em 1934, o nosso governo também emitiu ordens para que os cidadãos particulares não pudessem armazenar ou deter ouro.

e as guerras que a Inglaterra travou para manter a sua colónia americana.

O próprio William Paterson (1658-1719) beneficiou pouco do «dinheiro que o banco cria do nada», uma vez que se retirou, após um desacordo político, do Banco de Inglaterra um ano após a sua fundação. Um William Paterson posterior tornou-se um dos autores da Constituição dos Estados Unidos, enquanto o nome perdura, tal como o próprio banco central pernicioso.

Paterson viu-se incapaz de trabalhar com os acionistas do Banco de Inglaterra. Muitos deles permaneceram anónimos, mas uma descrição inicial do Banco de Inglaterra afirmava que era «uma sociedade de cerca de 1330 pessoas, incluindo o rei e a rainha de Inglaterra, que possuíam 10 000 libras em ações, o duque de Leeds, o duque de Devonshire, o conde de Pembroke e o conde de Bradford».

Devido ao seu sucesso nas especulações, o Barão Nathan Mayer de Rothschild, como agora se autodenominava, reinava como o poder financeiro supremo em Londres. Ele exclamou arrogantemente, durante uma festa na sua mansão: «Não me importa que fantoche seja colocado no trono de Inglaterra para governar o Império sobre o qual o sol nunca se põe. O homem que controla a oferta monetária da Grã-Bretanha controla o Império Britânico, e eu controlo a oferta monetária britânica.»

O seu irmão James, em Paris, também tinha alcançado o domínio nas finanças francesas. Em Baron Edmond de Rothschild, David Druck escreve: «A riqueza de (James) Rothschild tinha atingido a marca dos 600 milhões. Apenas um homem em França possuía mais. Esse era o rei, cuja riqueza era de 800 milhões. A riqueza agregada de todos os banqueiros em França era 150 milhões inferior à de James Rothschild. Isto naturalmente conferiu-lhe poderes incalculáveis, chegando mesmo ao ponto de derrubar governos sempre que assim o desejasse. É bem sabido, por exemplo, que ele derrubou o gabinete do primeiro-ministro Thiers.»[69]

A expansão da Alemanha sob Bismarck foi acompanhada pela sua dependência de Samuel Bleichroder, banqueiro da corte do imperador prussiano, que era conhecido como agente dos

[69] David Druck, *Baron Edmond de Rothschild*, (Impressão privada), N.Y. 1850.

Rothschild desde 1828. O futuro chanceler da Alemanha, Dr. von Bethmann Hollweg, era filho de Moritz Bethmann, de Frankfurt, que se tinha casado com uma Rothschild. O Imperador Guilherme I também dependia fortemente de Bischoffsheim, Goldschmidt e Sir Ernest Cassel, de Frankfurt, que emigrou para Inglaterra e se tornou banqueiro pessoal do Príncipe de Gales, mais tarde Eduardo VII. A filha de Cassel casou-se com Lord Mountbatten, conferindo à família uma relação direta com a atual Coroa Britânica.

Josephson, em *[70] *, afirma que Philip Mountbatten estava relacionado, através dos Cassel, com os Rothschild de Frankfurt. Assim, a Casa Real inglesa de Windsor tem uma relação familiar direta com os Rothschild de. Em 1901, quando o filho da Rainha Vitória, Eduardo, se tornou o Rei Eduardo VII, restabeleceu os laços com os Rothschild.

Paul Emden, em Behind The Throne, afirma:

«A preparação de Eduardo para o seu ofício foi bastante diferente da de sua mãe, por isso ele "governou" menos do que ela. Felizmente, manteve ao seu redor homens que estiveram com ele na época da construção da Ferrovia de Bagdá... foram adicionados à equipa de conselheiros Leopold e Alfred de Rothschild, vários membros da família Sassoon e, acima de tudo, o seu conselheiro financeiro privado, Sir Ernest Cassel.»[71]

A enorme fortuna que Cassel acumulou num período relativamente curto conferiu-lhe um poder imenso que ele nunca abusou. Ele fundiu a empresa Vickers Sons com a Naval Construction Company e a Maxim-Nordenfeldt Guns and Ammunition Company, uma fusão da qual surgiu a empresa mundial Vickers Sons and Maxim. Em uma capacidade totalmente diferente da de Cassel estavam empresários como os Rothschild. A empresa era administrada com base em princípios democráticos, e todos os sócios tinham de ser membros da família. Com grande hospitalidade e de maneira principesca, levavam a vida de grandes senhores, e era natural que Eduardo VII os achasse simpáticos. Graças às suas relações familiares internacionais e às suas conexões

---

70 E.M. Josephson, *The Strange Death of Franklin D. Roosevelt*, p. 39, Chedney Press, N.Y. 1948.

71 Paul Emden, *Behind The Throne*, Hoddard Stoughton, Londres, 1934.

comerciais ainda mais extensas, conheciam o mundo inteiro, estavam bem informados sobre toda a gente e possuíam conhecimento fiável de assuntos que não apareciam à superfície. Esta combinação de finanças e política tinha sido uma marca registada dos Rothschild desde o início. A Casa de Rothschild sabia sempre mais do que se podia encontrar nos jornais e ainda mais do que se podia ler nos relatórios que chegavam ao Ministério dos Negócios Estrangeiros. Também noutros países as relações dos Rothschild estendiam-se para além do trono. Só quando surgiram inúmeras publicações diplomáticas nos anos após a guerra é que um público mais vasto tomou conhecimento da forte influência que a mão de Alfred de Rothschild exerceu na política da Europa Central durante os vinte anos que antecederam a guerra (Primeira Guerra Mundial)."

Com o controlo do dinheiro veio o controlo dos meios de comunicação social. Kent Cooper, diretor da Associated Press, escreve na sua autobiografia, Barriers Down,

«Os banqueiros internacionais da Casa de Rothschild adquiriram participações nas três principais agências europeias.»[72]

Assim, os Rothschild compraram o controlo da Agência Internacional de Notícias Reuters, sediada em Londres, da Havas, em França, e da Wolf, na Alemanha, que controlavam a divulgação de todas as notícias na Europa.

Em Inside Europe,[73], John Gunther escreveu em 1936 que qualquer primeiro-ministro francês, no final de 1935, era uma marioneta da oligarquia financeira, e que esta oligarquia financeira era dominada por doze regentes, dos quais seis eram banqueiros, e era liderada pelo Barão Edmond de Rothschild.

O domínio de ferro da «London Connection» sobre os meios de comunicação foi exposto num livro recente de Ben J. Bagdikian, The Media Monopoly, descrito como «Um relatório surpreendente sobre as 50 empresas que controlam o que a América vê, ouve e

[72] Kent Cooper, *Barriers Down*, p. 21.

[73] John Gunther, *Inside Europe*, 1936.

lê».[74] Bagdikian, que editou a revista mais influente do país, a Saturday Evening Post, até que o monopólio a encerrou repentinamente, revela os conselhos de administração interligados entre as cinquenta empresas que controlam as notícias, mas não consegue rastreá-los até às cinco casas bancárias de Londres que as controlam. Ele menciona que a CBS está interligada com o Washington Post, a Allied Chemical, o Wells Fargo Bank e outros, mas não diz ao leitor que a Brown Brothers Harriman controla a CBS, ou que a família Eugene Meyer (Lazard Frères) controla a Allied Chemical e o Washington Post, e a Kuhn Loeb Co. o Wells Fargo Bank. Ele mostra que *o The New York Times* está interligado com o Morgan Guaranty Trust, a American Express, a First Boston Corporation e outras, mas não mostra como se dão as interligações bancárias. Não menciona o Sistema da Reserva Federal em todo o seu livro, o que é notável pela sua ausência.

Bagdikian documenta que o monopólio dos meios de comunicação está a encerrar progressivamente mais jornais e revistas., com apenas um jornal, o The Post, é um caso único entre as capitais mundiais. Londres tem onze jornais diários, Paris catorze, Roma dezoito, Tóquio dezassete e Moscovo nove. Ele cita um estudo da World Press Encyclopaedia de 1982 que indica que os Estados Unidos estão no fim da tabela das nações industrializadas no que diz respeito ao número de jornais diários vendidos por cada 1000 habitantes. A Suécia lidera a lista com 572, os Estados Unidos estão no fim da tabela com 287. Existe uma desconfiança generalizada dos americanos em relação aos meios de comunicação, devido ao seu notório monopólio e parcialidade. Os meios de comunicação defendem unanimemente impostos mais elevados para os trabalhadores, mais despesas públicas, um Estado social com poderes totalitários, relações estreitas com a Rússia e uma denúncia virulenta de qualquer pessoa que se oponha ao comunismo. Este é o programa da «London Connection». Exibe um racismo maníaco e tem como lema a máxima da sua alta sacerdotisa, Susan Sontag, de que «a raça branca é o cancro da história». Todos deveriam ser contra o cancro. O monopólio dos meios de comunicação lida com os seus opositores de uma de duas maneiras: ou através de um ataque frontal de difamação, contra o qual a pessoa comum não tem meios

---

[74] Ben H. Bagdikian, *O Monopólio dos Meios de Comunicação*, Beacon Press, Boston 1983.

para litigar, ou através de uma cortina de ferro de silêncio, o tratamento padrão para qualquer obra que exponha as suas atividades clandestinas.

Embora o plano Rothschild não corresponda a nenhum movimento político ou económico específico desde que foi enunciado em 1773, partes vitais do mesmo podem ser discernidas em todas as revoluções políticas desde essa data. LaRouche[75] salienta que as Mesas Redondas patrocinaram o Socialismo Fabiano em Inglaterra, ao mesmo tempo que apoiavam o regime nazi através de um membro da Mesa Redonda na Alemanha, o Dr. Hjalmar Schacht, e que utilizaram o Governo nazi durante a Segunda Guerra Mundial através do almirante Canaris, membro da Mesa Redonda, enquanto Allen Dulles dirigia uma operação de inteligência colaboracionista na Suíça para os Aliados.

---

75 Lyndon H. LaRouche, Jr., *Dope, Inc.*, New Benjamin Franklin House Publishing Co., Nova Iorque, 1978.

CAPÍTULO SEIS

A LIGAÇÃO DE LONDRES

«Vê, pois, meu caro Coningsby, que o mundo é governado por personagens muito diferentes daquelas que imaginam aqueles que não estão nos bastidores.»[76] - Disraeli, primeiro-ministro da Inglaterra durante o reinado da rainha Vitória.

Em 1775, os colonos da América declararam a sua independência da Grã-Bretanha e, posteriormente, conquistaram a sua liberdade através da Revolução Americana. Embora tivessem alcançado a liberdade política, a independência financeira revelou-se uma questão mais complexa. Em 1791, Alexander Hamilton, a pedido de banqueiros europeus, fundou o primeiro Banco dos Estados Unidos, um banco central com poderes muito semelhantes aos do Banco de Inglaterra. As influências estrangeiras por trás deste banco, mais de um século depois, conseguiram fazer aprovar a Lei da Reserva Federal no Congresso, dando-lhes finalmente o banco central emissor para a nossa economia. Embora o Banco da Reserva Federal não fosse nem «federal», sendo propriedade de acionistas privados, nem uma «reserva», porque se destinava a criar dinheiro, em vez de o manter em reserva, alcançou um enorme poder financeiro, tanto que gradualmente substituiu o governo popular eleito dos Estados Unidos. Através do Sistema da Reserva Federal, a independência americana foi absorvida de forma furtiva, mas invencível, de volta à esfera de influência britânica. Assim, a

[76] *Coningsby*, de Disraeli, Longmans Co., Londres, 1881, p. 252.

Ligação de Londres tornou-se o árbitro da política dos Estados Unidos.

Devido à perda do império colonial da Inglaterra após a Segunda Guerra Mundial, parecia que a sua influência como potência política mundial estava a diminuir. Essencialmente, isso era verdade. A Inglaterra de 1980 não é a Inglaterra de 1880. Já não domina os mares; é uma potência militar de segunda, talvez de terceira categoria, mas, paradoxalmente, à medida que o seu poder político e militar diminuía, o seu poder financeiro crescia. Em Capital City, lemos: «Em quase todos os critérios que se queira considerar, Londres é o principal centro financeiro do mundo... Na década de 1960, o domínio de Londres aumentou...»[77]

É dada uma explicação parcial para este facto:

«Daniel Davison, diretor da Morgan Grenfell de Londres, afirmou: "Os bancos americanos trouxeram o dinheiro, os clientes, o capital e as competências necessárias que estabeleceram Londres na sua atual preeminência... só os bancos americanos têm um credor de última instância. O Conselho da Reserva Federal dos Estados Unidos pode *criar dólares quando necessário*, e fá-lo. Sem os americanos, os grandes negócios em dólares não podem ser concretizados. Sem eles, Londres não teria credibilidade como centro financeiro internacional.»[78]

Assim, Londres é o centro financeiro mundial, porque pode comandar enormes somas de capital, criadas a seu pedido pelo Conselho da Reserva Federal dos Estados Unidos. Mas como é que isto é possível? Já estabelecemos que as políticas monetárias dos Estados Unidos, as taxas de juro, o volume e o valor da moeda e as vendas de obrigações são decididas, não pela figura de proa do Conselho de Governadores da Reserva Federal, mas pelo Banco da Reserva Federal de Nova Iorque. A pretensa descentralização do Sistema da Reserva Federal e dos seus doze bancos «regionais», igualmente autónomos, é e tem sido um engano desde que a Lei da Reserva Federal entrou em vigor em 1913. O facto de a política monetária dos Estados Unidos provir exclusivamente do Banco da Reserva Federal de Nova Iorque é mais uma falácia. O facto de o

77 McRae e Cairncross, *Capital City*, Eyre Methuen, Londres, 1963, p. 1.

78 Ibid., p. 225.

Banco da Reserva Federal de Nova Iorque ser, ele próprio, autónomo e livre para definir a política monetária para todo o território dos Estados Unidos sem qualquer interferência externa é especialmente falso.

Poderíamos acreditar nessa autonomia se não soubéssemos que a maioria das ações do Banco da Reserva Federal de Nova Iorque foi uma adquirida por três bancos da cidade de Nova Iorque: o First National Bank, o National City Bank e o National Bank of Commerce. Uma análise dos principais acionistas destes bancos, em 1914 e atualmente, revela uma ligação direta a Londres.

Em 1812, o National City Bank iniciou a sua atividade como City Bank, no mesmo espaço em que o extinto Banco dos Estados Unidos, cuja carta constitutiva tinha expirado, tinha vindo a operar. Representava muitos dos mesmos acionistas, que agora operavam ao abrigo de uma carta constitutiva americana legítima. Durante o início do século XIX, o nome mais famoso associado ao City Bank era Moses Taylor (1806-1882). O pai de Taylor tinha sido um agente confidencial contratado para comprar propriedades para os interesses de Astor, ocultando o facto de que Astor era o comprador. Através desta tática, Astor conseguiu comprar muitas quintas e também uma grande quantidade de imóveis potencialmente valiosos em Manhattan. Embora se soubesse que o capital de Astor provinha do seu comércio de peles, várias fontes indicam que ele também representava interesses estrangeiros. LaRouche, em «[79] », afirma que Astor, em troca de fornecer informações aos britânicos durante os anos antes e depois da Guerra da Independência, e por incitar os índios a atacar e matar colonos americanos ao longo da fronteira, recebeu uma generosa recompensa. Não foi pago em dinheiro, mas recebeu uma percentagem do comércio britânico de ópio com a China. Foi a renda proveniente desta lucrativa concessão que serviu de base para a fortuna dos Astor.

Graças à ligação do seu pai com os Astor, o jovem Moses Taylor não teve dificuldade em arranjar um lugar como aprendiz numa casa bancária aos 15 anos. Tal como tantos outros nestas páginas, encontrou as suas maiores oportunidades quando muitos outros americanos estavam a ir à falência durante uma contração abrupta

---

[79] Lyndon H. LaRouche, *Dope, Inc.*, New Benjamin Franklin House Publishing Co., N.Y. 1978.

do crédito. Durante a Crise de 1837, quando mais de metade das empresas de Nova Iorque faliram, ele duplicou a sua fortuna. Em 1855, tornou-se presidente do City Bank. Durante a Crise de 1857, o City Bank lucrou com a falência de muitos dos seus concorrentes. Tal como George Peabody e Junius Morgan, Taylor parecia dispor de uma ampla reserva de dinheiro para comprar ações em dificuldades. Adquiriu quase todas as ações da Delaware Lackawanna Railroad por 5 dólares cada. Sete anos depois, estas eram vendidas a 240 dólares por ação. Moses Taylor valia agora cinquenta milhões de dólares.

Em agosto de 1861, Taylor foi nomeado presidente da Comissão de Empréstimos para financiar o Governo da União durante a Guerra Civil. A Comissão surpreendeu Lincoln ao oferecer ao governo 5 milhões de dólares a uma taxa de 12% para financiar a guerra. Lincoln recusou e financiou a guerra através da emissão dos famosos «Greenbacks» pelo Tesouro dos EUA, que eram garantidos por ouro. Taylor continuou a aumentar a sua fortuna ao longo da guerra e, nos seus últimos anos, o jovem James Stillman tornou-se seu protegido. Em 1882, quando Moses Taylor faleceu, deixou setenta milhões de dólares.[80] O seu genro, Percy Pyne, sucedeu-lhe como presidente do City Bank, que entretanto se tinha tornado o National City Bank. Pyne estava paralisado e mal conseguia desempenhar as suas funções no banco. Durante nove anos, o banco estagnou, sendo quase todo o seu capital proveniente do espólio de Moses Taylor. William Rockefeller, irmão de John D. Rockefeller, tinha adquirido uma participação no banco e estava ansioso por vê-lo progredir. Ele persuadiu Pyne a afastar-se em 1891 a favor de James Stillman, e em breve o National City Bank tornou-se o principal repositório das receitas petrolíferas dos Rockefeller. O filho de William Rockefeller, William, casou-se com Isabel, a filha de James Stillman. Tal como tantos outros no setor bancário de Nova Iorque, James Stillman também tinha ligações britânicas. O seu pai, Don Carlos Stillman, tinha vindo para Brownsville, no

[80] *O New York Times* noticiou em 24 de maio de 1882 que Moses Taylor era presidente do Comité de Empréstimos dos Bancos Associados da Cidade de Nova Iorque em 1861. Foram-lhe confiados títulos no valor de duzentos milhões de dólares. É provavelmente a ele, mais do que a qualquer outro homem, que se deve o facto de o governo, em 1861, ter encontrado os meios para prosseguir a guerra.

Texas, como agente britânico e contrabandista durante a Guerra Civil. Através das suas ligações bancárias em Nova Iorque, Don Carlos conseguiu arranjar um lugar para o seu filho como aprendiz numa casa bancária. Em 1914, quando o National City Bank adquiriu quase dez por cento das ações do recém-constituído Federal Reserve Bank de Nova Iorque, dois dos netos de Moses Taylor, Moses Taylor Pyne e Percy Pyne, detinham 15 000 ações do National City. O filho de Moses Taylor, H.A.C. Taylor, detinha 7699 ações do National City Bank. O advogado do banco, John W. Sterling, da firma Shearman and Sterling, também detinha 6.000 ações do National City Bank. No entanto, James Stillman detinha 47.498 ações, ou quase vinte por cento do total de 250.000 ações do banco. [Ver Gráfico I]

O segundo maior comprador de ações do Federal Reserve Bank of New York em 1914, o First National Bank, era geralmente conhecido como ou «o Morgan Bank», devido à representação da família Morgan no conselho de administração, embora o fundador do banco, George F. Baker, detivesse 20 000 ações e o seu filho, G.F. Baker, Jr., tivesse 5 000 ações, o que representava 25% do total de 100 000 ações do banco. A filha de George F. Baker Sr. casou-se com George F. St. George, de Londres. Os St. George fixaram-se mais tarde nos Estados Unidos, onde a sua filha, Katherine St. George, se tornou uma proeminente congressista durante vários anos. O Dr. E.M. Josephson escreveu sobre ela: «A Sra. St. George, prima em primeiro grau de FDR e defensora do New Deal, afirmou: "A democracia é um fracasso"».[81]

A filha de George Baker Jr., Edith Brevoort Baker, casou-se com o neto de Jacob Schiff, John M. Schiff, em 1934. John M. Schiff é agora presidente honorário da Lehman Brothers Kuhn Loeb Company.

A terceira grande aquisição de ações do Banco da Reserva Federal de Nova Iorque em 1914 foi o National Bank of Commerce, que emitiu 250 000 ações. J.P. Morgan, através da sua participação de controlo na Equitable Life, que detinha 24 700 ações, e na Mutual Life, que detinha 17 294 ações do National Bank of Commerce, detinha também outras 10 000 ações do National Bank of

---

[81] E.M. Josephson, *The Strange Death of Franklin D. Roosevelt*, Chedney Press, N.Y. 1948.

Commerce através da J.P. Morgan and Company (7800 ações), J.P. Morgan, Jr. (1100 ações) e o sócio de Morgan, H.P. Davison (1100 ações). Paul Warburg, um governador do Conselho de Governadores da Reserva Federal, também detinha 3000 ações do National Bank of Commerce. O seu sócio, Jacob Schiff, detinha 1.000 ações do National Bank of Commerce. Este banco era claramente controlado por Morgan, que era, na verdade, uma subsidiária da Junius S. Morgan Company de Londres e da N.M. Rothschild Company de Londres, bem como da Kuhn, Loeb Company, que também era conhecida como agente principal dos Rothschild.

O financista Thomas Fortune Ryan também detinha 5100 ações do National Bank of Commerce em 1914. O seu filho, John Barry Ryan, casou-se com a filha de Otto Kahn; Kahn era sócio de Warburg e Schiff na Kuhn, Loeb Company. A neta de Ryan, Virginia Fortune Ryan, casou-se com Lord Airlie, o atual presidente da J. Henry Schroder Banking Corporation em Londres e Nova Iorque.

Outro administrador do National Bank of Commerce em 1914, A.D. Juillard, era presidente da A.D. Juillard Company, administrador da New York Life e da Guaranty Trust, todas elas controladas por J.P. Morgan. Juillard também tinha uma ligação britânica, sendo diretor da North British and Mercantile Insurance Company. Juillard detinha 2000 ações do National Bank of Commerce e era também diretor do Chemical Bank.

Em The Robber Barons, de Matthew Josephson, este autor refere que, em 1900, Morgan dominava a New York Life, a Equitable Life e a Mutual Life, que possuíam mil milhões de dólares em ativos e dispunham de cinquenta milhões de dólares por ano para investir. Ele afirma:

«Nesta campanha de alianças secretas, ele (Morgan) adquiriu o controlo direto do National Bank of Commerce; depois, uma participação no First National Bank, aliando-se ao financeiro muito forte e conservador, George F. Baker, que o dirigia; depois, por meio da propriedade de ações e de conselhos de administração interligados, ligou aos bancos inicialmente mencionados outros bancos de renome, o Hanover, o Liberty e o Chase.»[82]

Mary W. Harriman, viúva de E.H. Harriman, também detinha 5.000 ações do National Bank of Commerce em 1914. O império ferroviário de E.H. Harriman tinha sido inteiramente financiado por Jacob Schiff, da Kuhn, Loeb Company. Levi P. Morton também detinha 1.500 ações do National Bank of Commerce em 1914. Tinha sido o vigésimo segundo vice-presidente dos Estados Unidos, era um ex-ministro dos EUA na França e presidente da L.P. Morton Company, em Nova Iorque, da Morton-Rose and Company e da Morton Chaplin, em Londres. Era administrador da Equitable Life Insurance Company, da Home Insurance Company, da Guaranty Trust e da Newport Trust.

A ideia surpreendente de que o Sistema da Reserva Federal dos Estados Unidos é, na verdade, gerido a partir de Londres será provavelmente rejeitada à primeira vista pela maioria dos americanos. No entanto, Minsky tornou-se famoso pela sua teoria do «quadro dominante». Ele afirma que, em qualquer situação específica, existe um «quadro dominante» ao qual tudo nessa situação está relacionado e através do qual pode ser interpretado. O «quadro dominante» nas decisões de política monetária do Sistema da Reserva Federal é que essas decisões são tomadas por aqueles que mais beneficiam com elas. À primeira vista, estes pareceriam ser os principais acionistas do Banco da Reserva Federal de Nova Iorque. No entanto, vimos que todos estes acionistas têm uma «ligação a Londres». A «ligação a Londres» torna-se mais evidente como poder dominante quando descobrimos em The Capital City[83] que apenas dezassete empresas estão autorizadas a operar como bancos de investimento na City de Londres, o distrito financeiro de Inglaterra. Todas elas têm de ser aprovadas pelo Banco de Inglaterra. Na verdade, a maioria dos governadores do Banco de Inglaterra provêm dos sócios destas dezassete empresas. Clarke classifica as dezassete por ordem de capitalização. A número 2 é o Schroder Bank. A número 6 é a Morgan Grenfell, a sucursal londrina da Casa de Morgan e, na verdade, a sua sucursal dominante. A Lazard Brothers é a número 8. A N.M. Rothschild é a número 9. A

[82] Matthew Josephson, *The Robber Barons*, p. 409.

[83] McRae e Cairncross, *Capital City*, Eyre Methuen, Londres, 1963.

Brown Shipley Company, a sucursal londrina da Brown Brothers Harriman, é a número 14. Estas cinco empresas de banca de investimento de Londres controlam, na verdade, os bancos de Nova Iorque que detêm a participação maioritária no Banco da Reserva Federal de Nova Iorque.

O controlo sobre as decisões do Sistema da Reserva Federal assenta também noutra situação única. Todos os dias, representantes de outras quatro firmas bancárias londrinas reúnem-se nos escritórios da N.M. Rothschild Company, em Londres, para fixar o preço do ouro para esse dia. Os outros quatro banqueiros são da Samuel Montagu Company, que ocupa o 5.° lugar na lista das dezassete firmas de banca de investimento de Londres, da Sharps Pixley, da Johnson Matheson e da Mocatta and Goldsmid.

Apesar da enorme maré de moeda e notas em papel piramidais que agora inundam o mundo, a certa altura, toda a concessão de crédito deve voltar a basear-se, por mais minúscula que seja, em algum depósito de ouro num banco algures no mundo. Devido a este fator, os banqueiros comerciais de Londres, com o seu poder de fixar o preço do ouro todos os dias, tornam-se os árbitros finais do volume de dinheiro e do preço do dinheiro nos países que têm de se curvar ao seu poder. Entre estes, não é o menos importante os Estados Unidos.

Nenhum funcionário do Banco da Reserva Federal de Nova Iorque, ou do Conselho de Governadores da Reserva Federal, pode exercer o poder sobre um e do dinheiro do mundo que está nas mãos destes banqueiros comerciais de Londres. A Grã-Bretanha, embora em declínio em termos de poder político e militar, exerce hoje o maior poder financeiro. É por esta razão que Londres é o atual centro financeiro do mundo.

CAPÍTULO SETE

A LIGAÇÃO COM HITLER

A J. Henry Schroder Banking Company ocupa o segundo lugar em capitalização na Capital City[84] na lista dos dezassete banqueiros mercantis que compõem o exclusivo Comité das Casas de Aceitação em Londres. Embora seja praticamente desconhecida nos Estados Unidos, desempenhou um papel importante na nossa história. Tal como os outros nesta lista, teve primeiro de ser aprovada pelo Banco de Inglaterra. E, tal como a família Warburg, os von Schroder iniciaram as suas operações bancárias em Hamburgo, na Alemanha. Na viragem do século, em 1900, o Barão Bruno von Schroder fundou a sucursal londrina da empresa. Em 1902, juntou-se a ele Frank Cyril Tiarks. Tiarks casou-se com Emma Franziska, de Hamburgo, e foi diretor do Banco de Inglaterra de 1912 a 1945.

Durante a Primeira Guerra Mundial, a J. Henry Schroder Banking Company desempenhou um papel importante nos bastidores. Nenhum historiador tem uma explicação razoável para o início da Primeira Guerra Mundial. O arquiduque Fernando foi assassinado em Sarajevo por Gavril Princeps, a Áustria exigiu um pedido de desculpas da Sérvia e a Sérvia enviou a nota de desculpas. Apesar disso, a Áustria declarou guerra e, em breve, as outras nações da Europa juntaram-se à contenda. Uma vez iniciada a guerra, verificou-se que não era fácil mantê-la. O principal problema era que a Alemanha tinha uma escassez desesperada de alimentos e carvão e, sem a Alemanha, a guerra não poderia continuar. John Hamill, em The Strange Career of Mr. Hoover[85], explica como o

---

[84] McRae e Cairncross, *Capital City*, Eyre Methuen, Londres, 1963.

[85] John Hamill, *The Strange Career of Mr. Hoover*, William Faro, Nova Iorque, 1931.

problema foi resolvido.[86] Ele cita o Nordeutsche Allgemeine Zeitung, de 4 de março de 1915: «A justiça, no entanto, exige que se dê publicidade ao papel proeminente desempenhado pelas autoridades alemãs na Bélgica na resolução deste problema. A iniciativa partiu delas e foi apenas graças às suas relações contínuas com o Comité Americano de Ajuda que a questão do abastecimento foi resolvida.» Hamill salienta: «Foi para isso que o Comité Belga de Ajuda foi organizado — para manter a Alemanha abastecida de alimentos.»

A Comissão de Ajuda à Bélgica foi organizada por Emile Francqui, diretor de um grande banco belga, a Société Générale, e por um promotor mineiro de Londres, um americano chamado Herbert Hoover, que se tinha associado a Francqui em vários escândalos que se tornaram casos judiciais célebres, nomeadamente o escândalo da Kaiping Coal Company na China, que se diz ter desencadeado a Rebelião dos Boxers, cujo objetivo era a expulsão de todos os empresários estrangeiros da China. Hoover tinha sido impedido de negociar na Bolsa de Valores de Londres devido a uma sentença contra ele, e o seu sócio, Stanley Rowe, tinha sido condenado a dez anos de prisão. Com este historial, Hoover foi considerado a escolha ideal para uma carreira no trabalho humanitário.

Embora o seu nome seja desconhecido nos Estados Unidos, Emile Francqui foi a força motriz por trás da ascensão de Herbert Hoover à fortuna. Hamill (na página 156) identifica Francqui como o responsável por muitas atrocidades cometidas contra os nativos no Congo. «Por cada cartucho que gastavam, tinham de trazer a mão de um homem». O terrível historial de Francqui pode ter sido a fonte da acusação posteriormente dirigida contra soldados alemães na Bélgica, de que cortavam as mãos de mulheres e crianças, uma alegação que se revelou infundada. Hamill afirma também que Francqui «enganou os americanos para lhes tirar a concessão ferroviária de Hankow-Canton na China em 1901 e, ao mesmo tempo, tinha-se "mantido à disposição" caso Hoover precisasse de mais ajuda na "conquista" das minas de carvão de Kaiping. Este é o

[86] Os exemplares do livro de Hamill foram sistematicamente localizados e destruídos por agentes do governo, porque foi publicado na véspera da campanha de reeleição do presidente Hoover.

humanitário que tinha a responsabilidade exclusiva pela distribuição da "ajuda" belga durante a Guerra Mundial, para a qual Hoover se encarregava da compra e do transporte. Francqui era diretor, juntamente com Hoover, na Chinese Engineering and Mining Company (as minas de Kaiping), através da qual Hoover transportou 200 000 trabalhadores escravos chineses para o Congo para trabalhar nas minas de cobre de Francqui.»

Hamill afirma na página 311 que «Francqui abriu os escritórios da Ajuda Belga no seu banco, a Société Générale, como um empreendimento individual, com uma carta de autorização do Governador-Geral alemão von der Goltz datada de 16 de outubro de 1914.

O New York Herald Tribune de 18 de fevereiro de 1930, citado pelo congressista Louis McFadden na Câmara dos Representantes em 26 de fevereiro de 1930, dizia: «Um dos dois diretores da Bélgica no Banco de Pagamentos Internacionais será Emile Francqui, da Société Générale, membro dos comités do Plano Young e do Plano Dawes. O conselho de administração do banco internacional não terá figura mais marcante do que Emile Francqui, antigo ministro das Finanças, veterano do Congo e da China... é considerado o homem mais rico da Bélgica e um dos doze homens mais ricos da Europa.»

Apesar da sua proeminência, o Índice *do The New York Times* menciona Francqui apenas algumas vezes durante as duas décadas que antecederam a sua morte. A 3 de outubro de 1931, *o The New York Times* citou o Le Peuple de Bruxelas, informando que Francqui iria visitar os Estados Unidos. «Como amigo do presidente Hoover, Monsieur Francqui não deixará de fazer uma visita ao presidente.»

A 30 de outubro de 1931, *o The New York Times* noticiou esta visita com a manchete: «Conversa entre Hoover e Francqui foi não oficial». «Foi afirmado que o Sr. Francqui passou a noite de terça-feira como convidado pessoal do Presidente e que conversaram sobre problemas financeiros mundiais em geral, de forma estritamente não oficial. O Sr. Francqui foi colaborador do Presidente Hoover durante o mandato deste na Bélgica, durante a guerra. A sua visita não teve qualquer significado oficial. O Sr. Francqui é um cidadão particular e não está envolvido em qualquer missão oficial.»

Não é feita qualquer referência às relações comerciais entre Hoover e Francqui, que foram objeto de enormes processos judiciais em Londres. A visita de Francqui terá provavelmente estado relacionada com a moratória de Hoover sobre as dívidas de guerra alemãs, que surpreendeu o mundo financeiro. A 15 de dezembro de 1931, o presidente McFadden informou a Câmara sobre uma notícia publicada no Public Ledger de Filadélfia, de 24 de outubro de 1931: «ALEMÃO REVELA O SEGREDO DE HOOVER. O presidente americano estava em negociações íntimas com o governo alemão relativamente a um adiamento de pagamentos de dívidas de um ano e e já em dezembro de 1930.» McFadden continuou: «Por trás do anúncio de Hoover, houve muitos meses de preparativos apressados e furtivos, tanto na Alemanha como nos escritórios de Wall Street dos banqueiros alemães. A Alemanha, como uma esponja, tinha de ser saturada com dinheiro americano. O próprio Sr. Hoover tinha de ser eleito, porque este esquema começou antes de ele se tornar presidente. Se os banqueiros internacionais alemães de Wall Street — isto é, a Kuhn Loeb Company, J. & W. Seligman, Paul Warburg, J. Henry Schroder — e os seus satélites não tivessem tido esta tarefa à espera de ser realizada, Herbert Hoover nunca teria sido eleito presidente dos Estados Unidos. A eleição do Sr. Hoover para a Presidência deveu-se à influência dos irmãos Warburg, diretores do grande banco Kuhn Loeb Company, que suportaram os custos da sua eleição. Em troca desta colaboração, o Sr. Hoover prometeu impor a moratória das dívidas alemãs. Hoover procurou isentar o empréstimo de Kreuger à Alemanha, no valor de 125 milhões de dólares, da aplicação da Moratória de Hoover. A natureza da fraude de Kreuger era do conhecimento geral aqui em janeiro, quando ele visitou o seu amigo, o Sr. Hoover, na Casa Branca.»

Hoover não só recebeu Francqui na Casa Branca, como também Ivar Kreuger, o vigarista mais famoso do século XX.

Quando Francqui morreu a 13 de novembro de 1935, *o The New York Times* homenageou-o como «o rei do cobre do Congo... O Sr. Francqui, tendo adquirido no ano passado poderes ditatoriais sobre a Bélgica, manteve-a no padrão-ouro durante uma crise. Em 1891, liderou uma expedição ao Congo e conquistou-o para o rei Leopoldo. Homem de grande riqueza, classificado entre os doze homens mais ricos da Europa, assegurou enormes jazidas de cobre. Foi Ministro de Estado em 1926 e Ministro das Finanças em 1934.

Era motivo de orgulho para ele nunca ter aceitado um cêntimo de remuneração pelos seus serviços ao governo. Enquanto cônsul-geral em Xangai, garantiu concessões valiosas, nomeadamente as minas de carvão de Kaiping e a concessão ferroviária para a Tientsin Railroad. Foi governador da Société Générale de Belgique, da Lloyd Royal Belge e regente do La Banque Nationale de Belgique.»

O Times não menciona as parcerias de negócios de Francqui com Hoover. Tal como Francqui, Hoover também recusou remuneração pelos «serviços prestados ao governo» e, enquanto Secretário do Comércio e enquanto Presidente d e dos Estados Unidos, devolveu o seu salário ao governo.

A 13 de dezembro de 1932, o presidente McFadden apresentou uma resolução de impeachment contra o presidente Hoover por crimes graves e delitos menores, que abrange muitas páginas, incluindo violação de contratos, dissipação ilegal dos recursos financeiros dos Estados Unidos e a sua nomeação de Eugene Meyer para o Conselho da Reserva Federal. A resolução foi arquivada e nunca foi levada a cabo pela Câmara dos Representantes.

Ao criticar a Moratória de Hoover sobre as dívidas de guerra alemãs, McFadden tinha-se referido aos apoiantes «alemães» de Hoover. Embora todos os principais membros da «Conexão de Londres» fossem originários da Alemanha, a maioria deles de Frankfurt, na altura em que patrocinaram a candidatura de Hoover à Presidência dos Estados Unidos, operavam a partir de Londres, tal como o próprio Hoover tinha feito durante a maior parte da sua carreira.

Além disso, a moratória de Hoover não tinha como objetivo «ajudar» a Alemanha, uma vez que Hoover nunca tinha sido «pró-alemão». A moratória sobre as dívidas de guerra da Alemanha era necessária para que a Alemanha dispusesse de fundos para o rearmamento. Em 1931, os diplomatas verdadeiramente visionários antecipavam a Segunda Guerra Mundial, e não poderia haver guerra sem um «agressor».

Hoover também tinha levado a cabo uma série de iniciativas de exploração mineira em várias partes do mundo enquanto agente secreto dos Rothschild, tendo sido recompensado com um cargo de administrador numa das principais empresas dos Rothschild, as Minas Rio Tinto em Espanha e na Bolívia. Francqui e Hoover dedicaram-se à tarefa aparentemente impossível de abastecer a Alemanha durante a Primeira Guerra Mundial. O seu sucesso foi noticiado no Nordeutsche Allgemeine Zeitung, de 13 de março de 1915, que referiu que grandes quantidades de alimentos estavam agora a chegar da Bélgica por via férrea. O Anuário de Schmoller para a Legislação, Administração e Economia Política de 1916 mostra que mil milhões de libras de carne, mil e quinhentos milhões de libras de batatas, mil e quinhentos milhões de libras de pão e 121 milhões de libras de manteiga tinham sido enviadas da Bélgica para a Alemanha nesse ano. Uma patriota britânica que tinha gerido um pequeno hospital na Bélgica durante vários anos, Edith Cavell, escreveu ao Nursing Mirror, em Londres, a 15 de abril de 1915,, queixando-se de que os suprimentos da «Ajuda Belga» estavam a ser enviados para a Alemanha para alimentar o exército alemão. Os alemães consideraram a Srta. Cavell sem importância e não lhe deram atenção, mas o Serviço de Inteligência Britânico em Londres ficou chocado com a descoberta da Srta. Cavell e exigiu que os alemães a prendessem como espiã.

Sir William Wiseman, chefe dos serviços secretos britânicos e sócio da Kuhn Loeb Company, temia que a continuidade da guerra estivesse em risco e notificou secretamente os alemães de que a Srta. Cavell deveria ser executada.

Os alemães prenderam-na com relutância e acusaram-na de ajudar prisioneiros de guerra a fugir. A pena habitual por este crime era de três meses de prisão, mas os alemães cederam às exigências de Sir William Wiseman e fuzilaram Edith Cavell, criando assim uma das principais mártires da Primeira Guerra Mundial.

Com Edith Cavell fora do caminho, a operação «Ajuda à Bélgica» continuou, embora em 1916 os emissários alemães tenham novamente abordado as autoridades de Londres com a informação de que não acreditavam que a Alemanha pudesse continuar as operações militares, não só devido à escassez de alimentos, mas também devido a problemas financeiros. Foi enviada mais «ajuda de emergência» e a Alemanha continuou na guerra até novembro de 1918. Dois dos principais assistentes de Hoover eram um antigo funcionário de expedição de madeira da Costa Oeste, Prentiss Gray, e Julius H. Barnes, um vendedor de cereais de Duluth. Ambos se tornaram sócios da J. Henry Schroder Banking Corporation em

Nova Iorque após a guerra e acumularam grandes fortunas, principalmente no comércio de cereais e açúcar.

Com a entrada dos Estados Unidos na guerra, Barnes e Gray receberam cargos importantes na recém-criada Administração Alimentar dos EUA, que também ficou sob a direção de Herbert Hoover. Barnes tornou-se presidente da Corporação de Cereais da Administração Alimentar dos EUA de 1917 a 1918, e Gray foi chefe de Transportes Marítimos. Outro sócio de J. Henry Schroder, G. A. Zabriskie, foi nomeado chefe do Conselho de Equalização do Açúcar dos EUA. Assim, a London Connection controlou todos os alimentos nos Estados Unidos através dos seus «czares» dos cereais e do açúcar durante a Primeira Guerra Mundial. Apesar das muitas queixas de corrupção e escândalos na Administração Alimentar dos EUA, ninguém foi jamais indiciado. Após a guerra, os sócios da J. Henry Schroder Company, com sede em, descobriram que agora detinham a maior parte da indústria açucareira de Cuba. Um dos sócios, M.E. Rionda, era presidente da Cuba Cane Corporation e diretor da Manati Sugar Company, da American British and Continental Corporation e de outras empresas. O Barão Bruno von Schroder, sócio sénior da empresa, era diretor da North British and Mercantile Insurance Company. O seu pai, o Barão Rudolph von Schroder, de Hamburgo, era diretor da São Paulo Coffee Ltd., uma das maiores empresas brasileiras de café, juntamente com F.C. Tiarks, também da empresa Schroder.[87]

Após a guerra, Zabriskie, que tinha sido o «czar do açúcar» dos Estados Unidos ao presidir ao Conselho de Equalização do Açúcar dos EUA, tornou-se presidente de várias das maiores empresas de panificação dos Estados Unidos: Empire Biscuit, Southern Baking Corporation, Columbia Baking e outras empresas.

Como seu principal assistente na Administração Alimentar dos EUA, Hoover escolheu Lewis Lichtenstein Strauss, que em breve se tornaria sócio da Kuhn Loeb Company, casando-se com a filha de Jerome Hanauer, da Kuhn Loeb. Ao longo do seu distinto serviço humanitário na Comissão de Ajuda à Bélgica, na Administração Alimentar dos EUA e, após a guerra, na Administração Americana

---

[87] *O New York Times* noticiou a 11 de outubro de 1923: «Frank C. Tiarks, governador do Banco de Inglaterra, passará duas semanas aqui para preparar a abertura da sucursal da casa bancária de J. Henry Schroder, de Londres.»

de Ajuda, o colaborador mais próximo de Hoover foi um tal de Edgar Rickard, nascido em Pontgibaud, França. No Who's Who, ele afirma que foi «assistente administrativo de Herbert Hoover durante a Guerra Mundial em todas as organizações de guerra e pós-guerra, incluindo a Comissão de Ajuda à Bélgica. Também serviu na Administração Alimentar dos EUA de 1914 a 1924». Ele continuou a ser um dos amigos mais próximos de Hoover, e normalmente os Rickards e os Hoovers passavam as férias juntos. Depois de Hoover se ter tornado Secretário do Comércio sob a administração de Coolidge, Hamill conta-nos que Hoover concedeu ao seu amigo as patentes da Hazeltine Radio, que lhe rendiam um milhão de dólares por ano em royalties.

Em 1928, «a Ligação de Londres» decidiu lançar Herbert Hoover à presidência dos Estados Unidos. Havia apenas um problema: embora Herbert Hoover tivesse nascido nos Estados Unidos e fosse, portanto, elegível para o cargo de presidente, de acordo com a Constituição, ele nunca tivera um endereço comercial ou um endereço residencial nos Estados Unidos, pois partira para o estrangeiro logo após concluir a faculdade em Stanford. O resultado foi que, durante a sua campanha para a presidência, Herbert Hoover indicou como endereço nos Estados Unidos a Suite 2000, 42 Broadway, Nova Iorque, que era o escritório de Edgar Rickard. A Suite 2000 era também partilhada pelo magnata dos cereais e sócio da J. Henry Schroder Banking Corporation, Julius H. Barnes.

Depois de Herbert Hoover ter sido eleito presidente dos Estados Unidos, insistiu em nomear um dos antigos membros do círculo de Londres, Eugene Meyer, como governador do Conselho da Reserva Federal. O pai de Meyer tinha sido um dos sócios da Lazard Frères de Paris e da Lazard Brothers de Londres. Meyer, juntamente com Baruch, tinha sido um dos homens mais poderosos dos Estados Unidos durante a Primeira Guerra Mundial, membro do famoso Triunvirato que exercia um poder inigualável; Meyer como presidente da War Finance Corporation, Bernard Baruch como presidente do War Industries Board e Paul Warburg como governador do Sistema da Reserva Federal.

Louis McFadden, presidente da Comissão de Bancos e Moeda da Câmara dos Representantes e crítico de longa data de Eugene Meyer, foi citado no **The New York Times** de 17 de dezembro de 1930 como tendo proferido um discurso no plenário da Câmara atacando a nomeação de Meyer por Hoover e acusando-o de que «representa os interesses dos Rothschild e é o oficial de ligação entre o Governo francês e J.P. Morgan». A 18 de dezembro, *o The Times* noticiou que «Herbert Hoover está profundamente preocupado» e que o discurso de McFadden foi «um acontecimento infeliz». A 20 de dezembro, *o The Times* comentou na página editorial, sob o título «McFadden Again», que «O discurso deve garantir a ratificação pelo Senado do Sr. Meyer como presidente da Reserva Federal. O discurso foi incoerente, como costumam ser os discursos do Sr. McFadden.» Tal como *o The Times* previu, Meyer foi devidamente aprovado pelo Senado.

Não contente em ter um amigo na Casa Branca, a J. Henry Schroder Corporation embarcou em breve em novas aventuras internacionais, nada menos do que um plano para desencadear a Segunda Guerra Mundial. Isto seria feito fornecendo, num momento crucial, o financiamento para a tomada do poder por Adolf Hitler na Alemanha. Embora a muitos magnatas tenha sido atribuído o mérito pelo financiamento de Hitler, incluindo Fritz Thyssen, Henry Ford e J.P. Morgan, eles, assim como outros, forneceram milhões de dólares para as suas campanhas de e o político durante a década de 1920, tal como fizeram para outros que também tinham hipótese de vencer, mas que desapareceram e nunca mais se ouviu falar deles. Em dezembro de 1932, parecia inevitável para muitos observadores da cena alemã que Hitler também estivesse pronto para uma descida vertiginosa para o esquecimento. Apesar de ter tido bons resultados nas campanhas nacionais, tinha gasto todo o dinheiro das suas fontes habituais e enfrentava agora dívidas pesadas. No seu livro Aggression, Otto Lehmann-Russbeldt conta-nos que «Hitler foi convidado para uma reunião no Banco Schroder, em Berlim, a 4 de janeiro de 1933. Os principais industriais e banqueiros da Alemanha ajudaram Hitler a superar as suas dificuldades financeiras e permitiram-lhe saldar a enorme dívida que tinha contraído devido à manutenção do seu exército privado. Em troca, ele prometeu quebrar o poder dos sindicatos. A 2 de maio de 1933, cumpriu a sua promessa.»[88]

---

[88] Otto Lehmann-Russbeldt, *Aggression*, Hutchinson & Co., Ltd., Londres, 1934, p. 44.

Estavam presentes na reunião de 4 de janeiro de 1933 os irmãos Dulles, John Foster Dulles e Allen W. Dulles, do escritório de advocacia nova-iorquino Sullivan and Cromwell, que representava o Banco Schroder. Os irmãos Dulles apareciam frequentemente em reuniões importantes. Tinham representado os Estados Unidos na Conferência de Paz de Paris (1919); John Foster Dulles viria a falecer no cargo de Secretário de Estado de Eisenhower, enquanto Allen Dulles chefiou a Agência Central de Inteligência durante muitos anos. Os seus defensores raramente tentaram justificar a presença dos irmãos Dulles na reunião que empossou Hitler como Chanceler da Alemanha, preferindo fingir que tal nunca aconteceu. De forma indireta, um biógrafo, Leonard Mosley, ignora o assunto no livro «Dulles» quando afirma:

«Ambos os irmãos tinham passado muito tempo na Alemanha, onde Sullivan e Cromwell tinham interesses consideráveis no início da década de 1930, tendo representado vários governos provinciais, alguns grandes consórcios industriais, várias grandes empresas americanas com interesses no Reich e alguns indivíduos ricos.»[89]

Allen Dulles tornou-se mais tarde diretor da J. Henry Schroder Company. Nem ele nem J. Henry Schroder eram suspeitos de serem pró-nazis ou pró-Hitler; o facto incontornável era que, se Hitler não se tornasse Chanceler da Alemanha, havia poucas probabilidades de se desencadear uma Segunda Guerra Mundial, a guerra que duplicaria os seus lucros.[90]

A Grande Enciclopédia Soviética afirma: «A casa bancária Schroder Bros. (que era o banqueiro de Hitler) foi fundada em 1846; os seus sócios atuais são os barões von Schroeder, ligados a filiais nos Estados Unidos e na Inglaterra.»[91][92]

---

89 Leonard Mosley, *Dulles*, Dial Publishing Co., Nova Iorque 1978, p. 88.

90 Ezra Pound, numa transmissão de 18 de abril de 1943 pela Rádio Roma, afirmou: «... e os homens na América, insatisfeitos com esta guerra, já estão a apontar para a próxima. A altura de se opor é agora.»

91 *The Great Soviet Encyclopaedia*, Macmillan, Londres, 1973, v. 2, p. 620.

92 O *New York Times* noticiou a 11 de outubro de 1944: «O senador Claude Pepper criticou John Foster Dulles, conselheiro de relações externas do governador Dewey, pela sua ligação ao escritório de advogados Sullivan and

O editor financeiro do «The Daily Herald» de Londres escreveu, em 30 de setembro de 1933, sobre «a decisão do Sr. Norman de dar aos nazis o apoio do Banco (da Inglaterra)». John Hargrave, na sua biografia de Montagu Norman, afirma:

«É bastante certo que Norman fez tudo o que pôde para ajudar o hitlerismo a conquistar e manter o poder político, operando no plano financeiro a partir do seu bastião na Threadneedle Street.» [ou seja, o Banco de Inglaterra — Ed.]

O Barão Wilhelm de Ropp, um jornalista cujo amigo mais próximo era o Major F.W. Winterbotham, chefe dos Serviços Secretos Aéreos do Serviço Secreto Britânico, trouxe o filósofo nazi Alfred Rosenberg para Londres e apresentou-o a Lord Hailsham, Secretário da Guerra, a Geoffrey Dawson, editor do *The Times*, e a Norman, Governador do Banco de Inglaterra.

Depois de conversar com Norman, Rosenberg reuniu-se com o representante do Banco Schroder de Londres. O diretor-geral do Banco Schroder, F.C. Tiarks, era também diretor do Banco de Inglaterra. Hargrave afirma (p. 217): «No início de 1934, um grupo seleto de financistas da City reuniu-se no gabinete de Norman, por trás das paredes sem janelas do, Sir Robert Kindersley, sócio da Lazard Brothers, Charles Hambro, F.C.

Tiarks, Sir Josiah Stamp (também administrador do Banco de Inglaterra). O governador Norman falou sobre a situação política na Europa. Uma nova potência tinha-se estabelecido, uma grande «força estabilizadora», nomeadamente a Alemanha nazi. Norman aconselhou os seus colegas a incluírem Hitler nos seus planos de financiamento da Europa. Não houve oposição.

Em *Wall Street and the Rise of Hitler*, Antony C. Sutton escreve: «O barão nazi Kurt von Schroeder atuou como intermediário para o dinheiro da I.T.T. canalizado para a organização SS de Heinrich Himmler em 1944, enquanto a Segunda Guerra Mundial decorria e

Cromwell e por ter ajudado financeiramente Hitler em 1933. Pepper descreveu o encontro de 4 de janeiro de 1933 entre Franz von Papen e Hitler na casa do Barão Schroder, em Colónia, e a partir desse momento os nazis puderam continuar a sua marcha para o poder.»

os Estados Unidos estavam em guerra com a Alemanha.»[93] Kurt von Schroeder, nascido em 1889, era sócio do Bankhaus de Colónia, J.H. Stein & Co., fundado em 1788. Depois de os nazis terem chegado ao poder em 1933, Schroeder foi nomeado representante alemão no Banco de Pagamentos Internacionais. O Comité Kilgore afirmou em 1940 que a influência de Schroeder junto da Administração de Hitler era tão grande que ele conseguiu que Pierre Laval fosse nomeado chefe do Governo francês durante a ocupação nazi. O Comité Kilgore enumerou mais de uma dúzia de cargos importantes ocupados por Kurt von Schroeder na década de 1940, incluindo presidente da Deutsche Reichsbahn, do Conselho de Assuntos Económicos do Reich, líder sénior do grupo SS, do Conselho dos Correios do Reich, do Deutsche Reichsbank e de outros bancos e grupos industriais de renome. Schroeder integrou o conselho de administração de todas as subsidiárias da International Telephone and Telegraph na Alemanha.

Em 1938, o Schroder Bank de Londres tornou-se o agente financeiro alemão na Grã-Bretanha. A sucursal de Nova Iorque do Schroder tinha-se fundido em 1936 com os Rockefeller, passando a chamar-se Schroder, Rockefeller, Inc., com sede no n.º 48 da Wall Street. Carlton P. Fuller, da Schroder, era presidente desta empresa, e Avery Rockefeller era vice-presidente. Ele tinha sido um sócio nos bastidores de J. Henry Schroder durante anos e tinha fundado a empresa de construção Bechtel Corporation, cujos funcionários (em licença) desempenham agora um papel de liderança na Administração Reagan, como Secretário da Defesa e Secretário de Estado.

Ladislas Farago, em *The Game of the Foxes,*[94], relatou que o Barão William de Ropp, um agente duplo, tinha penetrado nos escalões mais altos nos dias que antecederam a Segunda Guerra Mundial, e Hitler confiava em de Ropp como seu consultor confidencial sobre assuntos britânicos. Foi o conselho de de Ropp que Hitler seguiu quando se recusou a invadir a Inglaterra.

Victor Perlo escreve, em The Empire of High Finance:

---

93 Antony C. Sutton, *Wall Street And The Rise Of Hitler*, 76 Press, Seal Beach, Califórnia, 1976, p. 79.

94 Ladislas Farago, *The Game of the Foxes*, 1973

«O governo de Hitler fez do Schroder Bank de Londres o seu agente financeiro na Grã-Bretanha e na América. A conta bancária pessoal de Hitler estava no J.M. Stein Bankhaus, a subsidiária alemã do Schroder Bank. F.C. Tiarks, da empresa britânica J. Henry Schroder Company, era membro da Anglo-German Fellowship, juntamente com outros dois sócios, e a empresa era também membro.»[95]

A história vai muito mais longe do que Perlo suspeita. J. Henry Schroder ERA a Anglo-German Fellowship, o equivalente inglês do movimento America First, atraindo também patriotas que não desejavam ver a sua nação envolvida numa guerra desnecessária com a Alemanha. Durante a década de 1930, até ao início da Segunda Guerra Mundial, os Schroder investiram avultadas quantias na Anglo-German Fellowship, o que levou Hitler a acreditar que dispunha de uma grande quinta coluna pró-alemã em Inglaterra, composta por muitos políticos e financistas proeminentes. Os dois grupos políticos divergentes na Inglaterra da década de 1930 eram o Partido da Guerra, liderado por Winston Churchill, que exigia furiosamente que a Inglaterra entrasse em guerra contra a Alemanha, e o Partido da Apaziguamento, liderado por Neville Chamberlain. Após Munique, Hitler acreditava que o grupo de Chamberlain era o partido dominante na Inglaterra e que Churchill era um agitador de pouca importância. Como os seus próprios financiadores, os Schroder, patrocinavam o Partido da Apaziguamento, Hitler acreditava que não haveria guerra. Ele não suspeitava que os financiadores do Partido da Apaziguamento, agora que Chamberlain tinha cumprido o seu propósito de enganar Hitler, iriam afastar Chamberlain e nomear Churchill primeiro-ministro. Não foi apenas Chamberlain, mas também Hitler, que saiu de Munique acreditando que seria «Paz no nosso tempo».

O sucesso dos Schroders em enganar Hitler para que acreditasse nisso explica várias das questões mais intrigantes da Segunda Guerra Mundial. Por que é que Hitler permitiu que o Exército Britânico se retirasse de Dunquerque e regressasse a casa, quando poderia tê-lo aniquilado? Contra o conselho frenético dos seus generais, que desejavam dar o golpe de misericórdia ao Exército

95 Victor Perlo, *The Empire of High Finance*, International Publishers, 1957, p. 177.

Inglês, Hitler conteve-se porque não queria alienar os seus supostos numerosos apoiantes em Inglaterra. Pela mesma razão, recusou-se a invadir Inglaterra durante um período em que detinha superioridade militar, acreditando que não seria necessário, uma vez que o grupo da Anglo-German Fellowship estava pronto para fazer a paz com ele. A viagem de Rudolf Hess à Inglaterra foi uma tentativa de confirmar que o grupo de Schroder estava pronto para fazer a paz e formar uma aliança comum contra os soviéticos. Rudolf Hess continua a definhar na prisão até hoje, muitos anos após a guerra, porque, se fosse libertado, testemunharia que tinha ido à Inglaterra para contactar os membros da Anglo-German Fellowship, ou seja, o grupo de Schroder, a fim de pôr fim à guerra.[96]

Se alguém supõe que tudo isto é história antiga, sem qualquer aplicação ao panorama político atual, apresentamos o nome de John Lowery Simpson, de Sacramento, Califórnia. Embora apareça pela primeira vez no Who's Who in America de 1952, o Sr. Simpson afirma que serviu sob o comando de Herbert Hoover na Comissão de Ajuda à Bélgica de 1915 a 1917; na Administração Alimentar dos EUA, de 1917 a 1918, na Comissão Americana de Ajuda, em 1919, e com P.N. Gray na Companhia d es, em Viena, de 1919 a 1921. Gray era o Chefe de Transportes Marítimos da Administração Alimentar dos EUA, o que lhe permitiu criar a sua própria

---

[96] Os relatos seguintes são do *The New York Times*: 21 de outubro de 1945, «Uma transmissão da rádio luxemburguesa informou esta noite que o Barão Kurt von Schroder, antigo banqueiro que ajudou a financiar a ascensão do partido nazi, tinha sido reconhecido num campo de prisioneiros americano e detido.» 1 de novembro de 1945: «Quartel-general do Exército Britânico: O Barão Kurt von Schroder, banqueiro de 55 anos e amigo de Heinrich Himmler, encontra-se detido em Düsseldorf, aguardando decisão sobre a sua acusação como criminoso de guerra, segundo anúncio oficial do Governo Militar divulgado hoje.» 29 de fevereiro de 1948: «A Sociedade para a Prevenção da Terceira Guerra Mundial exigiu ontem uma investigação imediata para apurar por que razão o banqueiro nazi alemão, Kurt von Schroder, não foi julgado como criminoso de guerra por um tribunal militar aliado. Referindo que von Schroder foi condenado em novembro passado a três meses de prisão e a uma multa de 1500 marcos do Reich por um tribunal alemão de desnazificação em Bielefeld, na Zona Britânica, C. Monteith Gilpin, secretário da sociedade, afirmou que se deve questionar por que razão foi permitido a von Schroder escapar à justiça aliada e por que razão os nossos próprios responsáveis não exigiram que von Schroder fosse julgado por um tribunal militar aliado. «Von Schroder é tão culpado como Hitler ou Goering.»

companhia de navegação após a guerra. Tal como outros humanitários de Hoover, Simpson também se juntou à J. Henry Schroder Banking Company (os banqueiros pessoais de Adolf Hitler) e à J. Henry Schroder Trust Company. Tornou-se também sócio da Schroder-Rockefeller Company quando esse fundo de investimento apoiou uma empresa de construção que se tornou a maior do mundo, a Bechtel Incorporated. Simpson foi presidente da comissão financeira da Bechtel Company, da Bechtel International e da Canadian Bechtel. Simpson afirma que foi consultor dos interesses da Bechtel-McCone na produção de guerra durante a Segunda Guerra Mundial. Fez parte da Comissão de Controlo Aliada em Itália entre 1943 e 1944. Casou-se com Margaret Mandell, da família de comerciantes que deu nome ao Coronel Edward Mandell House, e apoiou uma personalidade da Califórnia, primeiro para governador, depois para presidente. Como resultado, Simpson e a J. Henry Schroder Company têm agora a servir-lhes como Secretário da Defesa o antigo funcionário da Bechtel, Caspar Weinberger. Como Secretário de Estado, têm ao seu serviço George Pratt Schultz, também funcionário da Bechtel, que por acaso é herdeiro da Standard Oil, reafirmando os laços entre a Schroder e a Rockefeller. Assim, a «conservadora» Administração Reagan tem um Secretário da Defesa da Schroder Company, um Secretário de Estado da Schroder-Rockefeller e um vice-presidente cujo pai era sócio sénior da Brown Brothers Harriman.

A Fundação Heritage também tem sido um fator importante na elaboração de políticas da Administração Reagan. Descobrimos agora que a Fundação Heritage faz parte da rede do Instituto Tavistock, dirigida pelos serviços secretos britânicos. As decisões financeiras continuam a ser tomadas no Banco de Inglaterra, e quem é o presidente do Banco de Inglaterra? Sir Gordon Richardson, presidente da J. Henry Schroder Co. de Londres e Nova Iorque de 1962 a 1972, altura em que se tornou governador do Banco de Inglaterra. A «Conexão de Londres» nunca esteve tão firmemente no comando do Governo dos Estados Unidos.

A 3 de julho de 1983, *o The New York Times* anunciou que Gordon Richardson, governador do Banco de Inglaterra nos últimos dez anos, tinha sido substituído por Robert Leigh-Pemberton, presidente do National Westminster Bank. A lista de administradores do National Westminster Bank parece um «Quem é Quem» da classe dominante britânica. Entre eles contam-se o presidente, Lord Aldenham, que é também presidente da Antony Gibbs & Son, um banco de investimento, uma das dezassete empresas privilegiadas autorizadas pelo Banco de Inglaterra; Sir Walter Barrie, presidente da British Broadcasting System; F.E. Harmer, governador da London School of Economics, a escola de formação para os banqueiros internacionais, e presidente da New Zealand Shipping Company; Sir E.C. Mieville, secretário particular do rei de Inglaterra entre 1937 e 1945; Marquês de Salisbury, Lord Cecil, Lorde do Selo Privado (os Cecils são considerados uma das três famílias governantes da Inglaterra desde a Idade Média); Lord Leathers, Barão de Purfleet, Ministro dos Transportes de Guerra entre 1941 e 1945, presidente do grupo de empresas William Cory; Sir W.H. Coates e W.J. Worboys, da Imperial Chemical Industries (a DuPont inglesa); Conde de Dudley, presidente da British Iron & Steel; Sir W. Benton Jones, presidente da United Steel e de muitas outras empresas siderúrgicas; Sir G.E. Schuster, do Banco da Nova Zelândia; East India Coal Company; A. d'A. Willis, da Ashanti Goldfields e de muitos bancos, empresas de chá e outras firmas; V.W. Yorke, presidente da Mexican Railways Ltd.

Richardson, antigo presidente da Schroders com uma subsidiária em Nova Iorque detentora de ações do Federal Reserve Bank of New York, foi substituído pelo presidente do National Westminster, com uma subsidiária em Nova Iorque detentora de ações do Federal Reserve Bank of New York. Robert Leigh Pemberton, administrador da Equitable Life Assurance Society (J.P. Morgan), casou-se com a filha da Marquesa de Exeter (a família Cecil Burghley). Assim, o controlo da London Connection permanece constantemente em vigor.

A lista dos atuais diretores do J. Henry Schroder Bank and Trust mostra a influência internacional contínua desde a Primeira Guerra Mundial. George A. Braga é também diretor da Czarnikow-Rionda Company, vice-presidente da Francisco Sugar Company, presidente da Manati Sugar Company e vice-presidente da New Tuinicui Sugar Company. O seu parente, Rionda B. Braga, é presidente da Francisco Sugar Company e vice-presidente da Manati Sugar Company. O controlo da Schroder sobre o açúcar remonta à Administração Alimentar dos EUA sob Herbert Hoover e Lewis L. Strauss, da Kuhn, Loeb, Company, durante a Primeira Guerra

Mundial. Os advogados da Schroder são a firma Sullivan and Cromwell. John Foster Dulles, desta firma, esteve presente durante o acordo histórico para financiar Hitler e foi mais tarde Secretário de Estado d e na administração Eisenhower. Alfred Jaretzki, Jr., da Sullivan and Cromwell, é também administrador da Manati Sugar Company e da Francisco Sugar Company.

Outro diretor da J. Henry Schroder é Norris Darrell, Jr., nascido em Berlim, na Alemanha, sócio da Sullivan and Cromwell e diretor da Schroder Trust Company. Bayless Manning, sócio do escritório de advocacia de Wall Street Paul, Weiss, Rifkind e Wharton, é também diretor da J. Henry Schroder. Foi presidente do Conselho de Relações Exteriores de 1971 a 1977 e é editor-chefe da Yale Law Review.

Paul H. Nitze, o proeminente «negociador de desarmamento» do governo dos Estados Unidos, é administrador da Schroder's Inc. Casou-se com Phyllis Pratt, da fortuna da Standard Oil, cujo pai doou a mansão da família Pratt para servir de sede ao Conselho de Relações Exteriores.

CAPÍTULO OITO

PRIMEIRA GUERRA MUNDIAL

«O dinheiro é o pior de todos os contrabandos.» — William Jennings Bryan

É agora evidente que talvez não tivesse havido Primeira Guerra Mundial sem o Sistema da Reserva Federal. Ocorreu uma estranha sequência de acontecimentos, nenhum dos quais foi acidental. Sem a candidatura «Bull Moose» de Theodore Roosevelt, o popular presidente Taft teria sido reeleito e Woodrow Wilson teria voltado à obscuridade.[97] Se Wilson não tivesse sido eleito, talvez não tivéssemos tido a Lei da Reserva Federal e a Primeira Guerra Mundial poderia ter sido evitada. As nações europeias tinham sido levadas a manter grandes exércitos permanentes, em conformidade com a política dos bancos centrais que ditavam as suas decisões governamentais. Em abril de 1887, o Quarterly Journal of Economics tinha salientado:

«Uma análise detalhada das dívidas públicas da Europa revela pagamentos de juros e de fundos de amortização no valor de 5 343 milhões de dólares anualmente (cinco mil e trezentos e quarenta milhões). A conclusão de M. Neymarck é muito semelhante à do Sr. Atkinson. As finanças da Europa estão tão complicadas que os

[97] NOTA: P. 34. «House revelou-me num momento de confidência: "Wilson foi eleito por Teddy Roosevelt."» *The Strangest Friendship in History, Woodrow Wilson and Col. House*, George Sylvester Viereck, Liveright, N.Y. 1932.

governos podem questionar-se se a guerra, com todas as suas terríveis consequências, não será preferível à manutenção de uma paz tão precária e dispendiosa. Se os preparativos militares da Europa não culminarem em guerra, poderão muito bem culminar na falência dos Estados. Ou, se tais loucuras não conduzirem nem à guerra nem à ruína, então apontam certamente para uma revolução industrial e económica.»

De 1887 a 1914, este sistema precário de nações europeias fortemente armadas, mas falidas, resistiu, enquanto os Estados Unidos continuavam a ser uma nação devedora, pedindo dinheiro emprestado ao estrangeiro, mas concedendo poucos empréstimos internacionais, porque não dispunham de um banco central nem de «mobilização de crédito». O sistema de empréstimos nacionais desenvolvido pelos Rothschild serviu para financiar as lutas europeias durante o século XIX, porque se distribuía pelas sucursais dos Rothschild em vários países. Em 1900, era óbvio que os países europeus não tinham meios para suportar uma grande guerra. Tinham grandes exércitos permanentes, serviço militar obrigatório e armas modernas, mas as suas economias não conseguiam suportar as enormes despesas. O Sistema da Reserva Federal iniciou as suas operações em 1914, obrigando o povo americano a emprestar aos Aliados vinte e cinco mil milhões de dólares que não foram reembolsados, embora tenham sido pagos juros consideráveis aos banqueiros de Nova Iorque. O povo americano foi levado a entrar em guerra contra o povo alemão, com quem não tínhamos qualquer desavença política ou económica concebível. Além disso, os Estados Unidos constituíam a maior nação do mundo composta por alemães; quase metade dos seus cidadãos era de ascendência alemã e, por uma margem estreita, o alemão tinha sido rejeitado como língua nacional.[98] O embaixador alemão na Turquia, o barão Wangeheim, perguntou ao embaixador americano na Turquia, Henry Morgenthau, por que razão os Estados Unidos pretendiam entrar em guerra contra a Alemanha. «Nós, americanos», respondeu Morgenthau, falando em nome do grupo de promotores imobiliários de Harlem de que era o líder, «vamos para a guerra por uma questão de princípio moral.» J.P. Morgan recebeu o produto do Primeiro Empréstimo da Liberdade para saldar os 400 milhões de dólares que tinha adiantado à Grã-Bretanha no início da guerra. Para cobrir este

---

[98] Convenção Constitucional de 1787.

empréstimo, foram emitidas 68 milhões de dólares em notas ao abrigo das disposições da Lei Aldrich-Vreeland para a emissão de notas contra títulos, a única vez que esta disposição foi utilizada. As notas foram retiradas de circulação assim que os Bancos da Reserva Federal entraram em funcionamento e substituídas por Notas da Reserva Federal.

Durante 1915 e 1916, Wilson manteve a lealdade para com os banqueiros que lhe tinham comprado a Casa Branca, continuando a conceder empréstimos aos Aliados. O seu Secretário de Estado, William Jennings Bryan, protestava constantemente, afirmando que «o dinheiro é o pior de todos os contrabandos». Em 1917, os Morgans e a Kuhn, Loeb Company tinham concedido um bilhão e meio de dólares em empréstimos aos Aliados. Os banqueiros também financiaram uma série de organizações de «paz» que trabalharam para nos envolver na Guerra Mundial. A Comissão de Ajuda à Bélgica inventou histórias de atrocidades contra os alemães, enquanto uma organização de Carnegie, a Liga para Impor a Paz, fazia campanha em Washington a favor da nossa entrada na guerra. Esta tornou-se mais tarde a Fundação Carnegie para a Paz Internacional, que durante a década de 1940 foi dirigida por Alger Hiss. Um escritor,[99], afirmou que nunca tinha visto qualquer «movimento pela paz» que não acabasse em guerra.

O embaixador dos EUA na Grã-Bretanha, Walter Hines Page, queixou-se de que não tinha meios para sustentar o cargo, tendo recebido vinte e cinco mil dólares por ano para despesas de Cleveland H. Dodge, presidente do National City Bank. H.L. Mencken acusou abertamente Page, em 1916, de ser um agente britânico, o que foi injusto. Page era meramente um agente dos banqueiros.

A 5 de março de 1917, Page enviou uma carta confidencial a Wilson. «Penso que a pressão desta crise iminente ultrapassou a capacidade da Agência Financeira Morgan para os governos britânico e francês... A maior ajuda que poderíamos dar aos Aliados seria um crédito. A menos que entremos em guerra com a Alemanha,

---

99 NOTA: Emmett Tyrell, Jr., *Richmond Times Dispatch*, 15 de fevereiro de 1983 «Todos os movimentos pacifistas deste século foram seguidos por guerra.»

o nosso Governo, evidentemente, não pode conceder um crédito tão direto.»

Os Rothschilds estavam cautelosos quanto à capacidade da Alemanha de continuar na guerra, apesar do caos financeiro causado pelos seus agentes, os Warburg, que financiavam o Kaiser, e pelo irmão de Paul Warburg, Max, que, como chefe dos Serviços Secretos alemães, autorizou o comboio de Lenine a atravessar as linhas e a executar a Revolução Bolchevique na Rússia. Segundo o subsecretário da Marinha, Franklin D. Roosevelt, a indústria pesada americana vinha a preparar-se para a guerra há um ano. Tanto o Exército como a Marinha, através dos Departamentos de E, vinham a adquirir grandes quantidades de material de guerra desde o início de 1916. Cordell Hull observa nas suas Memórias:

«O conflito forçou o desenvolvimento do princípio do imposto sobre o rendimento. Visando, como visava, a única grande fonte de receitas não tributada, a lei do imposto sobre o rendimento tinha sido promulgada mesmo a tempo de satisfazer as exigências da guerra. E o conflito também contribuiu para a entrada em vigor do Sistema da Reserva Federal, igualmente mesmo a tempo.»[100]

Pode-se perguntar: na hora certa para quem? Certamente não para o povo americano, que não tinha necessidade de «mobilização de crédito» para uma guerra europeia, nem de promulgar um imposto sobre o rendimento para financiar uma guerra. A declaração de Hull oferece um raro vislumbre das maquinações dos nossos «funcionários públicos».

As Notas do Journal of Political Economy, de outubro de 1917, afirmam:

«O efeito da guerra sobre a atividade dos Bancos da Reserva Federal exigiu um imenso aumento do quadro de pessoal destes bancos, com o correspondente aumento das despesas. Sem, evidentemente, poderem antecipar uma procura tão precoce e extensa dos seus serviços neste contexto, os autores da Lei da Reserva Federal tinham previsto que os Bancos da Reserva Federal atuassem como agentes fiscais do Governo.»

---

[100] Cordell Hull, *Memórias*, Macmillan, Nova Iorque, 1948, v. 1, página 76.

Os banqueiros esperavam, desde 1887, que os Estados Unidos aprovassem um plano de banco central para que pudessem financiar uma guerra europeia entre as nações que já tinham levado à falência com programas de armamento e «defesa». A função mais exigente do mecanismo do banco central é o financiamento da guerra.

A 13 de outubro de 1917, Woodrow Wilson proferiu um importante discurso, afirmando:

«É manifestamente imperativo que haja uma mobilização total das reservas bancárias dos Estados Unidos. O fardo e o privilégio (dos empréstimos aos Aliados) devem ser partilhados por todas as instituições bancárias do país. Acredito que a cooperação por parte dos bancos é um dever patriótico neste momento, e que a adesão de um e ao Sistema da Reserva Federal é uma prova clara e significativa de patriotismo.»

E.W. Kemmerer escreve que «Como agentes fiscais do Governo, os bancos da Reserva Federal prestaram à nação serviços de valor incalculável após a nossa entrada na guerra. Ajudaram grandemente na conservação dos nossos recursos de ouro, na regulação das nossas transações cambiais e na centralização das nossas energias financeiras. Estremece-se ao pensar no que poderia ter acontecido se a guerra nos tivesse apanhado com o nosso antigo sistema bancário descentralizado e antiquado.»

Os arrepios do Sr. Kemmerer ignoram o facto de que, se tivéssemos mantido o «nosso sistema bancário antiquado», não teríamos sido capazes de financiar a Guerra Mundial nem de entrar nela como participantes.

O próprio Woodrow Wilson não acreditava na sua cruzada para salvar o mundo pela democracia. Mais tarde, escreveu que «A Guerra Mundial foi uma questão de rivalidade económica.»

Ao ser questionado pelo senador McCumber sobre as circunstâncias da nossa entrada na guerra, perguntaram a Wilson: «Acha que, se a Alemanha não tivesse cometido nenhum ato de guerra ou de injustiça contra os nossos cidadãos, teríamos entrado nesta guerra?»

«Penso que sim», respondeu Wilson.

«Acha que teríamos entrado de qualquer maneira?», insistiu McCumber.

«Sim», disse Wilson.

Na sua Mensagem de Guerra de 1917, Wilson incluiu uma incrível homenagem aos comunistas na Rússia, que estavam ocupados a massacrar a classe média naquele infeliz país.

«A nossa esperança na futura paz mundial foi reforçada pelas coisas maravilhosas e encorajadoras que têm vindo a acontecer nas últimas semanas na Rússia. Eis um parceiro adequado para uma Liga de Honra.»[101]

O hino de Wilson a um regime sanguinário que, desde então, assassinou sessenta e seis milhões dos seus habitantes da forma mais bárbara expõe as suas verdadeiras simpatias e os seus verdadeiros apoiantes, os banqueiros que financiaram o extermínio na Rússia. Quando a Revolução Comunista parecia estar em dúvida, Wilson enviou o seu emissário pessoal, Elihu Root, à Rússia com cem milhões de dólares do seu Fundo Especial de Emergência de Guerra para salvar o regime bolchevique em ruínas.

A documentação do envolvimento da Kuhn, Loeb Company no estabelecimento do comunismo na Rússia é demasiado extensa para ser citada aqui, mas incluímos uma breve menção, típica da literatura sobre este assunto. No seu livro, Czarism and the Revolution, o general Arsene de Goulevitch escreve:

«O Sr. Bakmetiev, o falecido embaixador imperial russo nos Estados Unidos, conta-nos que os bolcheviques, após a vitória, transferiram 600 milhões de rublos em ouro entre os anos de 1918 e 1922 para a Kuhn, Loeb Company.»

Após a nossa entrada na Primeira Guerra Mundial, Woodrow Wilson entregou o governo dos Estados Unidos a um triunvirato dos seus apoiantes de campanha: Paul Warburg, Bernard Baruch e Eugene Meyer. Baruch foi nomeado chefe do Conselho das Indústrias de Guerra, com poderes de vida ou morte sobre todas as fábricas dos Estados Unidos. Eugene Meyer foi nomeado chefe da Corporação Financeira de Guerra, responsável pelo programa de

---

[101] Documentos Públicos de Woodrow Wilson, Dodd & Baker, vol. 5, pp. 12-13.

empréstimos que financiava a guerra. Paul Warburg controlava o sistema bancário do país.[102]

Sabendo que o sentimento predominante do povo americano durante 1915 e 1916 tinha sido antibritânico e pró-alemão, os nossos aliados britânicos viam com alguma apreensão a proeminência de Paul Warburg e da Kuhn, Loeb Company na condução da guerra. Estavam inquietos com a sua posição de destaque na Administração porque o seu irmão, Max Warburg, ocupava na altura o cargo de chefe dos Serviços Secretos alemães. Em 12 de dezembro de 1918, o Relatório do Serviço Secreto Naval dos Estados Unidos sobre o Sr. Warburg era o seguinte:

«WARBURG, PAUL: Nova Iorque. Alemão, cidadão naturalizado em 1911, foi condecorado pelo Kaiser em 1912, foi vice-presidente do Conselho da Reserva Federal. Geriu grandes somas fornecidas pela Alemanha a Lenin e Trotsky. Tem um irmão que é líder do sistema de espionagem da Alemanha.»

Curiosamente, este relatório, que deve ter sido compilado muito antes, enquanto estávamos em guerra com a Alemanha, só tem data de 12 de dezembro de 1918. APÓS a assinatura do Armistício. Além disso, não contém a informação de que Paul Warburg se demitiu do Conselho da Reserva Federal em maio de 1918, o que indica que foi compilado antes de maio de 1918, altura em que Paul Warburg estaria, teoricamente, sujeito a uma acusação de traição devido ao controlo do Serviço Secreto alemão por parte do seu irmão.

O irmão de Paul Warburg, Felix, em Nova Iorque, era diretor da Prussian Life Insurance Company de Berlim e, presumivelmente, não teria gostado de ver muitos dos seus segurados mortos na guerra. A 26 de setembro de 1920, *o The New York Times* mencionou no seu obituário de Jacob Schiff, em referência à Kuhn, Loeb and Company: «Durante a Guerra Mundial, alguns dos seus membros mantiveram contacto constante com o Governo na qualidade de consultores. Participou nas conferências realizadas sobre a organização e formação do Sistema da Reserva Federal.»

O obituário de Schiff, de 1920, revelou pela primeira vez que Jacob Schiff, tal como os Warburg, também tinha dois irmãos na

---

[102] NOTA: *New York Times*, 10 de agosto de 1918; «O Sr. (Paul) Warburg foi o autor do plano que organizou a War Finance Corporation.»

Alemanha durante a Primeira Guerra Mundial, Philip e Ludwig Schiff, de Frankfurt am Main, que também exerciam funções como banqueiros do Governo alemão! Esta não era uma circunstância a ser menosprezada, uma vez que, em nenhum dos lados do Atlântico, os referidos banqueiros eram indivíduos obscuros sem qualquer influência na condução da guerra. Pelo contrário, os sócios da Kuhn, Loeb ocupavam os mais altos cargos governamentais nos Estados Unidos durante a Primeira Guerra Mundial, enquanto na Alemanha, Max e Fritz Warburg, e Philip e Ludwig Schiff, circulavam nos mais altos conselhos do governo. De Memórias de Max Warburg: «O Kaiser bateu violentamente com o polegar na mesa e gritou: "Tem de ter sempre razão?", mas depois ouviu atentamente a opinião de Max sobre assuntos financeiros.»[103]

Em junho de 1918, Paul Warburg escreveu uma nota privada a Woodrow Wilson: «Tenho dois irmãos na Alemanha que são banqueiros. Eles naturalmente servem agora o seu país com toda a sua capacidade, tal como eu sirvo o meu.»[104]

Nem Wilson nem Warburg consideraram a situação preocupante, e Paul Warburg cumpriu o seu mandato no Conselho de Governadores da Reserva Federal, enquanto a Primeira Guerra Mundial continuava a assolar o mundo.

Os antecedentes da Kuhn, Loeb & Company tinham sido expostos na «Truth Magazine», editada por George Conroy:

«O Sr. Schiff é o chefe da grande casa bancária privada Kuhn, Loeb & Co., que representa os interesses dos Rothschild neste lado do Atlântico. Tem sido descrito como um estratega financeiro e tem sido, durante anos, o ministro das finanças do grande poder impessoal conhecido como Standard Oil.

Ele estava de mãos dadas com os Harrimans, os Goulds e os Rockefellers, em todos os seus empreendimentos ferroviários, e tornou-se a força dominante no mundo ferroviário e financeiro da América.

Louis Brandeis, devido à sua grande capacidade como advogado e por outras razões que surgirão mais tarde, foi escolhido por Schiff

---

[103] Max Warburg, *Memórias de Max Warburg*, Berlim, 1936.

[104] David Farrar, *Os Warburgs*, Michael Joseph, Ltd., Londres, 1974.

como o instrumento através do qual Schiff esperava concretizar a sua ambição na Nova Inglaterra. A sua função era levar a cabo uma agitação que minasse a confiança do público no sistema de New Haven e provocasse uma descida no preço dos seus títulos, forçando-os assim a entrar no mercado para que os especuladores os comprassem.»[105]

Mencionamos aqui o advogado de Schiff, Brandeis, porque a primeira nomeação disponível no Supremo Tribunal dos Estados Unidos que Woodrow Wilson foi autorizado a preencher foi atribuída ao advogado da Kuhn, Loeb, Brandeis.

Não só a Administração Alimentar dos EUA era gerida pelo diretor de Hoover, Lewis Lichtenstein Strauss, que se aliu à Kuhn Loeb Company ao casar com Alice Hanauer, filha do sócio Jerome Hanauer, como, no domínio mais crítico, a inteligência militar, Sir William Wiseman, chefe dos Serviços Secretos Britânicos, era sócio da Kuhn, Loeb & Company. Trabalhou em estreita colaboração com o alter ego de Wilson, o Coronel House. «Entre House e o e e Wiseman, em breve haveria poucos segredos políticos, e da sua compreensão mútua resultou, em grande medida, a nossa estreita cooperação com os britânicos.»[106]

Um exemplo da cooperação de House com Wiseman foi um acordo confidencial que House negociou, comprometendo os Estados Unidos a entrar na Primeira Guerra Mundial ao lado dos Aliados. Dez meses antes da eleição que levou Wilson de volta à Casa Branca em 1916 «porque nos manteve fora da guerra», o coronel House negociou um acordo secreto com a Inglaterra e a França em nome de Wilson, que comprometia os Estados Unidos a intervir em nome dos Aliados. A 9 de março de 1916, Wilson sancionou formalmente o compromisso.[107]

Nada poderia ilustrar de forma mais contundente a duplicidade da natureza de Woodrow Wilson do que a sua campanha nacional

---

[105] «Truth Magazine», George Conroy, editor, Boston, edição de 16 de dezembro de 1912.

[106] Edward M. House, *The Intimate Papers of Col. House*, editado por Charles Seymour, Vol. II, p. 399. Houghton, Mifflin Co.

[107] George Sylvester Viereck, *A Amizade Mais Estranha da História, Woodrow Wilson e o Coronel House*, p. 106.

com o slogan «Ele manteve-nos fora da guerra», quando, dez meses antes, se tinha comprometido a envolver-nos na guerra ao lado da Inglaterra e da França. Isto explica por que razão era visto com tanto desprezo por aqueles que conheceram os factos da sua carreira. H.L. Mencken escreveu que Wilson era «o modelo perfeito do canalha cristão» e que deveríamos «desenterrar os seus ossos e fazer dados com eles».

Segundo o *The New York Times*, a carta de demissão de Paul Warburg afirmava que tinham sido levantadas algumas objeções porque ele tinha um irmão nos Serviços Secretos suíços. *O The New York Times* nunca corrigiu esta falsidade flagrante, talvez porque a Kuhn, Loeb Company detinha uma participação maioritária nas suas ações. Max Warburg não era suíço e, embora provavelmente tivesse entrado em contacto com os Serviços Secretos suíços durante o seu mandato como chefe dos Serviços Secretos alemães, nenhum editor responsável do *The New York Times* poderia ignorar o facto de que Max Warburg era alemão, que a casa bancária da sua família se situava em Hamburgo e que ele ocupou vários cargos de alto nível no Governo alemão. Representou a Alemanha na Conferência de Paz de Versalhes e permaneceu pacificamente na Alemanha até 1939, durante um período em que pessoas da sua religião estavam a ser perseguidas. Para evitar danos durante a guerra que se aproximava, quando as bombas choveriam sobre a Alemanha, Max Warburg foi autorizado a embarcar para Nova Iorque, com os seus fundos intactos.

No início da Primeira Guerra Mundial, a Kuhn, Loeb Company tinha desempenhado um papel na transferência dos interesses marítimos alemães para outro controlo. Sir Cecil Spring-Rice, embaixador britânico nos Estados Unidos, escreveu numa carta a Lord Grey:

«Outra questão é a da transferência da bandeira para os navios da Hamburg-Amerika. A empresa é, na prática, um assunto do Governo alemão. Os navios são utilizados para fins governamentais, o próprio Imperador é um dos principais acionistas, tal como a grande casa bancária Kuhn, Loeb Company. Um membro dessa casa (Warburg) foi nomeado para um cargo de grande responsabilidade em Nova Iorque, apesar de ter sido naturalizado há pouco tempo. Ele mantém relações comerciais com o Secretário do Tesouro, que é genro do Presidente. É ele quem está a negociar em nome da Hamburg Amerika Shipping Company.»[108]

A 13 de novembro de 1914, numa carta a Sir Valentine Chirol, Spring-Rice escreveu (p. 241, v. 2)

«Fui informado hoje de que *o The New York Times* foi praticamente adquirido por Kuhn, Loeb e Schiff, protegidos especiais do Imperador (alemão). Warburg, parente próximo de Kuhn, Loeb e Schiff, é irmão do conhecido Warburg de Hamburgo, sócio da Ballin (Hamburg) Amerika Line, e é membro do Conselho da Reserva Federal, ou melhor, O membro. Ele controla praticamente a política financeira da Administração, e a Paish & Blackett (Inglaterra) teve de negociar principalmente com ele. Claro que foi exatamente como negociar com a Alemanha. Tudo o que foi dito era propriedade alemã."

O Coronel Garrison escreveu em Roosevelt, Wilson and the Federal Reserve Law que «Através da casa bancária da Kuhn Loeb Company, teria sido colocada nas mãos do Kaiser alemão uma arma poderosa sobre o destino dos negócios americanos e dos cidadãos americanos.»[109]

Garrison referia-se ao caso Hamburg Amerika.

Parecia estranho que Woodrow Wilson sentisse a necessidade de colocar a nação nas mãos de três homens cuja história pessoal era marcada por especulação implacável e pela busca de ganhos pessoais, ou que, durante a guerra com a Alemanha, considerasse como pessoas de máxima confiança um imigrante alemão naturalizado em 1911, o filho de um imigrante da Polónia e o filho de um imigrante da França. Bernard Baruch chamou a atenção pela primeira vez em Wall Street em 1890, enquanto trabalhava para a A.A. Housman & Co.

Em 1896, fundiu as seis principais empresas de tabaco dos Estados Unidos na Consolidated Tobacco Company, obrigando James Duke e a American Tobacco Trust a aderirem a esta fusão. O segundo grande trust criado por Baruch colocou a indústria do cobre

[108] Letters and Friendships of Sir Cecil Spring-Rice, pp. 219-220.

[109] Coronel Elisha Garrison, Roosevelt, *Wilson and the Federal Reserve Law*, Christopher Publishing House, Boston, 1931, p. 260.

nas mãos da família Guggenheim, que a controla desde então. Baruch trabalhou com Edward H. Harriman, que era o representante de Schiff no controlo do sistema ferroviário americano para a família Rothschild. Baruch e Harriman também uniram os seus talentos para obter o controlo sobre o sistema de transportes de Nova Iorque, que se encontra em perigosa situação financeira desde então.

Em 1901, Baruch fundou a empresa Baruch Brothers, de banca, com o seu irmão Herman, em Nova Iorque. Em 1917, quando Baruch foi nomeado presidente do Conselho das Indústrias de Guerra, o nome foi alterado para Hentz Brothers.

Ao testemunhar perante a Comissão Nye em 13 de setembro de 1937, Bernard Baruch afirmou que «Todas as guerras têm origem económica.» Lá se vão as divergências religiosas e políticas, que tinham sido especialmente apontadas como a causa das guerras.[110]

Um perfil na revista «New Yorker» relatou que Baruch obteve um lucro de setecentos e cinquenta mil dólares num único dia durante a Primeira Guerra Mundial, após ter sido espalhado em Washington um falso rumor de paz. No «Who's Who», Baruch menciona que foi membro da Comissão que tratou de todas as aquisições para os Aliados da durante a Primeira Guerra Mundial. Na verdade, Baruch ERA a Comissão. Gastou o dinheiro dos contribuintes americanos a um ritmo de dez mil milhões de dólares por ano e era também o membro dominante do Comité de Fixação de Preços de Munições. Fixava os preços a que o Governo comprava material de guerra. Seria ingénuo presumir que as encomendas não fossem para empresas nas quais ele e os seus associados tinham mais do que um interesse cortês, ditando a sua vontade aos fabricantes americanos.[111]

---

[110] NOTA: Baruch também afirmou neste testemunho: «Realizei durante a guerra três grandes investimentos: a Alaska Juneau Gold Mining Company (com o sócio Eugene Meyer), a Texas Gulf Sulphur e a Atolia Mining Company (tungsténio).» O deputado Mason, de Illinois, disse à Câmara dos Representantes, em 21 de fevereiro de 1921, que Baruch ganhou mais de 50 milhões de dólares com o cobre durante a guerra.

[111] Baruch escolheu como vice-presidente do Conselho das Indústrias de Guerra um colega especulador de Wall Street, Clarence Dillon (Lapowitz). Ver biografias.

Nas audiências da Comissão Nye em 1935, Baruch testemunhou: «O presidente Wilson deu-me uma carta a autorizar-me a assumir o controlo de qualquer indústria ou fábrica. Havia o juiz Gary, presidente da United States Steel, com quem estávamos a ter problemas, e quando lhe mostrei essa carta, ele disse: "Acho que vamos ter de resolver isto", e ele resolveu mesmo.»

Alguns membros do Congresso estavam curiosos quanto às qualificações de Baruch para exercer poderes de vida ou morte sobre a indústria americana em tempo de guerra. Ele não era um fabricante e nunca tinha estado numa fábrica. Quando foi chamado a comparecer perante uma comissão do Congresso, Bernard Baruch declarou que a sua profissão era «especulador». Um jogador de Wall Street tinha sido nomeado czar da indústria americana.

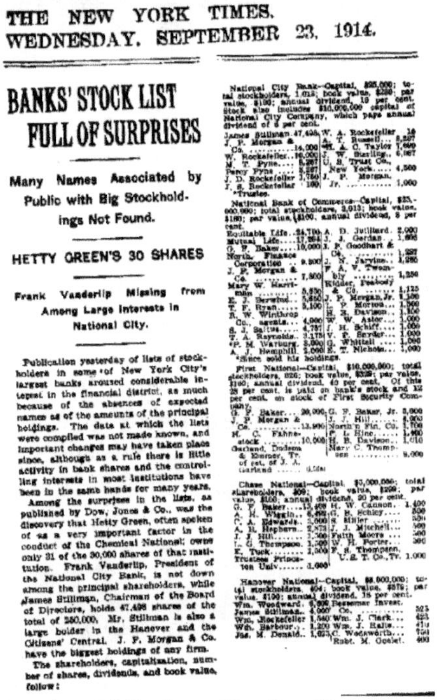

THE NEW YORK TIMES.
WEDNESDAY. SEPTEMBER 23, 1914.

BANKS' STOCK LIST FULL OF SURPRISES

Many Names Associated by Public with Big Stockholdings Not Found.

HETTY GREEN'S 30 SHARES

Frank Vanderlip Missing from Among Large Interests in National City.

Publication yesterday of lists of stockholders in some of New York City's largest banks aroused considerable interest in the financial district, as much because of the absences of expected names as of the amounts of the principal holdings. The date at which the lists were compiled was not made known, and important changes may have taken place since, although as a rule there is little activity in bank shares and the controlling interests in most institutions have been in the same hands for many years.

Among the surprises in the lists, as published by Dow, Jones & Co., was the discovery that Hetty Green, often spoken of as a very important factor in the conduct of the Chemical National, owns only 31 of the 30,000 shares of that institution. Frank Vanderlip, President of the National City Bank, is not down among the principal shareholders, while James Stillman, Chairman of the Board of Directors, holds 47,498 shares of the total of 250,000. Mr. Stillman is also a large holder in the Hanover and the Citizens' Central. J. P. Morgan & Co. have the biggest holdings of any firm.

The shareholders, capitalization, number of shares, dividends, and book value, follow:

Fac-símile de um artigo publicado no The New York Times datado de 23 de setembro de 1914. Estão listados os principais acionistas dos cinco bancos da cidade de Nova Iorque que adquiriram 40% das 203 053 ações do Banco da Reserva Federal de Nova Iorque quando o Sistema foi organizado em 1914. Obtiveram assim o controlo desse Banco da Reserva Federal e mantêm-no desde então.

Na terça-feira, 26 de julho de 1983, os cinco principais bancos sobreviventes da cidade de Nova Iorque aumentaram a sua participação no Banco da Reserva Federal de Nova Iorque para 53% das ações.

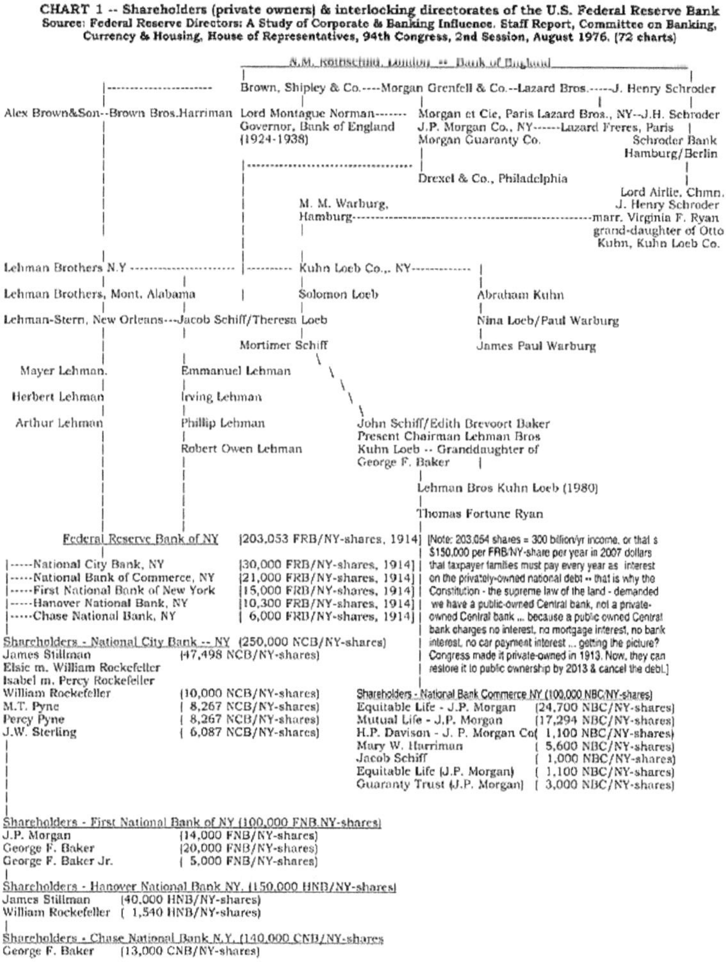

GRÁFICO I

O Gráfico I revela a ligação linear entre os Rothschild e o Banco de Inglaterra, bem como as casas bancárias de Londres que, em última instância, controlam os Bancos da Reserva Federal através das suas participações em ações bancárias e das suas empresas subsidiárias em Nova Iorque. Os dois principais representantes dos Rothschild em Nova Iorque, a J.P. Morgan Co. e a Kuhn, Loeb & Co., foram as empresas que organizaram a Conferência de Jekyll Island, na qual foi redigida a Lei da Reserva Federal, que lideraram a campanha subsequente bem-sucedida para que o plano fosse aprovado pelo Congresso e que adquiriram, em 1914, participações controladoras no Banco da Reserva Federal de Nova Iorque. Estas empresas viram os seus principais dirigentes nomeados para o Conselho de Governadores da Reserva Federal e para o Conselho Consultivo Federal em 1914.

Em 1914, algumas famílias (ligadas por laços de sangue ou de negócios) detentoras de participações de controlo em bancos existentes (como na cidade de Nova Iorque) fizeram com que esses bancos adquirissem participações de controlo nos bancos regionais da Reserva Federal.

A análise dos gráficos e do texto do Relatório da Equipa da Comissão Bancária da Câmara dos Representantes de agosto de 1976 e da atual lista de acionistas dos 12 bancos regionais da Reserva Federal mostra este mesmo controlo familiar.

O antigo sócio de Baruch, Eugene Meyer (Alaska-Juneau Gold Mining Co.), afirmou mais tarde que Baruch era um idiota e que Meyer, com as suas ligações bancárias familiares (Lazard Frères), tinha orientado a carreira de investidor de Baruch. Estas alegações apareceram na edição do quinquagésimo aniversário do The Washington Post, na página editorial, a 4 de junho de 1983, com uma frase de despedida do editor de Meyer, Al Friendly, que dizia: «Todos os jornalistas em Washington, incluindo Meyer, sabiam que Bernard M. Baruch era um farsante que se auto-engrandecia.»

O terceiro membro do Triunvirato, Eugene Meyer, era filho do sócio da casa bancária internacional Lazard Frères, de Paris e Nova Iorque. Em My Own Story, Baruch explica como Meyer se tornou diretor da War Finance Corporation. «No início da Primeira Guerra Mundial», diz ele, «procurei Eugene Meyer, Jr... que era um homem da mais elevada integridade com um desejo ardente de servir o público».[112]

---

[112] Bernard Baruch, *My Own Story*, Henry-Holt Company, Nova Iorque, 1957, p. 194.

A nação sofreu muito com pessoas que desejavam servir o público, porque os seus desejos muitas vezes iam consideravelmente além da sua paixão pelo cargo. De facto, Meyer e Baruch tinham gerido um empreendimento no Alasca, a Alaska-Juneau Gold Mining Company, em 1915, e tinham trabalhado juntos noutros esquemas financeiros. A casa da família de Meyer, a Lazard Frères, especializava-se em movimentos internacionais de ouro.

A gestão de Eugene Meyer da War Finance Corporation constitui uma das operações financeiras mais espantosas alguma vez parcialmente registadas neste país. Dizemos «parcialmente registada», porque investigações posteriores do Congresso revelaram que, todas as noites, os livros eram alterados antes de serem apresentados para a investigação do dia seguinte. Louis McFadden, presidente da Comissão de Bancos e Moeda da Câmara dos Representantes, participou em duas investigações sobre Meyer, em 1925 e novamente em 1930, quando Meyer foi proposto para o cargo de governador do Conselho da Reserva Federal. A Comissão Especial para Investigar a Destruição de Títulos do Tesouro apresentou, em 2 de março de 1925, «Preparação e Destruição de Títulos do Tesouro — 68.º Congresso, 2.ª Sessão, Relatório n.º 1635: p. 2. «Títulos duplicados no valor de 2314 pares e cupões duplicados no valor de 4698 pares, com denominações que variam entre 50 e 10 000 dólares, foram resgatados até 1 de julho de 1924. Algumas destas duplicações resultaram de erros e outras de fraude.»

Estas investigações podem explicar por que razão, no final da Primeira Guerra Mundial, Eugene Meyer conseguiu adquirir o controlo da Allied Chemical and Dye Corporation e, mais tarde, do jornal mais influente do país, o The Washington Post. A duplicação de obrigações, «uma para o governo, outra para mim», com denominações no valor de 10 000 dólares cada, resultou numa quantia considerável.

p. 6 destas Audiências. «Estas transações do Tesouro anteriores a 20 de junho de 1920 (incluindo liquidações de compras e vendas), executadas pela War Finance Corporation (Eugene Meyer, diretor-geral), foram em grande parte dirigidas pelo diretor-geral da War Finance Corporation, e as liquidações com o Tesouro foram feitas principalmente por ele com o Secretário Adjunto do Tesouro, e os livros mostram que a base do preço pago pelo Governo por mais de 1 894 milhões de dólares em obrigações (1 894 000 000,00 dólares), que o Tesouro adquiriu através da War Finance Corporation, não era o preço de mercado nem o custo da obrigação mais juros, e os elementos que constituíram a liquidação não são divulgados na correspondência. O diretor-geral da War Finance Corporation afirmou que ele e um Secretário Adjunto do Tesouro (Jerome J. Hanauer, sócio da Kuhn, Loeb Co., cuja filha se casou com Lewis L. Strauss) chegaram a acordo quanto ao preço, e que se tratava simplesmente de um valor arbitrário fixado por um Secretário Adjunto do Tesouro relativamente aos títulos assim adquiridos pela War Finance Corporation.

Durante o período destas transações e até uma data bastante recente, o diretor-geral da War Finance Corporation, Eugene Meyer, Jr., a título particular, mantinha um escritório no n.º 14 da Wall Street, em Nova Iorque, e, através da War Finance Corporation, vendeu cerca de 70 milhões de dólares em obrigações ao Governo, tendo também comprado, através da War Finance Corporation, cerca de 10 milhões de dólares em obrigações, e aprovou as contas relativas à maioria, se não à totalidade, dessas obrigações na sua qualidade oficial de diretor-geral da War Finance Corporation.

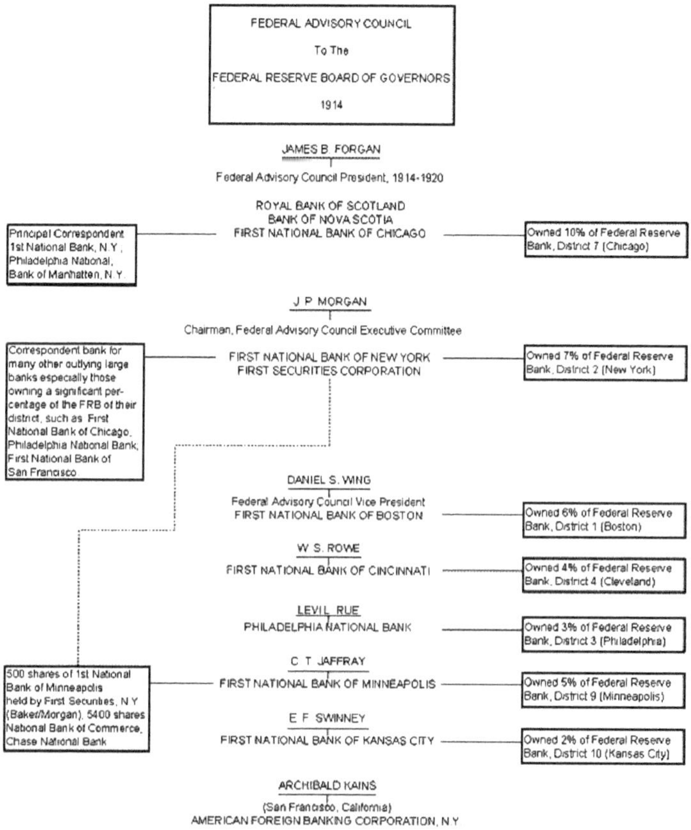

CHART II

Este gráfico mostra as interligações entre os conselhos de administração bancários que foram reveladas pelos antecedentes dos funcionários selecionados para serem os membros originais do Conselho Consultivo Federal em 1914. Os principais responsáveis eram os mesmos banqueiros que estiveram presentes ou representados na Conferência de Jekyll Island em 1910 e durante a campanha para que a Lei da Reserva Federal fosse aprovada pelo Congresso em 1913. Estes responsáveis representavam as maiores participações acionárias nos bancos de Nova Iorque que adquiriram o controlo acionista do Banco da Reserva Federal de Nova Iorque e eram também os principais bancos correspondentes dos bancos noutros distritos da Reserva Federal que, por sua vez, selecionaram os seus responsáveis para os representar no Conselho Consultivo Federal.

Quando estas transações, acima referidas, foram divulgadas à comissão numa audiência pública, o diretor-geral compareceu perante a comissão e declarou que tinham sido pagas comissões por estas transações, que estas foram, por sua vez, pagas aos corretores, selecionados pelo diretor-geral, que executaram as ordens emitidas pela sua corretora, e imediatamente após esta divulgação à comissão, o diretor-geral contratou a Ernst and Ernst, revisores oficiais de contas, para auditar os livros da War Finance Corporation, que, após a conclusão da análise desses livros, informaram à comissão que todos os montantes recebidos pela corretora do diretor-geral tinham sido contabilizados.

Enquanto, em simultâneo com a análise realizada pela comissão, os revisores oficiais de contas acima referidos prosseguiam a sua análise todas as noites, a vossa comissão descobriu que estavam a ser feitas alterações e modificações nos livros de registo relativos a estas transações e, quando tal foi levado ao conhecimento do tesoureiro da War Finance Corporation, este admitiu perante a comissão que estavam a ser feitas alterações. Até que ponto estes livros foram alterados durante o processo, a comissão não conseguiu determinar. Após junho de 1921, foram destruídos títulos no valor de cerca de 10 mil milhões de dólares.»

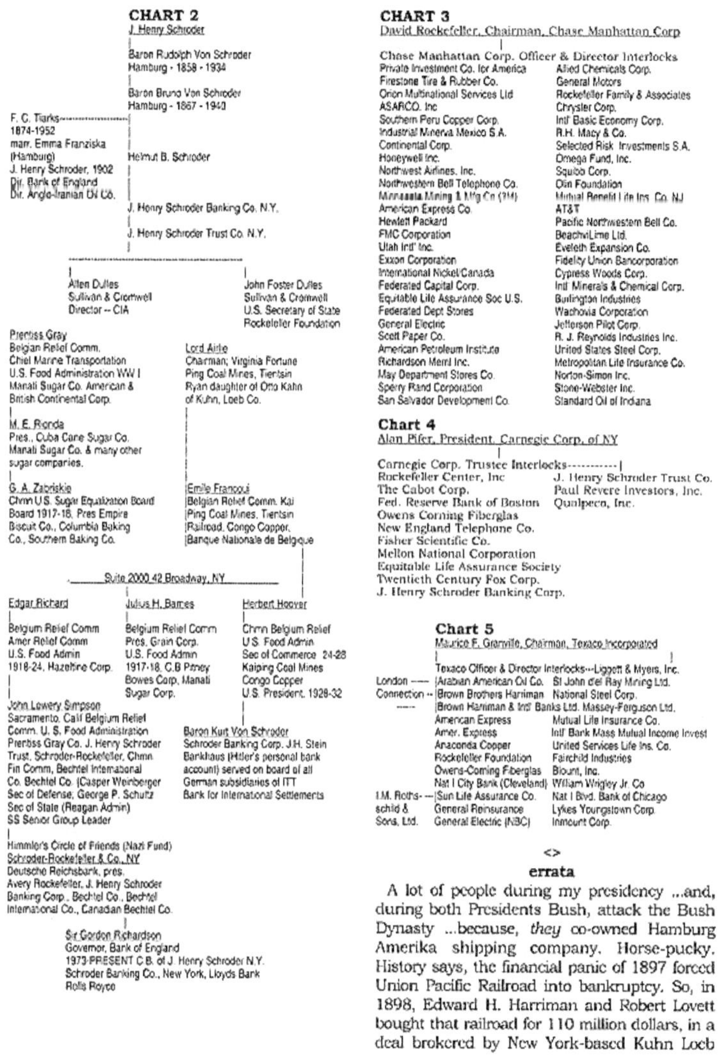

CHART 2

J. Henry Schroder

Baron Rudolph Von Schroder
Hamburg - 1858 - 1934

Baron Bruno Von Schroder
Hamburg - 1867 - 1940

F. C. Tiarks
1874-1952
marr. Emma Franziska
(Hamburg)
J. Henry Schroder, 1902
Dir. Bank of England
Dir. Anglo-Iranian Oil Co.

Helmut B. Schroder

J. Henry Schroder Banking Co. N.Y.

J. Henry Schroder Trust Co. N.Y.

Allen Dulles
Sullivan & Cromwell
Director -- CIA

John Foster Dulles
Sullivan & Cromwell
U.S. Secretary of State
Rockefeller Foundation

Prentiss Gray
Belgian Relief Comm.
Chief Marine Transportation
U.S. Food Administration WW I
Manati Sugar Co. American &
British Continental Corp.

M. E. Rionda
Pres., Cuba Cane Sugar Co.
Manati Sugar Co. & many other
sugar companies.

G. A. Zabriskie
Chmn U.S. Sugar Equalization Board
Board 1917-18, Pres Empire
Biscuit Co., Columbia Baking
Co., Southern Baking Co.

Lord Airlie
Chairman; Virginia Fortune
Ping Coal Mines, Tientsin
Ryan daughter of Otto Kahn
of Kuhn, Loeb Co.

Emile Francqui
Belgian Relief Comm. Kai
Ping Coal Mines, Tientsin
Railroad, Congo Copper,
Banque Nationale de Belgique

Suite 2000 42 Broadway, NY

Edgar Richard
Belgium Relief Comm
Amer Relief Comm
U.S. Food Admin
1918-24, Hazeltine Corp.

Julius H. Barnes
Belgium Relief Comm
Pres. Grain Corp.
U.S. Food Admin
1917-18, C.B Pitney
Bowes Corp, Manati
Sugar Corp.

Herbert Hoover
Chmn Belgium Relief
U.S. Food Admin
Sec of Commerce 24-28
Kaiping Coal Mines
Congo Copper
U.S. President, 1928-32

John Lowery Simpson
Sacramento, Calif Belgium Relief
Comm. U. S. Food Administration
Prentiss Gray Co. J. Henry Schroder
Trust, Schroder-Rockefeller, Chmn
Fin Comm, Bechtel International
Co. Bechtel Co. (Casper Weinberger
Sec of Defense; George P. Schultz
Sec of State (Reagan Admin)
SS Senior Group Leader

Baron Kurt Von Schroder
Schroder Banking Corp. J.H. Stein
Bankhaus (Hitler's personal bank
account) served on board of all
German subsidiaries of ITT
Bank for International Settlements

Himmler's Circle of Friends (Nazi Fund)
Schroder-Rockefeller & Co., NY
Deutsche Reichsbank, pres.
Avery Rockefeller, J. Henry Schroder
Banking Corp., Bechtel Co., Bechtel
International Co., Canadian Bechtel Co.

Sir Gordon Richardson
Governor, Bank of England
1973-PRESENT C.B. of J. Henry Schroder N.Y.
Schroder Banking Co., New York, Lloyds Bank
Rolls Royce

CHART 3

David Rockefeller, Chairman, Chase Manhattan Corp

Chase Manhattan Corp. Officer & Director Interlocks

Private Investment Co. for America	Allied Chemicals Corp.
Firestone Tire & Rubber Co.	General Motors
Orion Multinational Services Ltd	Rockefeller Family & Associates
ASARCO. Inc	Chrysler Corp.
Southern Peru Copper Corp.	Int'l Basic Economy Corp.
Industrial Minerva Mexico S.A.	R.H. Macy & Co.
Continental Corp.	Selected Risk Investments S.A.
Honeywell Inc.	Omega Fund, Inc.
Northwest Airlines, Inc.	Squibb Corp.
Northwestern Bell Telephone Co.	Olin Foundation
Minnesota Mining & Mfg Co (3M)	Mutual Benefit Life Ins. Co. NJ
American Express Co.	AT&T
Hewlett Packard	Pacific Northwestern Bell Co.
FMC Corporation	BeachviLime Ltd.
Utah Int'l Inc.	Eveleth Expansion Co.
Exxon Corporation	Fidelity Union Bancorporation
International Nickel/Canada	Cypress Woods Corp.
Federated Capital Corp.	Int'l Minerals & Chemical Corp.
Equitable Life Assurance Soc U.S.	Burlington Industries
Federated Dept Stores	Wachovia Corporation
General Electric	Jefferson Pilot Corp.
Scott Paper Co.	R. J. Reynolds Industries Inc.
American Petroleum Institute	United States Steel Corp.
Richardson Merrl Inc.	Metropolitan Life Insurance Co.
May Department Stores Co.	Norton-Simon Inc.
Sperry Rand Corporation	Stone-Webster Inc.
San Salvador Development Co.	Standard Oil of Indiana

Chart 4

Alan Pifer, President, Carnegie Corp. of NY

Carnegie Corp. Trustee Interlocks

Rockefeller Center, Inc	J. Henry Schroder Trust Co.
The Cabot Corp.	Paul Revere Investors, Inc.
Fed. Reserve Bank of Boston	Qualpeco, Inc.
Owens Corning Fiberglas	
New England Telephone Co.	
Fisher Scientific Co.	
Mellon National Corporation	
Equitable Life Assurance Society	
Twentieth Century Fox Corp.	
J. Henry Schroder Banking Corp.	

Chart 5

Maurice F. Granville, Chairman, Texaco Incorporated

Texaco Officer & Director Interlocks---Liggett & Myers, Inc.

London Connection	Arabian American Oil Co.	St John del Ray Mining Ltd.
	Brown Brothers Harriman	National Steel Corp.
	Brown Harriman & Int'l Banks Ltd.	Massey-Ferguson Ltd.
	American Express	Mutual Life Insurance Co.
	Amer. Express	Int'l Bank Mass Mutual Income Invest
	Anaconda Copper	United Services Life Ins. Co.
	Rockefeller Foundation	Fairchild Industries
	Owens-Corning Fiberglas	Blount, Inc.
	Nat'l City Bank (Cleveland)	William Wrigley Jr. Co
I.M. Rothschild & Sons, Ltd.	Sun Life Assurance Co.	Nat'l Blvd. Bank of Chicago
	General Reinsurance	Lykes Youngstown Corp.
	General Electric (NBC)	Inmount Corp.

<>

errata

A lot of people during my presidency ...and, during both Presidents Bush, attack the Bush Dynasty ...because, *they* co-owned Hamburg Amerika shipping company. Horse-pucky. History says, the financial panic of 1897 forced Union Pacific Railroad into bankruptcy. So, in 1898, Edward H. Harriman and Robert Lovett bought that railroad for 110 million dollars, in a deal brokered by New York-based Kuhn Loeb

O gráfico da J. Henry Schroder Banking Company abrange toda a história do século XX, incluindo o programa (Comissão de Ajuda à Bélgica) que abasteceu a Alemanha de 1915 a 1918 e dissuadiu a Alemanha de procurar a paz em 1916; o financiamento de Hitler em 1933, de modo a tornar possível a Segunda Guerra Mundial; o apoio à campanha presidencial de Herbert Hoover; e, mesmo na atualidade, o facto de dois dos seus principais executivos da, a sua empresa subsidiária, a Bechtel Corporation, ocuparem os cargos de Secretário da Defesa e Secretário de Estado na Administração Reagan.

O presidente do Banco de Inglaterra desde 1973, Sir Gordon Richardson, governador do Banco de Inglaterra (controlado pela Casa de Rothschild), foi presidente da J. Henry Schroder, Nova Iorque, e da Schroder Banking Corporation, Nova Iorque, bem como do Lloyd's Bank de Londres e da Rolls Royce. Mantém uma residência em Sutton Place, na cidade de Nova Iorque, e, como chefe da «The London Connection», pode ser considerado o banqueiro mais influente do mundo.

Foi *o Washington Post* de Eugene Meyer (sob a direção da sua filha, Katherine Graham) que mais tarde levou um presidente dos Estados Unidos a abandonar a Casa Branca, alegando que este tinha conhecimento de um assalto. O que devemos pensar das revelações sobre a duplicação de obrigações no valor de centenas de milhões de dólares durante a direção de Meyer na War Finance Corporation, a alteração dos livros contabilísticos durante uma investigação do Congresso e o facto de Meyer ter saído desta situação com muitos milhões de dólares, com os quais procedeu à compra *da* Allied Chemical Corporation, *do Washington Post* e de outras propriedades? A propósito, a Lazard Brothers, a casa bancária da família de Meyer, gere pessoalmente as fortunas de muitas das nossas figuras políticas de destaque, incluindo a fortuna da família Kennedy.

Para além destes homens, Warburg, Baruch e Meyer, uma série de sócios, funcionários e satélites da J.P. Morgan Co. e da Kuhn, Loeb Co. vieram para Washington após 1917 para administrar o destino do povo americano.

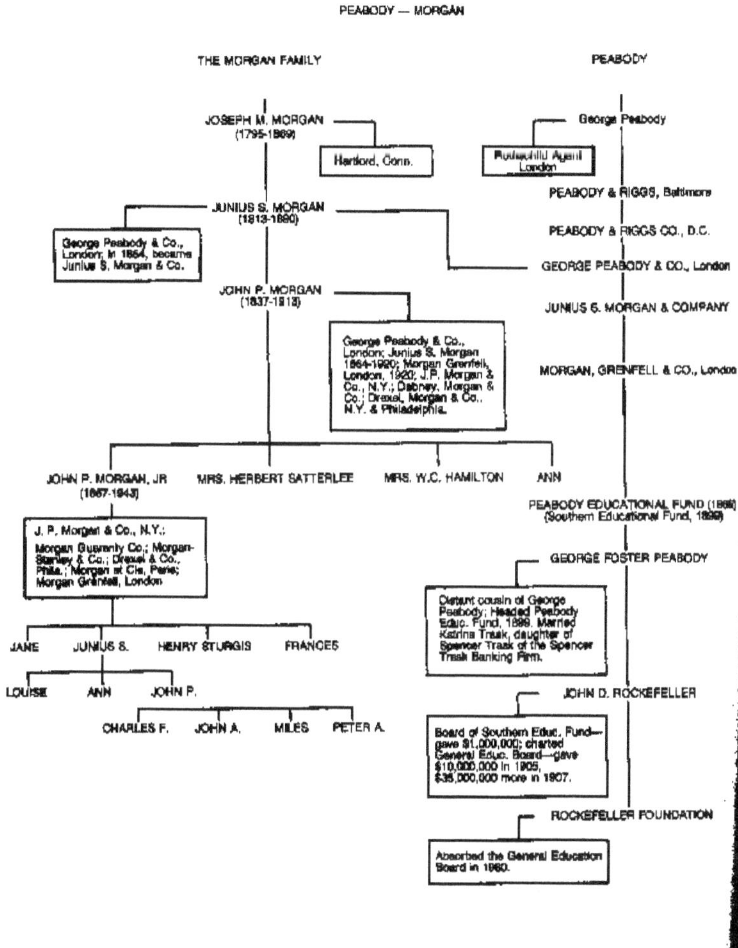

CHART IV

O gráfico Peabody-Morgan mostra a ligação londrina destas proeminentes instituições bancárias, que têm sede em Londres desde a sua fundação. A fortuna Peabody criou um Fundo Educacional em 1865, que foi posteriormente absorvido por John D. Rockefeller no General Educational Board em 1905, o qual, por sua vez, foi absorvido pela Fundação Rockefeller em 1960.

Os Empréstimos da Liberdade, que vendiam obrigações aos nossos cidadãos, estavam nominalmente sob a jurisdição do Tesouro dos Estados Unidos, sob a liderança do Secretário do Tesouro de Wilson, William G. McAdoo, a quem a Kuhn, Loeb Co. tinha colocado à frente da Hudson-Manhattan Railway Co. em 1902. Paul Warburg tinha a maior parte da empresa Kuhn Loeb Co. consigo em Washington durante a Guerra. Jerome Hanauer, sócio da Kuhn, Loeb Co., era Secretário Adjunto do Tesouro responsável pelos Empréstimos da Liberdade. Os dois subsecretários do Tesouro durante a guerra foram S. Parker Gilbert e Roscoe C. Leffingwell. Tanto Gilbert como Leffingwell vieram para o Tesouro do escritório de advocacia Cravath and Henderson, e regressaram a esse escritório quando cumpriram a sua missão para a Kuhn, Loeb Co. no Tesouro. A Cravath and Henderson era a sociedade de advogados da Kuhn Loeb Co. Gilbert e Leffingwell tornaram-se posteriormente sócios da J.P. Morgan Co. A Kuhn, Loeb Company, a maior proprietária de bens ferroviários do país e do México, protegeu os seus interesses durante a Primeira Guerra Mundial, levando Woodrow Wilson a criar uma Administração Ferroviária dos Estados Unidos. O Diretor-Geral era William McAdoo, Controlador da Moeda. Warburg substituiu esta estrutura em 1918 por uma organização mais rígida a que chamou Conselho Federal de Transportes. O objetivo de ambas as organizações era impedir greves contra a Kuhn, Loeb Company durante a guerra, caso os trabalhadores ferroviários tentassem obter, em salários, parte dos milhões de dólares de lucros de guerra que a Kuhn, Loeb recebia do Governo dos Estados Unidos.

Entre os banqueiros importantes presentes em Washington durante a guerra estava Herbert Lehman, da empresa em rápida ascensão Lehman Brothers, Bankers, de Nova Iorque. Lehman foi prontamente colocado no Estado-Maior do Exército e recebeu o posto de coronel.

Os Lehman já tinham experiência anterior em «retirar lucros da guerra», uma expressão de duplo sentido e uma das frases favoritas de Baruch. Em *Men Who Rule America*, Arthur D. Howden Smith escreve sobre os Lehman durante a Guerra Civil: «Eram frequentemente agentes, facilitadores para ambos os lados, intermediários para comunicações confidenciais e gestores das muitas transações ilícitas de algodão e drogas para a Confederação, fornecedores de informação para o Norte. Os Lehman, com Mayer em Montgomery, a primeira capital da Confederação, Henry d em Nova Orleães e Emanuel em Nova Iorque, estavam numa posição ideal para aproveitar todas as oportunidades de lucro que surgissem. Parecem ter perdido poucas oportunidades.»[113]

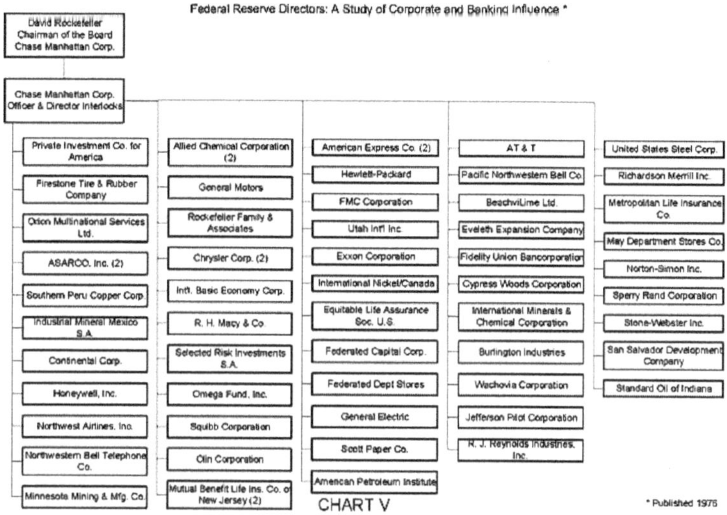

O gráfico de David Rockefeller mostra a ligação entre o Banco da Reserva Federal de Nova Iorque, a Standard Oil of Indiana, a General Motors e a Allied Chemical Corporation (família Eugene Meyer) e a Equitable Life (J.P. Morgan).

Outras nomeações durante a Primeira Guerra Mundial foram as seguintes:

J.W. McIntosh, diretor do trust de embalagem de carne Armour, que foi nomeado chefe de Abastecimento do Exército dos Estados Unidos em 1918. Mais tarde, tornou-se Controlador da Moeda durante a administração de Coolidge e membro ex officio do Conselho da Reserva Federal.

---

[113] Arthur D. Howden Smith, *Men Who Rule America*, Bobbs Merrill, N.Y. 1935, p. 112.

Durante a administração Harding, desempenhou o seu papel como Diretor Financeiro do Conselho de Navegação dos Estados Unidos, quando este vendeu navios à Dollar Lines por um centésimo do seu custo e, posteriormente, permitiu que a Dollar Lines deixasse de honrar os seus pagamentos. Depois de deixar o serviço público, o J.W. McIntosh tornou-se sócio da J.W. Wollman Co., corretores da Bolsa de Nova Iorque.

W.P.G. Harding, governador do Conselho da Reserva Federal, era também diretor-geral da Corporação de Finanças de Guerra, sob a liderança de Eugene Meyer.

George R. James, membro do Conselho da Reserva Federal em 1923-24, tinha sido chefe da Secção do Algodão do Conselho das Indústrias de Guerra.

Henry P. Davison, sócio sénior da J.P. Morgan Co., foi nomeado presidente da Cruz Vermelha Americana em 1917, a fim de assumir o controlo dos trezentos e setenta milhões de dólares em dinheiro que foram angariados junto do povo americano através de donativos.

Ronald Ransom, banqueiro de Atlanta e governador do Conselho da Reserva Federal sob Roosevelt em 1938-39, tinha sido o diretor responsável pelo pessoal do Serviço Externo da Cruz Vermelha Americana em 1918.

John Skelton Williams, Controlador da Moeda, foi nomeado Tesoureiro Nacional da Cruz Vermelha Americana.

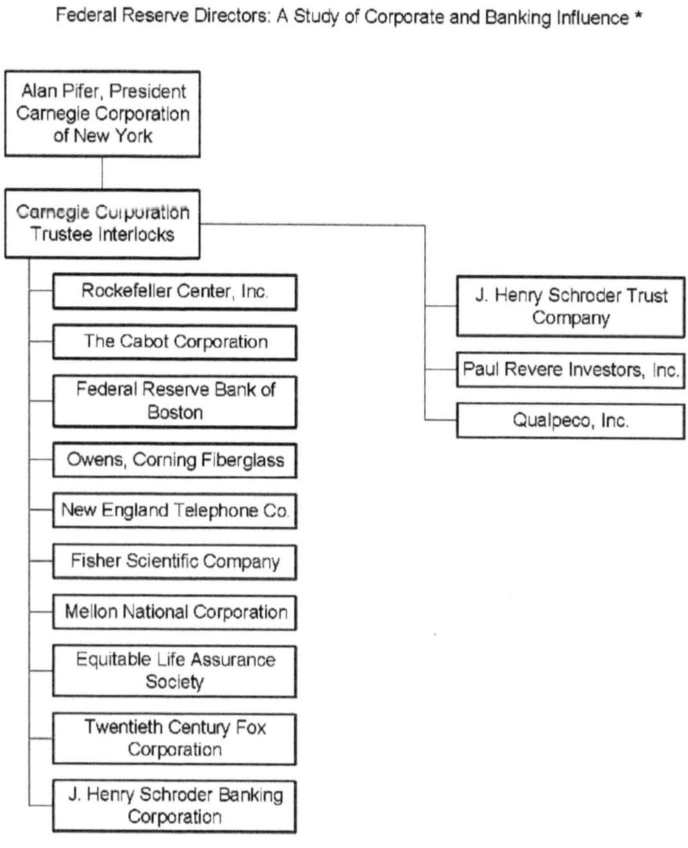

CHART VI

Este gráfico mostra as interligações entre o Banco da Reserva Federal de Nova Iorque, a J. Henry Schroder Banking Corp., a J. Henry Schroder Trust Co., a Rockefeller Center, Inc., a Equitable Life Assurance Society (J.P. Morgan) e o Banco da Reserva Federal de Boston.

O presidente Woodrow Wilson, o grande liberal que assinou a Lei da Reserva Federal e declarou guerra à Alemanha, teve uma carreira invulgar para um homem que é agora consagrado como defensor do povo comum. O seu principal apoiante em ambas as campanhas para a Presidência foi Cleveland H. Dodge, da Kuhn Loeb, que controlava o National City Bank de Nova Iorque. Dodge era também presidente da Winchester Arms Company e da Remington Arms Company. Ele foi muito próximo do presidente Wilson ao longo de toda a carreira política do grande democrata. Wilson levantou o embargo ao envio de armas para o México em 12 de fevereiro de 1914, para que Dodge pudesse enviar um milhão de dólares em armas e munições a Carranza e promover a Revolução Mexicana. A Kuhn, Loeb Co., proprietária do Sistema Ferroviário Nacional Mexicano, ficou insatisfeita com a administração de Huerta e fez com que ele fosse expulso.

Quando o navio auxiliar britânico Lusitania foi afundado em 1915, estava carregado com munições provenientes das fábricas de Dodge. Dodge tornou-se presidente do «Fundo dos Sobreviventes das Vítimas do Lusitania», que tanto contribuiu para incitar o público contra a Alemanha. Dodge também era conhecido por recorrer a gangsters profissionais contra os grevistas nas suas fábricas, mas o liberal Wilson não parece ter-se incomodado com isso.

Outra pista sobre o peculiar tipo de liberalismo de Wilson pode ser encontrada no livro de Chaplin, Wobbly, que relata como Wilson rabiscou a palavra «REFUSADO» no pedido de clemência que lhe foi enviado pelo envelhecido e doente Eugene Debs, que tinha sido enviado para a Prisão de Atlanta por «falar e escrever contra a guerra». A acusação pela qual Debs foi condenado foi «denúncia oral e escrita da guerra». Isto constituía traição à ditadura de Wilson, e Debs foi preso. Como líder do Partido Socialista, Debs concorreu à Presidência a partir da Prisão de Atlanta, o único homem a fazê-lo, e obteve mais de um milhão de votos. Foi irónico que a liderança de Debs no Partido Socialista, que naquela altura representava os desejos de muitos americanos por um governo honesto, caísse nas mãos doas de Norman Thomas, um antigo aluno e admirador de Woodrow Wilson na Universidade de Princeton. Sob a liderança de Thomas, o Partido Socialista deixou de defender qualquer coisa e sofreu um declínio constante em influência e prestígio.

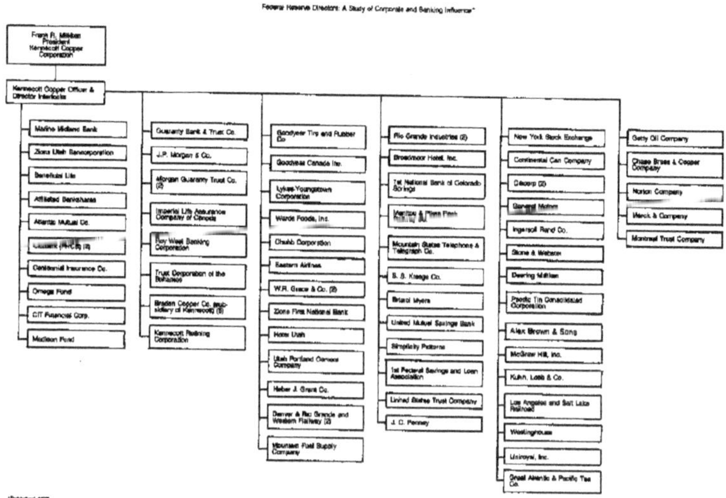

*Published 1971

CHART VII

Este gráfico mostra as ligações do Banco da Reserva Federal de Nova Iorque com o Citibank, o Guaranty Bank and Trust Co. (J.P. Morgan), J.P. Morgan Co., Morgan Guaranty Trust Co., Alex Brown & Sons (Brown Brothers Harriman), Kuhn Loeb & Co., Los Angeles and Salt Lake RR (controlada pela Kuhn Loeb Co.) e Westinghouse (controlada pela Kuhn Loeb Co.).

Wilson continuou profundamente envolvido na Revolução Bolchevique, tal como House e Wiseman. O vol. 3, p. 421 dos House Intimate Papers regista um telegrama de Sir William Wiseman para House, enviado de Londres a 1 de maio de 1918, sugerindo uma intervenção aliada a convite dos bolcheviques para ajudar a organizar as forças bolcheviques.

O Tenente-Coronel Norman Thwaites, nas suas memórias, Velvet and Vinegar, afirma: «Frequentemente, durante os anos de 1917 a 1920, quando era necessário tomar decisões delicadas, consultei o Sr. (Otto) Kahn, cujo julgamento sereno e visão quase sobrenatural quanto às tendências políticas e económicas se revelaram extremamente úteis. Outro homem notável com quem mantive uma estreita relação foi Sir William Wiseman, que foi conselheiro para assuntos americanos da delegação britânica na Conferência de Paz e oficial de ligação entre os governos americano e britânico durante a guerra. Ele era, de certa forma, o Coronel House deste país nas suas relações com Downing Street.»[114]

No verão de 1917, Woodrow Wilson nomeou o Coronel House para chefiar a Missão de Guerra Americana na Conferência Interaliada de Guerra, a primeira missão americana a um conselho europeu na história. House foi criticado por nomear o seu genro, Gordon Auchincloss, como seu assistente nesta missão. Paul Cravath, o advogado da Kuhn, Loeb Company, era o terceiro responsável pela Missão de Guerra Americana. Sir William Wiseman orientou a Missão de Guerra Americana nas suas conferências. Em The Strangest Friendship in History, Viereck escreve:

«Depois de os Estados Unidos terem entrado na guerra, Wiseman, segundo Northcliffe, era o único homem que tinha acesso permanente ao Coronel e à Casa Branca. Wiseman alugou um apartamento na casa onde o Coronel vivia. David Lawrence referiu-se à casa da Rua 53 (Nova Iorque) em tom de brincadeira como a "N.º 10 Downing St. americana"....

---

114 Tenente-Coronel Norman Thwaites, Velvet and Vinegar, Grayson Co., Londres, 1932.

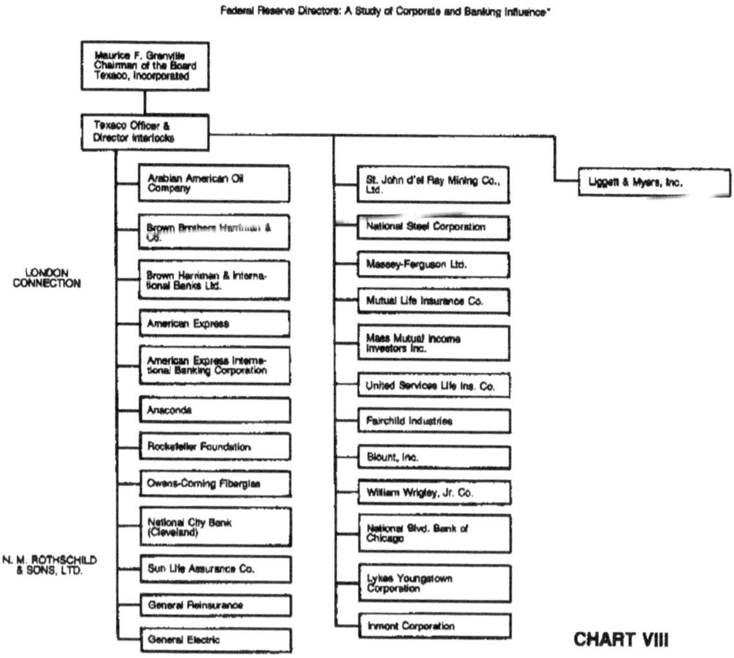

Este gráfico mostra a ligação entre o Banco da Reserva Federal de Nova Iorque, a Brown Brothers Harriman, a Sun Life Assurance Co. (N.M. Rothschild and Sons) e a Fundação Rockefeller.

O Coronel House tinha um código especial usado apenas com Sir William Wiseman. O Coronel House era Bush, os Morgan eram Haslam e Trotsky era Keble.»[115]

Assim, estes dois conselheiros «não oficiais» dos governos britânico e americano tinham um código exclusivo entre si, que mais ninguém conseguia compreender. Ainda mais estranho era o facto de o aparelho internacional de espionagem comunista ter utilizado, durante muitos anos, o livro do Coronel House, *Philip Dru, Administrator*, como seu livro de códigos oficial. François Coty escreve:

---

[115] George Sylvester Viereck, The Strangest Friendship in History, Woodrow Wilson and Col. House, Liveright, N.Y. 1932, p. 172.

«Gorodin, o agente de Lenine na China, alegadamente tinha consigo um exemplar do livro publicado pelo coronel House, Philip Dru, Administrator, e um especialista em códigos que vivia na China disse a este escritor que o objetivo de Gorodin ter acesso constante a este livro era utilizá-lo para codificar e descodificar mensagens.»[116]

Após o Armistício, Woodrow Wilson reuniu a delegação americana para a Conferência de Paz e partiu para Paris. Era, no geral, um grupo muito afável, composto pelos banqueiros que sempre tinham orientado as políticas de Wilson. Ele estava acompanhado por Bernard Baruch, Thomas W. Lamont da J.P. Morgan Co., Albert Strauss dos banqueiros J & W Seligman, que tinha sido escolhido por Wilson para substituir Paul Warburg no Conselho de Governadores da Reserva Federal, J.P. Morgan e os advogados de Morgan, Frank Polk e John W. Davis. Acompanhavam-nos Walter Lippmann, Felix Frankfurter, o juiz Brandeis e outras partes interessadas. A biografia de Brandeis escrita por Mason afirma que «em Paris, em junho de 1919, Brandeis encontrou-se com amigos como Paul Warburg, o coronel House, Lord Balfour, Louis Marshall e o barão Edmond de Rothschild».

De facto, o Barão Edmond de Rothschild serviu de anfitrião cordial aos membros de destaque da delegação americana e chegou mesmo a ceder-lhes a sua mansão em Paris, embora os membros de menor importância tivessem de se contentar com o elegante Hotel Crillon, juntamente com o Coronel House e a sua equipa pessoal de 201 criados.

---

[116] François Coty, Tearing Away the Veil, Paris, 1940.

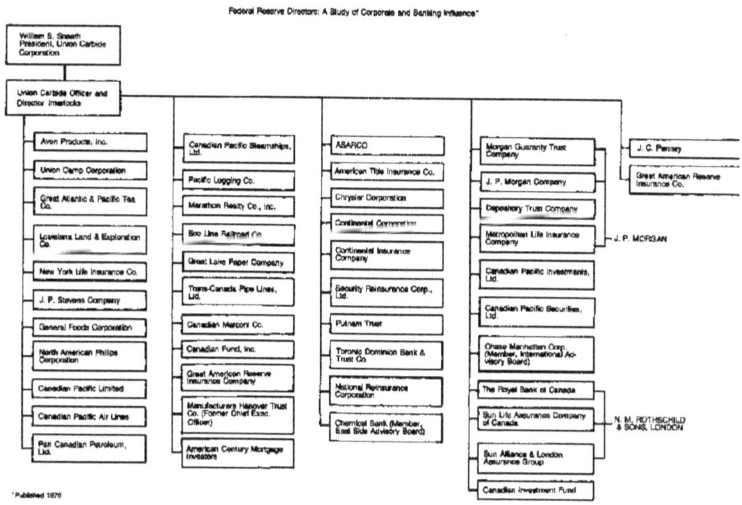

CHART IX

Este gráfico mostra as ligações entre o Banco da Reserva Federal de Nova Iorque e a J.P. Morgan Co., a Morgan Guaranty Trust Co. e as filiais Rothschild do Royal Bank of Canada, da Sun Life Assurance Co. of Canada, da Sun Alliance e do London Assurance Group.

Baruch testemunhou mais tarde perante a Comissão Graham da Comissão de Relações Externas do Senado: «Fui conselheiro económico da missão de paz.

GRAHAM: Aconselhava frequentemente o Presidente enquanto lá esteve?

BARUCH: Sempre que ele me pedia conselho, eu dava-o. Tive alguma participação nas cláusulas de reparações. Fui o comissário americano responsável pelo que chamavam de Secção Económica. Fui membro do Conselho Económico Supremo responsável pelos metais brutos.

GRAHAM: Participou no conselho com os senhores que estavam a negociar o tratado?

BARUCH: Sim, senhor, algumas vezes.

GRAHAM: Em todas, exceto nas reuniões em que participavam os Cinco? (Sendo os Cinco os líderes das cinco nações aliadas).

BARUCH: E, frequentemente, nessas também.

Paul Warburg acompanhou Wilson na Comissão Americana para Negociar a Paz como seu principal conselheiro financeiro. Ficou agradavelmente surpreendido ao encontrar à frente da delegação alemã o seu irmão, Max Warburg, que trouxe consigo Carl Melchior, também da M.M. Warburg Company, William Georg von Strauss, Franz Urbig e Mathias Erzberger.

Thomas W. Lamont afirma nas suas memórias impressas de forma privada, Across World Frontiers: «A delegação alemã incluía dois banqueiros alemães da firma Warburg que eu por acaso conhecia ligeiramente e com quem tive o prazer de conversar informalmente, pois pareciam estar a esforçar-se sinceramente por oferecer algum acordo de reparações que pudesse ser aceitável para os Aliados.»[117] Lamont também ficou satisfeito por ver Sir William Wiseman, conselheiro-chefe da delegação britânica.

Os banqueiros presentes na conferência convenceram Wilson de que precisavam de um governo internacional para facilitar as suas operações monetárias internacionais. O Vol. IV, p. 52, de Intimate Papers of Col. House cita uma mensagem de Sir William Wiseman a Lord Reading, de 16 de agosto de 1918: «O Presidente tem dois princípios principais em vista: deve haver uma Liga das Nações e esta deve ser vigorosa.»

Wilson, que parece ter vivido num mundo de fantasia, ficou chocado quando os cidadãos americanos o vaiaram durante a sua campanha para que estes cedessem a sua independência, conquistada com tanto esforço, ao que parecia a muitos ser uma ditadura internacional. Ele entrou imediatamente numa depressão e retirou-se para o seu quarto. A sua esposa fechou imediatamente as portas da Casa Branca ao Coronel House e, de 25 de setembro de 1919 a 13 de abril de 1920, governou os Estados Unidos com a ajuda de um amigo íntimo, o seu «assessor militar», o Coronel Rixey Smith. Como todos foram excluídos das suas deliberações, ninguém

[117] Thomas W. Lamont, Across World Frontiers, (Impressão privada) 1950, p. 138.

jamais soube qual dos dois desempenhava as funções de presidente e qual as de vice-presidente.

Os admiradores de Woodrow Wilson foram liderados durante décadas por Bernard Baruch, que afirmou que Woodrow Wilson era o maior homem que alguma vez conhecera. As nomeações de Wilson para o Conselho da Reserva Federal, e a responsabilidade desse órgão pelo financiamento da Primeira Guerra Mundial, bem como a entrega dos Estados Unidos ao triunvirato de imigrantes durante a guerra, fizeram com que ele parecesse ser o principal agente da ruína na história americana.

Não é de admirar que, após a sua viagem abortada à Europa, onde foi vaiado e ridicularizado nas ruas pelo povo francês, e alvo de risos nos salões de Versalhes por Orlando e Clemenceau, Woodrow Wilson tenha regressado a casa para se deitar na cama. A visão da destruição e da morte na Europa, pela qual era diretamente responsável, foi talvez um choque maior do que ele conseguia suportar. O ministro italiano Pentaleoni expressou os sentimentos dos povos europeus quando escreveu que:

«Woodrow Wilson é um tipo de Pecksniff que agora desapareceu no meio da execração universal.»

É uma infelicidade para a América que a nossa imprensa e o nosso sistema educativo, subsidiados pelo Estado, se tenham dedicado a canonizar um homem que foi cúmplice na causa de tanta morte e sofrimento em todo o mundo.

O cartel financeiro sofreu apenas pequenos reveses naqueles anos cruciais. A 12 de fevereiro de 1917, *o *The New York Times** noticiou que «os cinco membros do Conselho da Reserva Federal foram alvo de um processo de destituição no plenário da Câmara dos Representantes pelo deputado Charles A. Lindbergh, membro republicano da Comissão de Bancos e Moeda da Câmara». Segundo o Sr. Lindbergh, 'a conspiração teve início em' 1906, quando o falecido J.P. Morgan, Paul M. Warburg, atual membro do Conselho da Reserva Federal, o National City Bank e outras instituições bancárias 'conspiraram' para obter legislação monetária no interesse das grandes empresas e a nomeação de um conselho especial para administrar tal lei, com o objetivo de criar escravos industriais das massas, os referidos conspiradores conspiraram e continuam a conspirar para que o Conselho da Reserva Federal seja administrado de forma a permitir aos conspiradores coordenar todos os tipos de grandes empresas e manter-se no controlo das mesmas, a fim de fundir todos os trustes num único grande trust para restringir e controlar o comércio e os negócios.» A resolução de impeachment não foi levada a cabo pela Câmara.

O New York Times noticiou a 10 de agosto de 1918: «Tendo expirado o mandato do Sr. Warburg, este retirou-se voluntariamente do Conselho da Reserva Federal.» Assim, a sugestão anterior de que o Sr. Warburg deixou o Conselho da Reserva Federal porque tinha um irmão num e do Serviço Secreto de um país estrangeiro, nomeadamente a Alemanha, com quem estávamos em guerra, não foi a causa da sua aposentadoria. De qualquer forma, ele não abandonou a Administração da Reserva Federal, uma vez que assumiu imediatamente o lugar de J.P. Morgan no Conselho Consultivo Federal, cargo a partir do qual continuou a administrar o Sistema da Reserva Federal durante os dez anos seguintes.

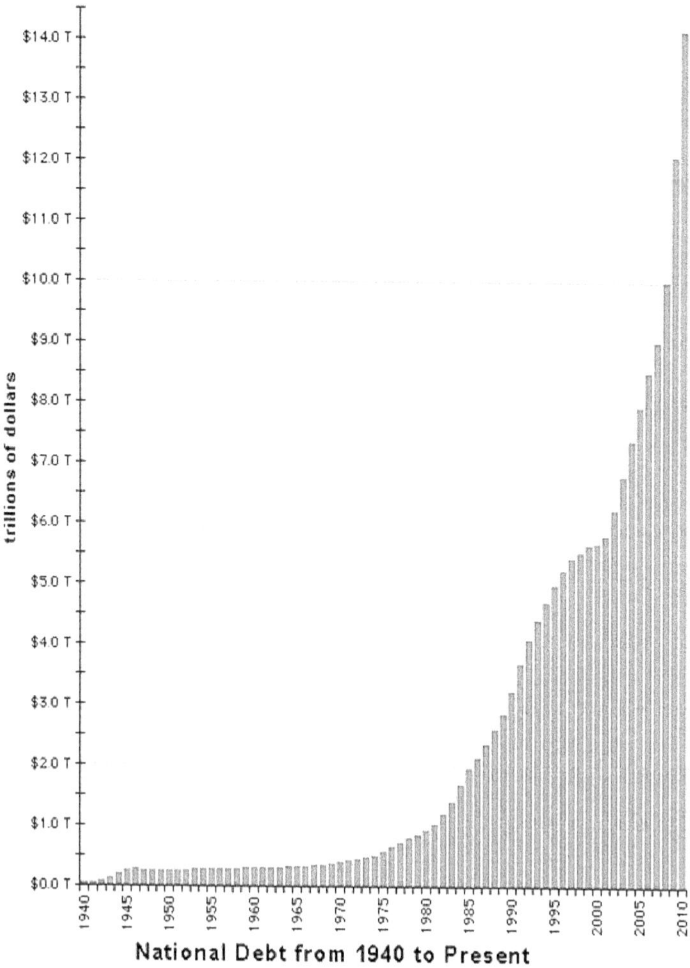

National Debt from 1940 to Present

Source: U.S. National Debt Clock
http://www.brillig.com/debt_clock/

CAPÍTULO NOVE

A DEPRESSÃO AGRÍCOLA

Quando Paul Warburg se demitiu do Conselho de Governadores da Reserva Federal em 1918, o seu lugar foi ocupado por Albert Strauss, sócio da casa bancária internacional J & W Seligman. Esta casa bancária tinha grandes interesses em Cuba e na América do Sul e desempenhou um papel proeminente no financiamento das muitas revoluções nesses países. A sua publicidade mais notória surgiu durante a investigação da Comissão de Finanças do Senado em 1933, quando se revelou que a J & W Seligman tinha dado um suborno de 415 000 dólares a Juan Leguia, filho do Presidente do Peru, para que aquele país aceitasse um empréstimo.

Uma lista parcial dos cargos de administração de Albert Strauss, de acordo com o «Who's Who», mostra que ele foi: presidente do Conselho de Administração da Cuba Cane Sugar Corporation; administrador da Brooklyn Manhattan Transit Co., da Coney Island Brooklyn RR, da New York Rapid Transit, da Pierce-Arrow, da Cuba Tobacco Corporation e da Eastern Cuba Sugar Corporation.

O governador Delano demitiu-se em agosto de 1918 para ser nomeado coronel do Exército. A guerra terminou a 11 de novembro de 1918.

William McAdoo foi substituído em 1918 por Carter Glass como Secretário do Tesouro. Tanto Strauss como Glass estiveram presentes durante a reunião secreta do Conselho da Reserva Federal em 18 de maio de 1920, quando a Depressão Agrícola de 1920-21 se tornou possível.

Uma das principais mentiras sobre a Lei da Reserva Federal, quando esta foi amplamente divulgada em 1913, foi a sua promessa de cuidar dos agricultores. Na verdade, nunca cuidou de ninguém, a não ser de alguns grandes banqueiros. O Prof. O.M.W. Sprague, economista de Harvard, escrevendo no Quarterly Journal of Economics de fevereiro de 1914, afirmou:

«O objetivo principal da Lei da Reserva Federal é garantir que haja sempre uma oferta disponível de dinheiro e crédito neste país para satisfazer necessidades bancárias invulgares.»

Não há nada nessa formulação que ajude o agricultor.

A Primeira Guerra Mundial trouxe a este país uma prosperidade geral, como revelado pelas ações da indústria pesada na Bolsa de Nova Iorque em 1917-1918, pelo aumento da quantidade de dinheiro em circulação e pelas enormes liquidações bancárias ao longo de todo o ano de 1918. Era dever do Sistema da Reserva Federal recuperar a vasta quantidade de dinheiro e crédito que lhes tinha escapado ao controlo durante este período de prosperidade. Isto foi feito através da Depressão Agrícola de 1920-21.

As operações do Comité de Mercado Aberto da Reserva Federal em 1917-18, enquanto Paul Warburg ainda era presidente, revelam um aumento tremendo nas compras de aceites bancários e comerciais. Houve também um grande aumento na compra de títulos do Governo dos Estados Unidos, sob a liderança do competente Eugene Meyer, Jr. Grande parte da especulação no mercado de ações em 1919, no final da Guerra, quando o mercado estava muito instável, foi financiada com fundos emprestados dos Bancos da Reserva Federal, tendo como garantia títulos do Governo. Assim, o Sistema da Reserva Federal criou a Depressão, primeiro causando inflação e, em seguida, aumentando a taxa de desconto e encarecendo o dinheiro.

Em 1914, as taxas do Banco da Reserva Federal tinham descido de seis por cento para quatro por cento, atingindo um mínimo ainda mais baixo de três por cento em 1916, e mantiveram-se nesse nível até 1920. A razão para a baixa taxa de juro foi a necessidade de lançar os Empréstimos da Liberdade no valor de mil milhões de dólares. No início de cada campanha de Empréstimos da Liberdade, o Conselho da Reserva Federal injetava cem milhões de dólares no mercado monetário de Nova Iorque através das suas operações de mercado aberto, a fim de dar um impulso de liquidez à campanha. O papel mais importante dos Títulos da Liberdade era absorver o aumento da circulação do meio de troca (unidade de conta) provocado pela grande quantidade de moeda e crédito colocados em circulação durante a guerra. Os trabalhadores recebiam salários elevados e os agricultores obtinham os preços mais altos de sempre pelos seus produtos. Estes dois grupos acumularam milhões de dólares em dinheiro que não investiram nos Liberty Bonds. Esse dinheiro estava efetivamente fora do controlo do grupo de Wall Street que controlava o dinheiro e o crédito dos Estados Unidos. Eles queriam-no de volta, e foi por isso que tivemos a Depressão Agrícola de 1920-21.

Grande parte do dinheiro foi depositado em pequenos bancos rurais no Centro-Oeste e no Oeste, que se recusaram a fazer parte do Sistema da Reserva Federal, uma vez que os agricultores e criadores de gado dessas regiões não viam qualquer razão válida para que um grupo de financistas internacionais controlasse o seu dinheiro. A principal função do Sistema da Reserva Federal era destruir esses pequenos bancos rurais e recuperar o dinheiro que tinha sido pago aos agricultores durante a guerra, ou seja, arruiná-los, e foi isso que procedeu a fazer.

Em primeiro lugar, foi criado um Conselho Federal de Empréstimos Agrícolas, que encorajou os agricultores a investir o dinheiro acumulado em terras através de empréstimos a longo prazo, algo que os agricultores estavam ansiosos por fazer. Em seguida, permitiu-se que a inflação seguisse o seu curso neste país e na Europa em 1919 e 1920. O objetivo da inflação na Europa era anular uma grande parte das dívidas de guerra que os Aliados tinham para com o povo americano, e o seu objetivo neste país era absorver o excesso de dinheiro que tinha sido distribuído aos trabalhadores sob a forma de salários mais altos e bónus de produção. À medida que os preços subiam cada vez mais, o dinheiro que os trabalhadores tinham acumulado valia cada vez menos, infligindo-lhes uma perda injusta, enquanto as classes proprietárias se enriqueciam com a inflação devido ao enorme aumento do valor da terra e dos bens manufaturados. Os trabalhadores foram assim efetivamente empobrecidos, mas os agricultores, que eram, como classe, mais poupados e mais autossuficientes, tiveram de ser tratados com maior severidade.

G.W. Norris, na «Collier's Magazine» de 20 de março de 1920, afirmou: «Corre o rumor de que dois membros do Conselho da Reserva Federal tiveram uma conversa franca com alguns banqueiros e financistas de Nova Iorque em dezembro de 1919.

Imediatamente a seguir, verificou-se um declínio notável nas transações no mercado bolsista e uma cessação das promoções das empresas. Entende-se que já foram tomadas medidas no mesmo sentido noutras regiões do país, à medida que surgiram provas do abuso do Sistema da Reserva Federal para promover a especulação em terrenos e mercadorias.»

O senador Robert L. Owen, presidente da Comissão de Bancos e Moeda do Senado, testemunhou nas Audiências da Prata do Senado em 1939 que:

«No início de 1920, os agricultores estavam extremamente prósperos. Estavam a liquidar as hipotecas e a comprar muitos terrenos novos, a pedido do Governo — tinham contraído empréstimos para o fazer — e depois foram levados à falência por uma súbita contração do crédito e da moeda que ocorreu em 1920. O que aconteceu em 1920 foi precisamente o contrário do que deveria ter acontecido. Em vez de liquidar o excesso de crédito criado pela guerra ao longo de vários anos, o Conselho da Reserva Federal reuniu-se numa sessão que não foi divulgada ao público. Reuniram-se a 18 de maio de 1920, e foi uma reunião secreta. Passaram o dia inteiro a deliberar; a ata teve sessenta páginas impressas e consta do Documento do Senado n.º 310, de 19 de fevereiro de 1923. Os diretores da Classe A, o Conselho Consultivo da Reserva Federal, estavam presentes, mas os diretores da Classe B, que representavam os setores empresarial, comercial e agrícola, não estavam presentes. Os diretores da Classe C, que representavam o povo dos Estados Unidos, não estavam presentes e não foram convidados a estar presentes.

Apenas os grandes banqueiros estavam presentes, e o seu trabalho naquele dia resultou numa contração do crédito que teve como efeito, no ano seguinte, a redução do rendimento nacional em quinze mil milhões de dólares, deixando milhões de pessoas sem emprego e reduzindo o valor das terras e das explorações agrícolas em vinte mil milhões de dólares.»

Carter Glass, membro do Conselho em 1920 na qualidade de Secretário do Tesouro, escreveu na sua autobiografia, Adventure in Constructive Finance, publicada em 1928: «Os jornalistas não estavam presentes, claro, como não deveriam estar e como nunca estão em nenhuma reunião do conselho de administração de um banco em todo o mundo.»[118]

Foi Carter Glass quem se queixou de que, se fosse aprovada uma emenda sugerida pelo senador LaFollette à Lei da Reserva Federal de 1913, no sentido de que nenhum membro do Conselho da Reserva Federal pudesse ser funcionário, diretor ou acionista de qualquer banco, empresa fiduciária ou seguradora, acabaríamos por ter mecânicos e trabalhadores agrícolas no Conselho. Certamente que uns mecânicos e trabalhadores agrícolas d o não poderiam ter causado mais danos ao país do que Glass, Strauss e Warburg causaram na reunião secreta do Conselho da Reserva Federal.

O senador Brookhart, do Iowa, testemunhou que, nessa reunião secreta, Paul Warburg, também presidente do Conselho Consultivo Federal, fez aprovar uma resolução para enviar uma comissão de cinco membros à Comissão de Comércio Interestadual e solicitar um aumento nas tarifas ferroviárias. Como chefe da Kuhn, Loeb Co., que detinha a maior parte da rede ferroviária dos Estados Unidos, ele já sentia falta dos enormes lucros que o Governo dos Estados Unidos tinha pago durante a guerra e queria impor novos aumentos de preços ao povo americano.

O senador Brookhart também testemunhou que:

«Entrei no escritório de Myron T. Herrick em Paris e disse-lhe que tinha ido até lá para estudar a banca cooperativa. Ele disse-me: "À medida que for percorrendo os países da Europa, vai descobrir que os Estados Unidos são o único país civilizado do mundo que, por lei, proíbe o seu povo de organizar um sistema cooperativo." Fui até Nova Iorque e falei com cerca de duzentas pessoas. Depois de falar sobre cooperação e de ficar à espera do meu comboio — não mencionei especificamente a banca cooperativa, mas sim a cooperação em geral —, um homem chamou-me à parte e disse: 'Acho que Paul Warburg é o maior financista que já produzimos. Ele acredita muito mais nas suas ideias cooperativas do que pensa, e se quiser consultar alguém sobre o negócio da cooperação, ele é a pessoa certa, porque acredita em si e pode confiar nele.» Poucos minutos depois, fui apresentado ao próprio Sr. Warburg, e ele disse-me: «Tem toda a razão quanto a esta ideia cooperativa. Quero que

118 Carter Glass, Aventura nas Finanças Construtivas, Doubleday, N.Y., 1928.

saiba que os grandes banqueiros estão do seu lado. Quero que saiba isso agora, para que não comece nada sobre bancos cooperativos e os vire contra si.» Eu disse: «Sr. Warburg, já preparei e amanhã vou apresentar uma emenda ao Lant Bill autorizando a criação de bancos nacionais cooperativos.» Essa era a lei de crédito intermediário que estava então pendente para autorizar a criação de bancos nacionais cooperativos. Foi essa a extensão da minha conversa com o Sr. Warburg, e não tivemos mais nenhuma desde então.»

O Sr. Wingo testemunhou que, em abril, maio, junho e julho de 1920, foi concedido aos fabricantes e comerciantes um aumento muito significativo nos créditos. Isto destinava-se a ajudá-los a superar a contração do crédito que visava arruinar os agricultores americanos, aos quais, durante este período, foi negado todo o crédito.

Nas audiências do Senado em 1923, Eugene Meyer, Jr. apontou a principal razão para a ação do Conselho da Reserva Federal ao aumentar a taxa de juro para 7% sobre títulos agrícolas e pecuários:

«Acredito», disse ele, «que muitos problemas teriam sido evitados se um maior número de bancos não membros elegíveis tivesse sido membro do Sistema da Reserva Federal.»

Meyer estava certo ao salientar isto. O objetivo da ação do Conselho era destruir aqueles bancos estaduais e cooperativos que se tinham recusado firmemente a entregar a sua liberdade à ditadura dos banqueiros estabelecida pelo Sistema. Kemmerer, no ABC do Sistema da Reserva Federal, escreveu em 1919 que:

«A tendência será no sentido da unificação e da simplicidade, que serão promovidas pelo facto de as instituições estaduais, em número crescente, se tornarem acionistas e depositantes nos bancos de reserva.»

No entanto, os bancos estaduais não tinham respondido.

As audiências no Senado de 1923, que investigavam as causas da depressão agrícola de 1920-21, tinham sido exigidas pelo povo americano. A ata completa da reunião secreta do Conselho da Reserva Federal, realizada em 18 de maio de 1920, tinha sido publicada na revista «Manufacturers' Record», de Baltimore, Maryland, uma publicação dedicada aos interesses dos pequenos fabricantes do Sul.

Benjamin Strong, governador do Banco da Reserva Federal de Nova Iorque e amigo íntimo de Montagu Norman, governador do Banco de Inglaterra, afirmou nestas audiências:

«O Sistema da Reserva Federal fez mais pelos agricultores do que estes ainda começaram a perceber.»

Emmanuel Goldenweiser, diretor de investigação do Conselho de Governadores, afirmou que a taxa de desconto foi aumentada exclusivamente como medida anti-inflacionária, mas não conseguiu explicar por que razão se tratava de um aumento dirigido exclusivamente aos agricultores e aos trabalhadores, enquanto, ao mesmo tempo, o Sistema da Reserva Federal protegia os fabricantes e os comerciantes, garantindo-lhes créditos acrescidos.

A declaração final sobre a responsabilidade do Conselho da Reserva Federal pela Depressão Agrícola de 1920-21 foi feita por William Jennings Bryan. Na «Hearst's Magazine» de novembro de 1923, escreveu:

«O Banco da Reserva Federal, que deveria ter sido a maior proteção do agricultor, tornou-se o seu maior inimigo. A deflação que atingiu o agricultor foi um crime deliberadamente cometido.»

CAPÍTULO DEZ

OS CRIADORES DE DINHEIRO

A página editorial do *The New York Times*, de 18 de janeiro de 1920, publicou um comentário interessante sobre o Sistema da Reserva Federal. O autor não identificado, talvez Paul Warburg, afirmou: «A Reserva Federal é uma fonte de crédito, não de capital.» Esta é uma das declarações mais reveladoras alguma vez feitas sobre o Sistema da Reserva Federal. Diz que o Sistema da Reserva Federal nunca irá acrescentar nada à nossa estrutura de capital, nem à formação de capital, porque está organizado para produzir crédito, para criar dinheiro para crédito e especulações, em vez de fornecer fundos de capital para a melhoria do comércio e da indústria. Em termos simples, a capitalização significaria o fornecimento de notas garantidas por um metal precioso ou outra mercadoria. As notas de reserva são papel sem lastro emprestado com juros.

Em 25 de julho de 1921, o senador Owen declarou na página editorial do *The New York Times*: «O Conselho da Reserva Federal é o poder financeiro mais gigantesco de todo o mundo. Em vez de usar este grande poder como a Lei da Reserva Federal pretendia que fosse, o conselho... delegou este poder aos bancos, lançou o peso da sua influência no apoio à política de inflação alemã.» O senador cujo nome constava na lei percebeu que esta não estava a funcionar como prometido.

Após a Depressão Agrícola de 1920-21, o Conselho de Governadores da Reserva Federal dedicou-se a oito anos de rápida expansão do crédito dos banqueiros de Nova Iorque, uma política que culminou na Grande Depressão de 1929-31 e ajudou a paralisar a estrutura económica do mundo. Paul Warburg tinha-se demitido em maio de 1918, depois de o sistema monetário dos Estados Unidos ter sido alterado de uma moeda garantida por obrigações para uma moeda baseada em papel comercial e nas ações dos Bancos da

Reserva Federal. Warburg regressou ao seu cargo de, com um salário de quinhentos mil dólares por ano, na Kuhn, Loeb Company, mas continuou a determinar a política do Sistema da Reserva Federal, na qualidade de presidente do Conselho Consultivo Federal e de presidente do Comité Executivo do American Acceptance Council.

De 1921 a 1929, Paul Warburg organizou três dos maiores consórcios dos Estados Unidos: o International Acceptance Bank, o maior banco de aceitação do mundo; a Agfa Ansco Film Corporation, com sede na Bélgica; e a I.G. Farben Corporation, cuja filial americana Warburg criou como I.G. Chemical Corporation. A Westinghouse Corporation é também uma das suas criações.

No início da década de 1920, o Sistema da Reserva Federal desempenhou um papel decisivo no regresso da Rússia à estrutura financeira internacional. Winthrop e Stimson continuaram a ser os correspondentes entre os banqueiros russos e americanos, e Henry L. Stimson conduziu as negociações que culminaram no nosso reconhecimento da União Soviética após a eleição de Roosevelt em 1932. Isto foi um anticlímax, porque já há muito tínhamos retomado as relações cambiais com os financiadores russos.

O Sistema da Reserva Federal começou a comprar ouro russo em 1920, e a moeda russa era aceite nas bolsas. De acordo com o coronel Ely Garrison, na sua autobiografia, e de acordo com o Relatório do Serviço Secreto Naval dos Estados Unidos sobre Paul Warburg, a Revolução Russa tinha sido financiada pelos Rothschild e pelos Warburg, tendo um membro da família Warburg transportado os fundos efetivamente utilizados por Lenine e Trotsky em Estocolmo, em 1918.

Um artigo na revista mensal inglesa «Fortnightly», de julho de 1922, afirma:

«Durante o ano passado, praticamente todas as instituições capitalistas foram restauradas. Isto aplica-se ao Banco do Estado, à banca privada, à Bolsa de Valores, ao direito de possuir dinheiro em quantia ilimitada, ao direito de herança, ao sistema de letras de câmbio e a outras instituições e práticas envolvidas na condução da indústria e do comércio privados. Uma grande parte das antigas indústrias nacionalizadas encontra-se agora em consórcios semi-independentes.»

A organização de poderosos consórcios na Rússia sob o pretexto do comunismo tornou possível a obtenção de grandes quantidades de ajuda financeira e técnica dos Estados Unidos. A aristocracia russa tinha sido aniquilada porque era demasiado ineficiente para gerir um Estado industrial moderno. Os financiadores internacionais forneceram fundos a Lenine e Trotsky para derrubar o regime czarista e manter a Rússia na Primeira Guerra Mundial. Peter Drucker, porta-voz da oligarquia na América, declarou num artigo no Saturday Evening Post em 1948 que:

«A RÚSSIA É O IDEAL DA ECONOMIA GERIDA PARA A QUAL NOS DIRIGIMOS.»

Na Rússia, a emissão de moeda suficiente para dar resposta às necessidades da sua economia só ocorreu depois de ter sido colocado no poder um governo que detinha controlo absoluto sobre o povo. Durante a década de 1920, a Rússia emitiu grandes quantidades da chamada «moeda inflacionária», uma moeda gerida. O mesmo artigo da «Fortnightly» (de julho de 1922) observava que:

«Assim como a pressão económica deu origem ao "sistema de dimensões astronómicas" da moeda, nunca poderá destruí-lo. Considerado isoladamente, o sistema é autónomo, logicamente aperfeiçoado e até inteligente. E só poderá perecer através do colapso ou da destruição do edifício político que decora.»

A revista «Fortnightly» também observou, em 1929, que:

«Desde 1921, a vida quotidiana do cidadão soviético não difere da do cidadão americano, e o sistema de governo soviético é mais económico.»

O almirante Kolchak, líder dos exércitos russos brancos, foi apoiado pelos banqueiros internacionais, que enviaram tropas britânicas e americanas para a Sibéria a fim de terem um pretexto para imprimir rublos de Kolchak. Em 1920, os banqueiros chegaram a manipular na Bolsa de Londres os antigos rublos czaristas, os rublos de Kerensky e os rublos de Kolchak, cujos valores flutuavam de acordo com os movimentos das tropas aliadas que apoiavam Kolchak. Kolchak também possuía quantidades consideráveis de ouro que tinham sido apreendidas pelos seus exércitos. Após a sua derrota, um comboio carregado com esse ouro desapareceu na Sibéria. Nas audiências do Senado de 1921 sobre o Sistema da

Reserva Federal, foi revelado que o Sistema tinha vindo a receber esse ouro. O congressista Dunbar questionou o governador W.P.G. Harding, do Conselho da Reserva Federal, da seguinte forma:

> DUNBAR: «Por outras palavras, a Rússia está a enviar uma grande quantidade de ouro para os países europeus, que, por sua vez, o enviam para nós?»
>
> HARDING: «Isto é feito para pagar os bens comprados neste país e para criar câmbio em dólares.»
>
> DUNBAR: «Ao mesmo tempo, esse ouro veio da Rússia através da Europa?»
>
> HARDING: «Pensa-se que parte dele seja ouro de Kolchak, proveniente da Sibéria, mas isso não é da conta dos Bancos da Reserva Federal. O Secretário do Tesouro emitiu instruções ao gabinete de ensaio para não aceitar qualquer ouro que não ostente a marca de cunhagem de uma nação amiga.»

Não é claro o que o Governador Harding quis dizer com «uma nação amiga». Em 1921, não estávamos em guerra com nenhum país, mas o Congresso já começava a questionar as transações internacionais de ouro do Sistema da Reserva Federal. O Governador Harding poderia muito bem encolher os ombros e dizer que não era da conta dos Bancos da Reserva Federal de onde vinha o ouro. O ouro não conhece nacionalidade nem raça. Por lei, os Estados Unidos deixaram de se interessar pela origem do seu ouro em 1906, quando o Secretário do Tesouro Shaw fez acordos com vários dos maiores bancos de Nova Iorque (nos quais tinha interesses) para comprar ouro com adiantamentos em dinheiro do Tesouro dos Estados Unidos, que depois compraria o ouro a esses bancos. O Tesouro podia alegar que não sabia de onde vinha o seu ouro, uma vez que o seu departamento apenas regista o banco a quem fez a compra. Desde 1906, o Tesouro não sabe a qual dos comerciantes internacionais de ouro está a comprar o seu ouro.193

As transações internacionais de ouro do Sistema da Reserva Federal e o seu apoio ativo para ajudar a Liga das Nações a forçar todas as nações da Europa e da América do Sul a regressarem ao padrão-ouro, em benefício de comerciantes internacionais de ouro como Eugene Meyer, Jr. e Albert Strauss, são melhor demonstrados por um incidente clássico: o crédito em libras esterlinas de 1925.

J.E. Darling escreveu, na revista inglesa «Spectator», em 10 de janeiro de 1925, que:

«Obviamente, é da maior importância para os Estados Unidos induzir a Inglaterra a retomar o padrão-ouro o mais cedo possível. Um padrão-ouro e e controlado pelos americanos, que inevitavelmente resultará nos Estados Unidos se tornarem a potência financeira suprema do mundo, torna a Inglaterra um tributário e satélite, e Nova Iorque o centro financeiro do mundo.»

O Sr. Darling omite referir que o povo americano tem tão pouco a ver com isto como o povo britânico, e que o restabelecimento do padrão-ouro pela Grã-Bretanha beneficiaria apenas aquele pequeno grupo de comerciantes internacionais de ouro que detêm o ouro do mundo. Não admira que a «Banker's Magazine» tenha comentado com satisfação, em julho de 1925, que:

«O acontecimento marcante do último semestre no mundo bancário foi a restauração do padrão-ouro.»

A Primeira Guerra Mundial alterou o estatuto dos Estados Unidos, passando de nação devedora para a posição de maior nação credora do mundo, um título anteriormente ocupado pela Inglaterra. Uma vez que a dívida é dinheiro, segundo o governador Marriner Eccles do Conselho da Reserva Federal, isto também nos tornou a nação mais rica do mundo. A guerra também levou à transferência da sede do mercado mundial de aceitações de Londres para Nova Iorque, e Paul Warburg tornou-se o banqueiro de aceitações comerciais mais poderoso do mundo. O pilar dos financiadores internacionais, no entanto, permaneceu o mesmo. O padrão-ouro continuava a ser a base do câmbio, e o pequeno grupo de internacionais que detinha o ouro controlava o sistema monetário das nações ocidentais.

O professor Gustav Cassel escreveu em 1928:

«O dólar americano, e não o padrão-ouro, é o padrão monetário mundial. O Conselho da Reserva Federal americana tem o poder de determinar o poder de compra do dólar através de alterações na taxa de desconto e, assim, controla o padrão monetário mundial.»

Se isto fosse verdade, os membros do Conselho da Reserva Federal seriam os financiadores mais poderosos do mundo. Ocasionalmente, entre os seus membros contam-se homens influentes como Paul Warburg ou Eugene Meyer, Jr., mas normalmente são um comité de carimbo para o Conselho Consultivo Federal e os banqueiros de Londres.

Em maio de 1925, o Parlamento britânico aprovou a Lei do Padrão-Ouro, restabelecendo o padrão-ouro na Grã-Bretanha. O papel fundamental do Sistema da Reserva Federal neste acontecimento veio a lume em 16 de março de 1926, na revista, quando George Seay, governador do Banco da Reserva Federal de Richmond, prestou depoimento perante a Comissão de Bancos e Moeda da Câmara dos Representantes, afirmando que:

«Um acordo verbal confirmado por correspondência concedeu à Grã-Bretanha um empréstimo ou crédito em ouro no valor de duzentos milhões de dólares. Todas as negociações foram conduzidas entre Benjamin Strong, governador do Banco da Reserva Federal de Nova Iorque, e o Sr. Montagu Norman, governador do Banco de Inglaterra. O objetivo deste empréstimo era ajudar a Inglaterra a regressar ao padrão-ouro, e o empréstimo seria coberto pelo investimento de fundos da Reserva Federal em letras de câmbio e títulos estrangeiros.»

O Boletim da Reserva Federal de junho de 1925 afirmava que:

«Nos termos do seu acordo com o Banco de Inglaterra, o Banco da Reserva Federal de Nova Iorque compromete-se a vender ouro a crédito ao Banco de Inglaterra ocasionalmente durante os próximos dois anos, mas sem exceder 200 milhões de dólares em circulação em qualquer momento.»

Um crédito em ouro de duzentos milhões de dólares tinha sido acordado por um entendimento verbal entre os banqueiros internacionais Benjamin Strong e Montagu Norman. Era evidente, nesta altura, que o Sistema da Reserva Federal tinha outros interesses em mente para além das necessidades financeiras das empresas e da indústria americanas. O regresso da Grã-Bretanha ao padrão-ouro foi ainda mais facilitado por um empréstimo adicional em ouro de cem milhões de dólares da J.P. Morgan Company. Winston Churchill, Ministro das Finanças britânico, queixou-se mais tarde de que o custo deste empréstimo para o governo britânico foi de 1 125 000 dólares no primeiro ano, representando esta soma o lucro da J.P. Morgan Company nesse período.

A questão da alteração da taxa de desconto, por exemplo, nunca foi explicada de forma satisfatória. Um inquérito junto do Conselho da Reserva Federal em Washington suscitou a resposta de que «a situação do mercado monetário é a principal consideração por trás das alterações na taxa». Uma vez que o mercado monetário se situa em Nova Iorque, não é preciso grande imaginação para deduzir que os banqueiros de Nova Iorque podem estar interessados nas alterações da taxa e tentam frequentemente influenciá-la.

Norman Lombard, na revista «World's Work», escreve que:

«Na sua apreciação e decisão sobre as alterações propostas à política, o Conselho da Reserva Federal deveria seguir o procedimento e a ética e e observados pelos nossos tribunais. Sugestões de que deveria haver uma alteração da taxa ou de que os Bancos da Reserva deveriam comprar ou vender títulos podem vir de qualquer pessoa e sem qualquer formalidade ou argumentação por escrito. A sugestão pode ser feita a um governador ou diretor do Sistema da Reserva Federal por telefone ou no seu clube durante o almoço, ou pode ser feita no decorrer de uma visita informal a um membro do Conselho da Reserva Federal. Os interesses de quem propõe a alteração não precisam de ser revelados, e o seu nome e quaisquer sugestões que faça são normalmente mantidos em segredo. Se se tratar de operações de mercado aberto, o público não tem a menor ideia da decisão até que seja publicado o comunicado semanal regular, mostrando as alterações nas participações dos Bancos da Reserva Federal. Entretanto, não há discussão pública, não há declaração das razões da decisão, nem dos nomes daqueles que se opõem ou a favorecem.»

As hipóteses de um cidadão comum encontrar um governador do Sistema da Reserva Federal no seu clube são também escassas.

As audiências da Câmara dos Representantes sobre a estabilização do poder de compra do dólar, em 1928, provaram de forma conclusiva que o Conselho da Reserva Federal trabalhava em estreita cooperação com os dirigentes dos bancos centrais europeus e que a Depressão de 1929-31 foi planeada num almoço secreto entre o Conselho da Reserva Federal e esses dirigentes dos bancos centrais europeus, em 1927. O Conselho nunca foi responsabilizado perante o público pelas suas decisões ou ações. Os freios e contrapesos constitucionais parecem não funcionar no setor financeiro.

A verdadeira lealdade dos membros do Conselho da Reserva Federal sempre foi para com os banqueiros centrais. As três características do banco central — a sua propriedade por acionistas privados que recebem rendimentos e lucros pela utilização do crédito da nação, o controlo absoluto dos recursos financeiros da nação e a mobilização do crédito da nação para financiar estrangeiros — foram todas demonstradas pelo Sistema da Reserva Federal durante os primeiros quinze anos de funcionamento.

Uma demonstração adicional dos objetivos internacionais da Lei da Reserva Federal de 1913 é fornecida pela «Emenda Edge» de 24 de dezembro de 1919, que autoriza a constituição de sociedades expressamente para «se dedicarem a operações bancárias internacionais e outras operações financeiras internacionais ou estrangeiras, incluindo a negociação de ouro ou lingotes, e a detenção de ações em sociedades estrangeir es». Ao comentar esta emenda, E.W. Kemmerer, economista da Universidade de Princeton, observou que:

«O sistema da Reserva Federal está a revelar-se uma grande influência na internacionalização do comércio e das finanças americanas.»

O facto de esta internacionalização do comércio e das finanças americanas ter sido uma causa direta do nosso envolvimento em duas guerras mundiais não perturba o Sr. Kemmerer. Há provas abundantes que demonstram como Paul Warburg utilizou o Sistema da Reserva Federal como instrumento para fazer com que as letras de câmbio fossem adotadas em larga escala pelos empresários americanos.

O uso de aceites comerciais (que são a moeda do comércio internacional) por banqueiros e empresas nos Estados Unidos antes de 1915 era praticamente desconhecido. A ascensão do Sistema da Reserva Federal acompanha exatamente o aumento do uso de aceites neste país, e isso não é uma coincidência. Os homens que queriam o Sistema da Reserva Federal eram os mesmos que criaram bancos de aceites e lucraram com o uso de aceites.

Já em 1910, a Comissão Monetária Nacional começou a publicar panfletos e outros materiais de propaganda a exortar banqueiros e empresários neste país a adotarem as aceitações comerciais nas suas transações. Durante três anos, a Comissão levou a cabo esta campanha, e o Plano Aldrich incluía uma disposição abrangente que autorizava a introdução e o uso de aceitações bancárias no sistema americano de papel comercial.

A Lei da Reserva Federal de 1913, tal como aprovada pelo Congresso, não autorizava especificamente a utilização de aceites, mas o Conselho da Reserva Federal, em 1915 e 1916, definiu o conceito de «aceite comercial», posteriormente especificado pelo Regulamento Série A de 1920 e, mais tarde, pela Série de 1924. Uma das primeiras medidas oficiais do Conselho de Governadores em 1914 foi conceder às aceitações uma taxa de desconto preferencialmente baixa nos Bancos da Reserva Federal. Uma vez que as aceitações não eram utilizadas neste país naquela altura, não foi possível apresentar qualquer justificação de urgência comercial para esta medida. Era evidente que alguém com poder no Conselho de Governadores pretendia a adoção das aceitações.

A Lei dos Bancos Nacionais de 1864, que foi a autoridade financeira determinante dos Estados Unidos até novembro de 1914, não permitia que os bancos concedessem crédito. Consequentemente, o poder dos bancos de criar dinheiro era bastante limitado. Não tínhamos um banco de emissão, ou seja, um banco central, que pudesse criar dinheiro. Para obter um banco central, os banqueiros provocaram pânico monetário após pânico monetário entre os empresários dos Estados Unidos, enviando ouro para fora do país, criando uma escassez de dinheiro e, em seguida, importando-o de volta. Depois de termos o nosso banco central, o Sistema da Reserva Federal, já não havia necessidade de pânico monetário, porque os bancos podiam criar dinheiro. No entanto, o pânico, como instrumento de poder sobre a comunidade empresarial e financeira, foi utilizado novamente em duas ocasiões importantes: em 1920, causando a Depressão Agrícola, porque os bancos estaduais e as sociedades fiduciárias se recusaram a aderir ao Sistema da Reserva Federal; e em 1929, causando a Grande Depressão, que centralizou quase todo o poder neste país nas mãos de alguns grandes consórcios.

Uma aceitação comercial é uma letra de câmbio emitida pelo vendedor de mercadorias ao comprador e aceite pelo comprador, com uma data de vencimento carimbada nela. A utilização de aceites comerciais no mercado grossista fornece crédito garantido a curto prazo para o transporte de mercadorias em processo de produção, armazenamento, trânsito e comercialização. Facilita o comércio interno e externo. Aparentemente, então, os banqueiros que desejavam substituir o sistema de contas a vista pelo sistema de aceites comerciais eram homens progressistas que desejavam ajudar o comércio de importação e exportação americano. Muita propaganda foi divulgada nesse sentido, mas essa não era realmente a história.

O sistema de conta aberta, até então utilizado exclusivamente por empresários americanos, permitia um desconto para pagamentos em dinheiro. O sistema de aceitação desincentiva o uso de dinheiro, ao permitir um desconto para pagamentos a crédito. O sistema de conta aberta também permitia condições de pagamento muito mais flexíveis, com prazos de pagamento generosos. A aceitação não permite isso, uma vez que se trata de um crédito de curto prazo com a data de vencimento estampada nela. Está fora do controlo do vendedor e nas mãos de um banco, geralmente um banco de aceitação, que não permite qualquer prorrogação do prazo. Assim, a adoção de aceitações pelos empresários americanos durante a década de 1920 facilitou grandemente o domínio e a absorção de pequenas empresas por enormes consórcios, o que acelerou a crise de 1929.

As aceites comerciais tinham sido utilizadas, em certa medida, nos Estados Unidos antes da Guerra Civil. Durante essa guerra, as exigências do comércio destruíram a aceitação como meio de crédito, e esta não voltou a ser popular neste país, preferindo o nosso povo a simplicidade e a generosidade do sistema de contas abertas. As contas abertas são um título comercial de nome único, ostentando apenas o nome do devedor. As aceitações são títulos de dois nomes, que ostentam o nome do devedor e do credor. Assim, tornaram-se mercadorias a serem compradas e vendidas pelos bancos. Para o credor, no sistema de livro aberto, a dívida é um passivo. Para o banco de aceitação que detém uma aceitação, a dívida é um ativo. Os homens que criaram bancos de aceitação neste país, sob a liderança de Paul Warburg, garantiram o controlo dos milhares de milhões de dólares de crédito existentes como contas em aberto nos livros dos empresários americanos.

O governador Marriner Eccles, do Conselho da Reserva Federal, declarou perante a Comissão de Bancos e Moeda da Câmara dos Representantes que: «A dívida é a base para a criação de dinheiro.»

Os grandes detentores de aceites comerciais obtiveram o uso de milhares de milhões de dólares em dinheiro de crédito, para além da taxa de juro cobrada sobre o próprio aceite. É óbvio por que razão Paul Warburg dedicou tanto tempo, dinheiro e energia a conseguir que os aceites fossem adotados pelo sistema bancário deste país.

Em 4 de setembro de 1914, o National City Bank aceitou a primeira letra de câmbio a prazo sacada sobre um banco nacional ao abrigo das disposições da Lei da Reserva Federal de 1913. Este foi o início do fim do sistema de contas em aberto como um fator importante no comércio grossista. Beverly Harris, vice-presidente do National City Bank de Nova Iorque, publicou um panfleto em 1915 afirmando que:

«Os comerciantes que utilizam o sistema de conta aberta estão a usurpar as funções dos banqueiros.»

No *The New York Times* de 14 de junho de 1920, Paul Warburg, presidente do American Acceptance Council, afirmou:

«A menos que o Conselho da Reserva Federal se empenhe de corpo e alma no desenvolvimento irrestrito das aceites como investimento de primeira ordem para os bancos da Reserva Federal, o futuro desenvolvimento seguro e sólido do sistema ficará comprometido.»

Esta foi uma declaração do objetivo de Warburg e do seu grupo, que pretendiam uma «reforma monetária» neste país. Eles pretendiam obter o controlo de todo o crédito nos Estados Unidos, e conseguiram-no, através do Sistema da Reserva Federal, do sistema de aceites e da falta de preocupação por parte dos cidadãos.

A Primeira Guerra Mundial foi uma bênção para a introdução das aceitações comerciais, e o volume saltou para quatrocentos milhões de dólares em 1917, crescendo ao longo da década de 1920 para mais de mil milhões de dólares por ano, o que culminou num pico elevado pouco antes da Grande Depressão de 1929-31. Os gráficos do Banco da Reserva Federal de Nova Iorque mostram que a utilização de aceites atingiu um pico em novembro de 1929, o mês do crash da bolsa, e diminuiu drasticamente a partir daí. Os responsáveis pelos aceites já tinham, nessa altura, conseguido o que queriam, que era o controlo dos negócios e da indústria americanos. A revista «Fortune», em fevereiro de 1950, salientou que:

«O volume de aceitações diminuiu de 1 732 milhões de dólares em 1929 para 209 milhões de dólares em 1940, devido à concentração da banca de aceitações nas mãos de poucos e à política de juros baixos do Tesouro, que tornou os empréstimos diretos mais baratos do que as aceitações. Tem havido uma ligeira recuperação desde a guerra, mas muitas vezes é mais barato para as grandes empresas financiar as importações a partir dos seus próprios cofres.»

Por outras palavras, as «grandes empresas» — mais precisamente, os grandes consórcios — controlam agora o crédito e não têm precisado de aceitações. Para além da enxurrada de propaganda emitida pelo próprio Sistema da Reserva Federal, a Associação Nacional de Agentes de Crédito, a Associação Americana de Banqueiros e outras organizações fraternas dos banqueiros de Nova Iorque dedicaram muito tempo e dinheiro à divulgação de propaganda a favor das aceitações. Mesmo a sua avalanche de palestras e panfletos revelou-se insuficiente e, em 1919, Paul Warburg organizou o Conselho Americano de Aceitações, que se dedicava inteiramente à propaganda a favor das aceitações.

A primeira convenção realizada por esta associação em Detroit, Michigan, a 9 de junho de 1919, coincidiu com a convenção anual da Associação Nacional de Gestores de Crédito, realizada nessa mesma cidade nessa data, de modo que «os observadores interessados pudessem participar facilmente nas palestras e reuniões de ambos os grupos», segundo um panfleto publicado pelo Conselho Americano de Aceitação.

Paul Warburg foi eleito presidente desta organização e, mais tarde, tornou-se presidente do Comité Executivo do American Acceptance Council, cargo que ocupou até à sua morte, em 1932. O Conselho publicou listas de empresas que utilizavam aceitações de, todas elas empresas nas quais a Kuhn, Loeb Co. ou as suas afiliadas detinham o controlo. As palestras proferidas perante o Conselho ou por membros do Conselho eram encadernadas de forma atraente e distribuídas gratuitamente pelo National City Bank of New York aos empresários do país.

Louis T. McFadden, presidente da Comissão de Bancos e Moeda da Câmara dos Representantes, acusou em 1922 o American Acceptance Council de exercer influência indevida sobre o Conselho da Reserva Federal e solicitou uma investigação do Congresso, mas o Congresso não se mostrou interessado.

Na segunda convenção anual do American Acceptance Council, realizada em Nova Iorque a 2 de dezembro de 1920, o presidente Paul Warburg declarou:

«É com grande satisfação que informo que, durante o ano em análise, foi possível ao Conselho Americano de Aceitação continuar a desenvolver e a reforçar as suas relações com o Conselho da Reserva Federal.»

Durante a década de 1920, Paul Warburg, que se tinha demitido do Conselho da Reserva Federal após ter ocupado o cargo de governador durante um ano em tempo de guerra, continuou a exercer influência pessoal direta sobre o Conselho da Reserva Federal, reunindo-se com o Conselho na qualidade de presidente do Conselho Consultivo Federal e de presidente do Conselho Americano de Aceitação. Foi, desde a sua fundação em 1920 até à sua morte em 1932, presidente do Conselho de Administração do International Acceptance Bank of New York, o maior banco de aceitação do mundo. O seu irmão, Felix M. Warburg, também sócio da Kuhn, Loeb Co., era administrador do International Acceptance Bank e o filho de Paul, James Paul Warburg, era vice-presidente. Paul Warburg foi também administrador de outros importantes bancos de aceitação neste país, como o Westinghouse Acceptance Bank, que foram criados nos Estados Unidos imediatamente após a Guerra Mundial, quando a sede do mercado internacional de aceitação foi transferida de Londres para Nova Iorque, e Paul Warburg se tornou o banqueiro de aceitação mais poderoso do mundo.

Paul Warburg tornou-se uma figura ainda mais lendária ao ser imortalizado como «Daddy Warbucks» na banda desenhada «Little Orphan Annie». A banda desenhada contava a história de uma menina abandonada e do seu cão, que são adotados pelo «homem mais rico do mundo», Daddy Warbucks, uma paródia de «Warburg», que tem poderes quase mágicos e consegue realizar qualquer coisa graças ao poder da sua riqueza ilimitada. Os que estavam a par da situação riram-se quando «Annie», a versão de comédia musical desta história, teve uma temporada de grande sucesso durante vários anos na Broadway, porque a grande maioria do público não fazia ideia de que se tratava apenas de mais uma operação de Warburg.

Foi a transferência do mercado de aceitação da Inglaterra para este país que deu origem ao discurso extático de Thomas Lamont perante a Academia de Ciências Políticas em 1917, no qual afirmou:

«O dólar, e não a libra, é agora a base do câmbio internacional.»

Os americanos ficaram orgulhosos ao ouvir isso, mas não perceberam a que preço.

Prova visível da influência indevida do Conselho Americano de Aceitação sobre o Conselho da Reserva Federal, sobre a qual o congressista McFadden se queixou, é o gráfico que mostra o padrão das taxas do Banco da Reserva Federal de Nova Iorque durante a década de 1920. A taxa de desconto oficial do Banco segue exatamente, durante nove anos, a taxa de aceitação bancária a noventa dias, e o Banco da Reserva Federal de Nova Iorque define a taxa de desconto para os restantes Bancos da Reserva.

Ao longo da década de 1920, o Conselho de Governadores manteve dois dos seus primeiros membros, C.S. Hamlin e Adolph C. Miller. Estes homens encontraram nas suas carreiras o papel de árbitros da política monetária da nação. Hamlin integrou o Conselho de 1914 a 1936, quando foi nomeado Conselheiro Especial do Conselho, enquanto Miller exerceu funções de 1914 a 1931.

Estes dois homens puderam permanecer no Conselho durante tantos anos porque eram ambos homens eminentemente respeitáveis que conferiam ao Conselho um certo prestígio aos olhos do público. Durante estes anos, um importante banqueiro após outro entrou para o Conselho, serviu por algum tempo e seguiu para melhores cargos. Nem Miller nem Hamlin se opuseram jamais a nada que os banqueiros de Nova Iorque quisessem. Alteraram a taxa de desconto e realizaram operações de mercado aberto com títulos do Estado sempre que Wall Street lhes pediu. Por trás deles estava a figura de

Paul Warburg, que exerceu uma influência contínua e dominante como presidente do Conselho Consultivo Federal, no qual contava com homens de interesses comuns a si próprio, como Winthrop Aldrich e J.P. Morgan. Warburg nunca esteve demasiado ocupado com as suas funções de organização dos grandes consórcios internacionais para supervisionar as estruturas financeiras da nação. A sua influência, desde 1902, quando chegou a este país como imigrante da Alemanha, até 1932, ano da sua morte, dependia da sua aliança europeia com o cartel bancário. O filho de Warburg, James Paul Warburg, continuou a exercer essa influência, tendo sido nomeado Diretor do Orçamento de Franklin D. Roosevelt quando esse grande homem assumiu o cargo em 1933, e criando o Gabinete de Informação de Guerra, a nossa agência oficial de propaganda durante a Segunda Guerra Mundial.

Em The Fight for Financial Supremacy, Paul Einzig, editorialista do The Economist de Londres, escreveu que:

«Quase imediatamente após a Primeira Guerra Mundial, estabeleceu-se uma estreita cooperação entre o Banco de Inglaterra e as autoridades da Reserva Federal, e mais especialmente com o Banco da Reserva Federal de Nova Iorque.[119] Esta cooperação deveu-se em grande parte às relações cordiais existentes entre o Sr. Montagu Norman, do Banco de Inglaterra, e o Sr. Benjamin Strong, governador do Banco da Reserva Federal de Nova Iorque até 1928. Em várias ocasiões, a política de taxas de desconto do Banco da Reserva Federal de Nova Iorque foi orientada pelo desejo de ajudar o Banco de Inglaterra.

«Tem havido uma estreita cooperação entre Londres e Nova Iorque na fixação das taxas de desconto.»[120]

---

[119] William Boyce Thompson (operador de Wall Street) comentou com Clarence Barron, a 27 de novembro de 1920: «Por que razão deveria o Banco da Reserva Federal ter linhas privadas por todo o país e comunicar diariamente por telégrafo com o Banco de Inglaterra?» p. 327 «They Told Barron».

[120] Paul Einzig, The Fight For Financial Supremacy, Macmillan, 1931.

CAPÍTULO ONZE

LORD MONTAGU NORMAN

A colaboração entre Benjamin Strong e Lord Montagu Norman é um dos maiores segredos do século XX. Benjamin Strong casou-se com a filha do presidente do Bankers Trust em Nova Iorque e, posteriormente, sucedeu-lhe na presidência. Carroll Quigley, em Tragedy and Hope, afirma: «Strong tornou-se governador do Banco da Reserva Federal de Nova Iorque como candidato conjunto de Morgan e da Kuhn, Loeb Company em 1914.»[121]

Lord Montagu Norman é o único homem na história cujos avós materno e paterno serviram como governadores do Banco de Inglaterra. O seu pai trabalhava na Brown, Shipley Company, a sucursal londrina da Brown Brothers (agora Brown Brothers Harriman). Montagu Norman (1871-1950) veio para Nova Iorque para trabalhar na Brown Brothers em 1894, onde se tornou amigo da família Delano e de James Markoe, da Brown Brothers. Regressou a Inglaterra e, em 1907, foi nomeado para o Conselho do Banco de Inglaterra. Em 1912, sofreu um esgotamento nervoso e foi para a Suíça para ser tratado por Jung, como era habitual entre o grupo poderoso que representava.[122]

Lord Montagu Norman foi governador do Banco de Inglaterra de 1916 a 1944. Durante este período, participou nas conferências dos

---

[121] Carroll Quigley, *Tragedy and Hope*, Macmillan, Nova Iorque, p. 326.

[122] Quando pessoas desta classe são assaltadas por sentimentos de culpa enquanto planeiam guerras mundiais e depressões económicas que trarão miséria, sofrimento e morte a milhões de habitantes do mundo, têm por vezes remorsos. Estes remorsos são ridicularizados pelos seus pares como «falta de coragem». Após uma sessão com os seus psiquiatras, regressam ao seu trabalho com entusiasmo renovado, sem mais desvios de piedade pelas «pessoas comuns» que serão as suas vítimas.

bancos centrais que conduziram ao Crash de 1929 e a uma depressão e a a nível mundial. Em The Politics of Money, de Brian Johnson, este escreve: «Strong e Norman, amigos íntimos, passavam as férias juntos em Bar Harbor e no sul de França.» Johnson afirma: «Norman tornou-se, assim, o alter ego de Strong.... «As políticas monetárias expansionistas de Strong no mercado monetário de Nova Iorque entre 1925 e 1928 foram o cumprimento do seu acordo com Norman para manter as taxas de juro de Nova Iorque abaixo das de Londres. Em nome da cooperação internacional, Strong reteve a mão estabilizadora das taxas de juro elevadas de Nova Iorque até ser tarde demais. A política monetária expansionista em Nova Iorque tinha incentivado o boom americano em ascensão do final da década de 1920, com os seus fantásticos picos de especulação.»[123]

Benjamin Strong faleceu repentinamente em 1928. O obituário *do New York Times*, de 17 de outubro de 1928, descreve a conferência entre os diretores dos três grandes bancos centrais da Europa em julho de 1927: «O Sr. Norman, do Banco de Inglaterra, Strong, do Banco da Reserva Federal de Nova Iorque, e o Dr. Hjalmar Schacht, do Reichsbank; a sua reunião foi referida na altura como uma reunião do "clube mais exclusivo do mundo". Nunca foram feitos relatórios públicos sobre as conferências internacionais, que eram totalmente informais, mas que abordavam muitas questões importantes relacionadas com os movimentos do ouro, a estabilidade do comércio mundial e a economia mundial.»

As reuniões em que se decide o futuro da economia mundial são sempre descritas como sendo «totalmente informais», à porta fechada, sem relatórios divulgados ao público, e nas raras ocasiões em que congressistas indignados convocam estas figuras misteriosas para testemunhar sobre as suas atividades, estas limitam-se a traçar as linhas gerais das medidas tomadas, sem revelar qualquer informação sobre o que foi realmente dito ou decidido.

Nas audiências do Senado sobre o Sistema da Reserva Federal em 1931, H. Parker Willis, um dos autores e primeiro secretário do Conselho da Reserva Federal de 1914 a 1920, perguntou de forma

---

[123] Brian Johnson, *The Politics of Money*, McGraw Hill, Nova Iorque, 1970, p. 63.

incisiva ao governador George Harrison, sucessor de Strong como governador do Banco da Reserva Federal de Nova Iorque:

«Qual é a relação entre o Banco da Reserva Federal de Nova Iorque e a comissão monetária da Bolsa de Valores?»

«Não existe qualquer relação», respondeu o governador Harrison.

«Não há qualquer tipo de assistência ou cooperação na fixação da taxa?», perguntou Willis.

«Não», disse o governador Harrison, «embora, em várias ocasiões, nos informem sobre o estado da situação monetária e sobre o que acham que a taxa deveria ser.» Isto constituía uma contradição absoluta da sua afirmação de que «não existe qualquer relação». O Banco da Reserva Federal de Nova Iorque, que fixa a taxa de desconto para os outros Bancos da Reserva, mantinha, na verdade, uma estreita ligação com a comissão monetária da Bolsa de Valores.

As Audiências de Estabilização da Câmara de 1928 provaram de forma conclusiva que os governadores do Sistema da Reserva Federal tinham vindo a realizar conferências com os responsáveis dos grandes bancos centrais europeus. Mesmo que os congressistas tivessem conhecimento dos pormenores da conspiração que culminaria na Grande Depressão de 1929-31, não teria havido nada que pudessem fazer para a impedir. Os banqueiros internacionais que controlavam os movimentos do ouro podiam impor a sua vontade a qualquer país, e os Estados Unidos estavam tão impotentes como qualquer outro.

Seguem-se notas destas audiências na Câmara dos Representantes:

> SR. BEEDY: «Reparo no seu gráfico que as linhas que apresentam as flutuações mais acentuadas encontram-se na secção "Taxas de juro em Nova Iorque". À medida que as taxas de juro sobem e descem nas grandes cidades, os empréstimos concedidos para investimentos parecem tirar partido dessas variações; neste momento, verifica-se uma alteração bastante acentuada, enquanto a indústria em geral não parece aproveitar essas variações acentuadas, e essa linha mantém-se relativamente estável, sem grandes subidas ou descidas.

GOVERNADOR ADOLPH MILLER: Tudo isto se deveu, em maior ou menor medida, à situação internacional. Venderam créditos em ouro em Nova Iorque para saldar dívidas em libras esterlinas em Londres.

DEPUTADO STRONG: (Sem relação com Benjamin): O Conselho da Reserva Federal tem o poder de atrair ouro para este país?

E.A. GOLDENWEISER, diretor de investigação do Conselho: O Conselho da Reserva Federal poderia atrair ouro para este país aumentando as taxas de juro.

GOVERNADOR ADOLPH MILLER: Penso que estamos muito perto do ponto em que qualquer preocupação adicional da nossa parte com as questões monetárias da Europa pode ser alterada. No verão passado, de 1927, o Conselho da Reserva Federal adotou uma política de compras no mercado aberto, seguida de uma redução da taxa de desconto nos Bancos da Reserva, para aliviar a situação do crédito e baratear o custo do dinheiro. As razões oficiais para essa mudança na política de crédito foram que isso ajudaria a estabilizar o câmbio internacional e a estimular a exportação de ouro.

PRESIDENTE MCFADDEN: Pode explicar-nos resumidamente como é que esse assunto foi levado ao Conselho da Reserva Federal e quais foram as influências que determinaram a decisão final?

GOVERNADOR ADOLPH MILLER: Está a fazer-me uma pergunta à qual me é impossível responder.

PRESIDENTE MCFADDEN: Talvez eu consiga esclarecer — de onde veio a sugestão que levou a esta decisão de alteração das taxas no verão passado?

GOVERNADOR ADOLPH MILLER: Os três maiores bancos centrais da Europa enviaram representantes a este país. Estavam presentes o Governador do Banco de Inglaterra, o Sr. Hjalmar Schacht, e o Professor Rist, Vice-Governador do Banco de França. Estes senhores estiveram em conferência com responsáveis do Banco da Reserva Federal de Nova Iorque. Após uma ou duas semanas, apareceram em Washington durante a maior parte de um dia. Chegaram ao fim da tarde de um dia e foram convidados dos Governadores do Conselho da Reserva Federal no dia seguinte, partindo nessa tarde para Nova Iorque.

PRESIDENTE MCFADDEN: Os membros do Conselho estiveram presentes neste almoço?

GOVERNADOR ADOLPH MILLER: Sim, claro, foi oferecido pelos governadores do Conselho com o objetivo de nos reunir a todos.

PRESIDENTE MCFADDEN: Foi um evento social ou foram discutidos assuntos importantes?

GOVERNADOR MILLER: Diria que foi principalmente um evento social. Pessoalmente, tive uma longa conversa a sós com o Dr. Schacht e o e antes do almoço, e também uma conversa bastante longa com o Professor Rist. Após o almoço, iniciei uma conversa com o Sr. Norman, à qual se juntou o Governador Strong, de Nova Iorque.

PRESIDENTE MCFADDEN: Foi uma reunião formal do Conselho?

GOVERNADOR ADOLPH MILLER: Não.

PRESIDENTE MCFADDEN: Foi apenas uma discussão informal sobre os assuntos que tinham vindo a debater em Nova Iorque?

GOVERNADOR MILLER: Presumo que sim. Foi principalmente um evento social. O que eu disse foi, em grande parte, de natureza geral. Os dirigentes destes bancos centrais também falaram em termos gerais.

SR. KING: O que é que eles queriam?

GOVERNADOR MILLER: Foram muito sinceros nas respostas às perguntas. Eu queria conversar com o Sr. Norman, e ambos ficámos para trás após o almoço, tendo-se juntado a nós os outros representantes estrangeiros e os responsáveis do Banco de Reserva de Nova Iorque. Estes senhores estavam todos bastante preocupados com a forma como o padrão-ouro estava a funcionar. Desejavam, portanto, ver um mercado monetário flexível em Nova Iorque e taxas mais baixas, o que impediria que o ouro fosse transferido da Europa para este país. Isso seria do maior interesse para a situação monetária internacional que então existia.

SR. BEEDY: Chegou-se a algum entendimento entre os representantes destes bancos estrangeiros e o Conselho da Reserva Federal ou o Banco da Reserva Federal de Nova Iorque?

GOVERNADOR MILLER: Sim.

SR. BEEDY: Não foi formalmente comunicado?

GOVERNADOR MILLER: Não. Mais tarde, realizou-se uma reunião do Comité de Política de Mercado Aberto, o comité de política de investimento do Sistema da Reserva Federal, no âmbito da qual foram feitas certas recomendações. Segundo me lembro, foram adquiridos em agosto títulos no valor de cerca de oitenta milhões de dólares, em conformidade com este plano.

PRESIDENTE MCFADDEN: Houve alguma reunião entre os membros do Comité de Política de Mercado Aberto e esses banqueiros estrangeiros?

GOVERNADOR MILLER: É possível que se tenham encontrado com eles a título individual, mas não enquanto comité.

SR. KING: Como é que o Comité de Mercado Aberto obtém as suas ideias?

GOVERNADOR MILLER: Reúnem-se e discutem o assunto. Não sei de quem foi esta ideia. Era claramente uma época em que havia um espírito de cooperação a prevalecer.

PRESIDENTE MCFADDEN: Descreveu aqui negociações de grande importância.

GOVERNADOR MILLER: Diria antes que foram conversas.

PRESIDENTE MCFADDEN: Aconteceu algo de muito concreto?

GOVERNADOR MILLER: Sim.

PRESIDENTE MCFADDEN: Uma mudança de política por parte de todo o nosso sistema financeiro que resultou numa das situações mais invulgares com que este país alguma vez se deparou financeiramente (o boom da especulação no mercado bolsista de 1927-1929). Parece-me que um assunto dessa importância deveria ter sido registado em Washington.

GOVERNADOR MILLER: Concordo consigo.

DEPUTADO STRONG: Não teria sido positivo se tivesse havido uma orientação no sentido de que os poderes conferidos ao Sistema da Reserva Federal fossem utilizados para a estabilização contínua do poder de compra do dólar americano, em vez de serem influenciados pelos interesses da Europa?

GOVERNADOR MILLER: Discordo do termo «influência». Além disso, não é possível estabilizar o dólar americano sem estabilizar todas as outras moedas baseadas no ouro. Estão todas ligadas pelo padrão-ouro. Outros homens eminentes que vêm aqui são muito hábeis em saber como abordar as pessoas que compõem o pessoal do Conselho da Reserva Federal.

SR. STEAGALL: A visita destes banqueiros estrangeiros resultou num dinheiro mais barato em Nova Iorque?

GOVERNADOR MILLER: Sim, exatamente.

PRESIDENTE MCFADDEN: Gostaria de registar em ata todos os que participaram naquele almoço em Washington.

GOVERNADOR MILLER: Para além dos nomes que lhe mencionei, estava também presente um dos jovens do Banco de França. Penso que todos os membros do Conselho da Reserva Federal estavam presentes. O subsecretário do Tesouro, Ogden Mills, estava presente, assim como o secretário adjunto do Tesouro, o Sr. Schuneman, dois ou três homens do Departamento de Estado e o Sr. Warren, do Departamento de Relações Externas do Banco da Reserva Federal de Nova Iorque. Ah, sim, o governador Strong estava presente.

PRESIDENTE MCFADDEN: Esta conferência, claro, com todos estes banqueiros estrangeiros, não aconteceu por acaso. Os proeminentes banqueiros da Alemanha, França e Inglaterra vieram para cá por sugestão de quem?

GOVERNADOR MILLER: Tinha-se criado uma situação que era claramente embaraçosa para Londres, devido à iminente retirada de uma certa quantidade de ouro que tinha sido recuperada pela França e que, originalmente, tinha sido enviada e depositada no Banco de Inglaterra pelo Governo francês como crédito de guerra. Começava a haver alguma tensão na Europa porque a França estava a começar a pôr a sua casa em ordem para um regresso ao padrão-ouro. Esta situação exigia alguma influência moderadora.

SR. KING: Quem foi a força motriz que reuniu essas pessoas?

GOVERNADOR MILLER. Esse é um pormenor com o qual não estou familiarizado.

DEPUTADO STRONG: Não seria correto dizer que foram os tipos que queriam o ouro que organizaram a reunião?

GOVERNADOR MILLER: Eles vieram até aqui.

DEPUTADO STRONG: O facto é que vieram até aqui, tiveram uma reunião, fizeram um banquete, conversaram, conseguiram que o Conselho da Reserva Federal baixasse a taxa de desconto e fizesse as compras no mercado aberto, e ficaram com o ouro.

SR. STEAGALL: É verdade que essa ação estabilizou as moedas europeias e perturbou a nossa?

GOVERNADOR MILLER: Sim, era essa a intenção.

PRESIDENTE MCFADDEN: Gostaria de chamar a sua atenção para a recente conferência em Paris, na qual o Sr. Goldenweiser, diretor de investigação do Conselho da Reserva Federal, e o Dr. Burgess, agente adjunto da Reserva Federal do Banco da Reserva Federal de Nova Iorque, estiveram em consulta com os representantes dos outros bancos centrais. Quem convocou a conferência?

GOVERNADOR MILLER: Pelo que me lembro, foi convocada pelo Banco de França.

GOVERNADOR YOUNG: Não, foi a Liga das Nações que os reuniu.

A reunião secreta entre os governadores do Conselho da Reserva Federal e os responsáveis dos bancos centrais europeus não foi convocada para estabilizar nada. Realizou-se para discutir a melhor forma de devolver à Europa o ouro detido nos Estados Unidos pelo Sistema, a fim de forçar as nações daquele continente a regressarem ao padrão-ouro. A Liga das Nações ainda não tinha conseguido fazer isso, o objetivo para o qual esse organismo foi criado inicialmente, porque o Senado dos Estados Unidos se recusou a deixar Woodrow Wilson trair-nos a favor de uma autoridade monetária internacional. Foi preciso a Segunda Guerra Mundial e Franklin D. Roosevelt para o fazer. Entretanto, a Europa precisava do nosso ouro e o Sistema da Reserva Federal deu-lho, no valor de quinhentos milhões de dólares. A saída desse ouro dos Estados Unidos causou a deflação do boom bolsista, o fim da prosperidade empresarial da década de 1920 e a Grande Depressão de 1929-31, a pior calamidade que alguma vez se abateu sobre esta nação. É inteiramente lógico afirmar que o povo americano sofreu essa depressão como castigo por não ter aderido à Liga das Nações. Os banqueiros sabiam o que iria acontecer quando aqueles 500 milhões de dólares em ouro fossem enviados para a Europa de forma e e. Eles queriam a Depressão porque esta colocava os negócios e as finanças dos Estados Unidos nas suas mãos.

As audiências continuam:

SR. BEEDY: «O Sr. Ebersole, do Departamento do Tesouro, concluiu as suas observações no jantar a que assistimos ontem à noite, dizendo que o Sistema da Reserva Federal não queria estabilização e que os empresários americanos também não a queriam. Eles querem estas flutuações nos preços, não só nos títulos, mas também nas mercadorias e no comércio em geral, porque aqueles que agora detêm o controlo estão a lucrar precisamente com essa instabilidade. Se o controlo destas pessoas não for exercido de forma legítima, poderá haver uma tentativa de o impor através de convulsões gerais, como as que caracterizaram a sociedade em tempos passados. As revoluções têm sido promovidas pela insatisfação com as condições existentes, com o controlo nas mãos de poucos e a maioria a pagar a conta.

PRESIDENTE MCFADDEN: Tenho aqui uma carta de um membro do Conselho da Reserva Federal que foi convocado para comparecer aqui. Gostaria que fosse incluída no registo. É do Governador Cunningham:

Caro Senhor Presidente:

Nas últimas semanas, tenho estado confinado a minha casa devido a doença e estou agora a preparar-me para passar algumas semanas fora de Washington com o objetivo de acelerar a convalescença.

Edward H. Cunningham

Esta é a resposta a um convite que lhe foi feito para comparecer perante a nossa Comissão. Tenho também uma carta de George Harrison, Vice-Governador do Banco da Reserva Federal de Nova Iorque.

Caro senhor deputado:

O Governador Strong partiu para a Europa na semana passada. Não se tem sentido nada bem desde o início do ano e, embora tenha comparecido perante a vossa Comissão em março passado, foi pouco tempo depois disso que sofreu um ataque muito grave de zona, o que lhe causou grande agitação nervosa.

George L. Harrison, 19 de maio de 1928

Desejo também fazer constar em ata uma declaração do New York Journal of Commerce, datada de 22 de maio de 1928, proveniente de Washington:

«Afirma-se em círculos bem informados daqui que o principal tema abordado pelo Governador Strong do Banco da Reserva Federal de Nova Iorque na sua atual visita a Paris é a organização de créditos de estabilização para a França, a Roménia e a Jugoslávia. Uma segunda questão vital que o Sr. Strong irá abordar é a quantidade de ouro que a França irá retirar deste país.»

Mais perguntas do presidente McFadden sobre a estranha doença de Benjamin Strong suscitaram o seguinte testemunho do governador Charles S. Hamlin, do Conselho da Reserva Federal, em 23 de maio de 1928:

«Tudo o que sei é que o governador Strong tem estado muito doente e que se deslocou à Europa, principalmente,

pelo que percebi, por motivos de saúde. É claro que ele conhece bem os vários escritórios dos bancos centrais europeus e, sem dúvida, irá visitá-los.»

O governador Benjamin Strong faleceu algumas semanas após o seu regresso da Europa, sem ter comparecido perante a Comissão.

O objetivo destas audiências perante a Comissão da Câmara dos Representantes para a Banca e a Moeda, em 1928, era investigar a necessidade de aprovar o projeto de lei Strong, apresentado pelo deputado Strong (sem qualquer relação com Benjamin, o banqueiro internacional), que teria conferido ao Sistema da Reserva Federal poderes para agir no sentido de estabilizar o poder de compra do dólar. Esta tinha sido uma das promessas feitas por Carter Glass e Woodrow Wilson quando apresentaram a Lei da Reserva Federal ao Congresso em 1912, e tal disposição tinha sido de facto incluída na lei pelo senador Robert L. Owen, mas a Comissão da Câmara dos Representantes para a Banca e a Moeda, liderada por Carter Glass, tinha-a suprimido. Os corretores e especuladores não queriam que o dólar se tornasse estável, porque deixariam de poder obter lucros. Os cidadãos deste país tinham sido levados a apostar no mercado bolsista na década de 1920 porque os corretores tinham criado uma situação de instabilidade a nível nacional.

A Lei Strong de 1928 foi rejeitada no Congresso.

A situação financeira nos Estados Unidos durante a década de 1920 caracterizou-se por uma inflação de valores meramente especulativos. Era uma situação criada pelos corretores. Os preços das mercadorias mantiveram-se baixos, apesar da sobrevalorização dos títulos na bolsa.

Os compradores não esperavam que os seus títulos pagassem dividendos. A ideia era mantê-los por algum tempo e vendê-los com lucro. Isso tinha de parar em algum momento, como observou Paul Warburg em março de 1929. Wall Street não deixou que isso parasse até que as pessoas tivessem investido as suas poupanças nesses títulos sobrevalorizados. Assistimos ao espetáculo do Presidente dos Estados Unidos, Calvin Coolidge, a agir como um laranja dos operadores do mercado bolsista quando recomendou ao povo americano que continuasse a comprar no mercado, em 1927. Havia inquietação quanto à situação inflacionada do mercado, e os banqueiros mostraram o seu poder ao fazer com que o presidente dos Estados Unidos, o secretário do Tesouro e o presidente do Conselho de Governadores do Sistema da Reserva Federal emitissem declarações de que os empréstimos dos corretores não eram demasiado elevados e que a situação do mercado de ações era sólida.

Irving Fisher alertou-nos em 1927 que o fardo de estabilizar os preços em todo o mundo recairia em breve sobre os Estados Unidos. Um dos resultados da Segunda Guerra Mundial foi a criação de um Fundo Monetário Internacional para fazer exatamente isso. O professor Gustav Cassel observou no mesmo ano que:

«A descida dos preços não foi um resultado espontâneo de forças fora do nosso controlo. É o resultado de uma política deliberadamente concebida para fazer baixar os preços e conferir um valor mais elevado à unidade monetária.»

O Partido Democrata, após aprovar a Lei da Reserva Federal e conduzir-nos à Primeira Guerra Mundial, assumiu o papel de partido da oposição durante a década de 1920. Encontrava-se à margem da cena política e, segundo a sua biografia, foi apoiado durante esses anos de escassez por doações generosas de Bernard Baruch. O quão à margem se encontravam e quão poucas hipóteses tinham em 1928 é demonstrado por um ponto da plataforma oficial do Partido Democrata adotada em Houston a 28 de junho de 1928:

«A administração do Sistema da Reserva Federal em benefício dos especuladores do mercado bolsista deve cessar. Deve ser administrada de form e, em benefício dos agricultores, assalariados, comerciantes, fabricantes e outros envolvidos em atividades económicas construtivas.»

Este idealismo garantiu a derrota do seu protagonista, Al Smith, que foi nomeado por Franklin D. Roosevelt. A campanha contra Al Smith também foi marcada por apelos à intolerância religiosa, porque ele era católico. Os banqueiros incitaram o sentimento anticatólico por todo o país para conseguir a eleição do seu protegido da Primeira Guerra Mundial, Herbert Hoover.

Em vez de ser utilizado para promover a estabilidade financeira do país, tal como tinha sido prometido por Woodrow Wilson quando a Lei foi aprovada, a instabilidade financeira tem sido constantemente promovida pelo Conselho da Reserva Federal. Um memorando oficial emitido pelo Conselho em 13 de março de 1939 afirmava que:

«O Conselho de Governadores do Sistema da Reserva Federal opõe-se a qualquer projeto de lei que proponha um nível de preços estável.»

Politicamente, o Conselho da Reserva Federal foi utilizado para promover a eleição dos candidatos dos banqueiros durante a década de 1920. A «Literary Digest», em 4 de agosto de 1928, afirmou, por ocasião do aumento da taxa para cinco por cento pelo Conselho da Reserva Federal num ano presidencial:

«Isto reverte a política de dinheiro barato, politicamente desejável, de 1927, e proporciona condições favoráveis no mercado bolsista. Foi atacado pelo Peoples' Lobby de Washington, D.C., que afirmou que "este aumento, numa altura em que os agricultores precisavam de dinheiro barato para financiar a colheita das suas culturas, foi um golpe direto aos agricultores, que tinham começado a recuperar após a Depressão Agrícola de 1920-21."

O "The New York World" afirmou nessa ocasião:

«As críticas de muitos investidores à política do Conselho da Reserva Federal não se baseiam na sua tentativa de deflacionar o mercado bolsista, mas na acusação de que o próprio Conselho, através da política do ano passado, é inteiramente responsável pela inflação do mercado bolsista que existe.»

Uma análise contundente dos primeiros quinze anos do Sistema da Reserva Federal aparece na "North American Review" de maio de 1929, da autoria de H. Parker Willis, economista profissional que foi um dos autores da Lei e primeiro secretário do Conselho de 1914 a 1920. Ele expressa total desilusão.

«A minha primeira conversa com o Presidente eleito Wilson foi em 1912. A nossa conversa incidiu inteiramente sobre a reforma bancária. Perguntei-lhe se se sentia confiante de que poderíamos garantir a aplicação de uma lei adequada e como deveríamos fazê-la aplicar e cumprir. Ele respondeu: "Temos de confiar no idealismo empresarial americano." Ele procurava algo em que se pudesse confiar para proporcionar uma oportunidade ao idealismo americano. A lei serviu para financiar a Guerra Mundial e para rever as práticas bancárias americanas. O elemento de idealismo que o Presidente prescreveu e acreditava que poderíamos obter, com base no princípio da noblesse oblige, dos banqueiros e empresários americanos, não existia.

Desde a promulgação da Lei da Reserva Federal, sofremos uma das mais graves depressões financeiras e revoluções de que há memória na nossa história, a de 1920-21. Vimos a nossa agricultura passar por um longo período de sofrimento e até de revolução, durante o qual um milhão de agricultores abandonaram as suas quintas, devido a dificuldades com o preço da terra e às condições de crédito anormais. Sofremos a era mais extensa de falências bancárias de que há memória neste país. Quatro mil e quinhentos bancos fecharam as portas desde que o Sistema da Reserva começou a funcionar. Em algumas cidades do Oeste, houve momentos em que todos os bancos daquela comunidade faliram, e determinados bancos faliram repetidamente. Houve pouca diferença na propensão à falência entre membros e não membros do Sistema da Reserva Federal.

"A escolha de Wilson dos primeiros membros do Conselho da Reserva Federal não foi especialmente feliz.

Representavam um grupo heterogéneo escolhido com o objetivo expresso de apaziguar este, aquele ou outro grande interesse. Não era de estranhar que os nomeados usassem os seus cargos para saldar dívidas. Quando o Conselho estava a ponderar uma resolução no sentido de que os futuros membros do Sistema da Reserva fossem nomeados exclusivamente com base no mérito, devido à incompetência demonstrada por alguns dos seus membros.

O Controlador John Skelton Williams propôs a supressão da palavra «exclusivamente» e, nisso, foi apoiado pelo Conselho. A inclusão de certos elementos (Warburg, Strauss, etc.) no Conselho proporcionou uma oportunidade para atender a interesses especiais que se revelaria desastrosa mais tarde.

«O Presidente Wilson cometeu um erro, como tantas vezes aconteceu, ao supor que o exercício de um cargo importante transformaria quem o ocupasse e, e, reavivaria o seu patriotismo. O Conselho da Reserva atingiu o ponto mais baixo do período Wilson com a nomeação de um membro que foi escolhido pela sua capacidade de angariar delegados para um candidato democrata à Presidência. No entanto, este nível não foi o ponto mais baixo atingido sob o presidente Harding. Este nomeou um velho amigo, D.R. Crissinger, como governador do Conselho, e designou vários outros políticos extremamente úteis para outros cargos. Antes da sua morte, tinha feito tudo o que estava ao seu alcance para corromper todo o empreendimento. O Sistema tem vindo a deteriorar-se constantemente desde então.

"Os Bancos de Reserva mal tinham assumido a sua forma inicial quando se tornou evidente que os banqueiros locais procuravam utilizá-los como um meio de cuidar dos 'filhos favoritos', ou seja, pessoas que, por consenso geral, se tinham tornado uma espécie de fardo para a comunidade bancária, ou indivíduos ineficientes de vários tipos. Quando os diretores dos bancos de reserva deviam ser escolhidos, os banqueiros do interior recusavam-se frequentemente a votar ou, quando votavam, depositavam os seus votos conforme as instruções dos correspondentes da cidade. Nestas circunstâncias, o controlo popular ou democrático dos bancos de reserva estava fora de questão. Poderia ter-se garantido uma eficiência razoável se homens honestos, reconhecendo o seu dever público, tivessem assumido o poder. Se tais homens existiam, não chegaram a integrar o Conselho da Reserva Federal. Num banco de reserva atual, a gestão principal está nas mãos de um homem que nunca exerceu funções bancárias efetivas na vida, enquanto noutra instituição de reserva tanto o governador como o presidente são antigos dirigentes de bancos agora extintos. Naturalmente, têm um elevado historial de insucessos no seu distrito. Na maioria dos distritos, o nível de desempenho, avaliado segundo bons padrões bancários, é vergonhosamente baixo entre os executivos da reserva. A política do Banco da Reserva Federal de Filadélfia é conhecida no Sistema como os «Bancos dos Amigos e Parentes».

"Foi enquanto obtinham lucros de guerra em quantias consideráveis que alguém concebeu a ideia de usar os lucros para se dotarem de edifícios fenomenalmente caros. Hoje, os Bancos da Reserva têm de manter constantemente em circulação mil milhões de dólares do seu dinheiro apenas para pagar as suas próprias despesas em tempos normais.

"A melhor ilustração do que o Sistema fez e não fez é oferecida pela experiência que o país estava a viver com a especulação, em maio de 1929. Três anos antes disso, o atual mercado em alta estava apenas a começar. No outono de 1926, um grupo de banqueiros, entre os quais um de nome mundialmente famoso, estava sentado à mesa num hotel de Washington. Um deles levantou a questão de saber se as baixas taxas de desconto do Sistema não seriam suscetíveis de encorajar a especulação.

«"Sim", respondeu o famoso banqueiro, "incentivarão, mas isso não tem jeito. É o preço que temos de pagar por ajudar a Europa."

"É perfeitamente legítimo questionar se o incentivo à especulação por parte do Conselho foi o preço pago por ajudar a Europa ou se foi o preço pago para induzir uma determinada classe de financistas a ajudar a Europa, mas, em qualquer dos casos, as condições europeias não deveriam ter tido nada a ver com a política de descontos do Conselho. A verdade é que os Bancos da Reserva Federal não entram em contacto com a comunidade.

"O 'homem comum', do Maine ao Texas, foi gradualmente levado a investir as suas poupanças no mercado de ações, com o resultado de que a crescente onda de especulação, realizada a um ritmo cada vez mais acelerado, varreu os negócios legítimos do país.

«Em março de 1928, Roy A. Young, governador do Conselho, foi chamado a comparecer perante uma comissão do Senado.

'Acha que os empréstimos dos corretores são demasiado elevados?', perguntaram-lhe.

"Não estou preparado para dizer se os empréstimos dos corretores são demasiado elevados ou demasiado baixos", respondeu ele, "mas tenho a certeza de que são concedidos de forma segura e conservadora."

"O Secretário do Tesouro Mellon, numa declaração formal, assegurou ao país que não eram demasiado elevados, e Coolidge, utilizando material que lhe foi fornecido pelo Conselho da Reserva Federal, fez uma declaração clara ao país de que não eram demasiado elevados. O Conselho da Reserva Federal, encarregado de proteger os interesses do cidadão comum, fez assim o possível para garantir ao cidadão comum que não devia sentir qualquer alarme em relação às suas poupanças. No entanto, o Conselho da Reserva Federal emitiu, a 2 de fevereiro de 1929, uma carta dirigida aos diretores dos bancos da Reserva, alertando-os para o grave perigo de mais especulação.

«O que se poderia esperar de um grupo de homens como o que compunha o Conselho de Administração, um conjunto de homens cujo único interesse era esconder-se por trás de um sempre que havia qualquer risco de atrito, demonstrando um apetite voraz por reconhecimento e elogios, enquanto ansiavam apenas por "estar a altura" dos "grandes nomes" que consideravam os senhores das finanças e da banca americanas?»

H. Parker Willis omitiu qualquer referência a Lord Montague Norman e às maquinações do Banco de Inglaterra que estavam prestes a resultar no Crash de 1929 e na Grande Depressão.

CAPÍTULO DOZE

A GRANDE DEPRESSÃO

R.G. Hawtrey, o economista inglês, afirmou, na American Economic Review de março de 1926:

«Quando o investimento externo ultrapassa a oferta de poupança geral, o mercado de investimento tem de suportar o excedente com dinheiro emprestado pelos bancos. A solução é o controlo do crédito através de um aumento da taxa bancária.»

O Conselho da Reserva Federal aplicou este controlo do crédito, mas não em 1926, nem como medida corretiva. Só foi aplicado em 1929, e nessa altura a taxa foi aumentada como medida punitiva, para excluir todos, exceto os grandes consórcios.

O professor Cassel, no Quarterly Journal of Economics, de agosto de 1928, escreveu que: «O facto de um banco central não aumentar a sua taxa bancária de acordo com a situação real do mercado de capitais aumenta consideravelmente a intensidade do movimento cíclico do comércio, com todos os seus efeitos perniciosos na economia social. Uma regulação racional da taxa bancária está nas nossas mãos e só poderá ser concretizada se percebermos a sua importância e decidirmos adotar tal política.

Com uma taxa bancária regulada nestes termos, as condições para o desenvolvimento dos ciclos económicos seriam radicalmente alteradas e, de facto, os ciclos económicos que conhecemos passariam a ser coisa do passado.»

Esta é a premissa mais autoritária até agora formulada, sugerindo que as nossas depressões económicas são precipitadas artificialmente. A ocorrência do Pânico de 1907, da Depressão Agrícola de 1920 e da Grande Depressão de 1929, todas elas em anos de boas colheitas e em períodos de prosperidade nacional, sugere que essa premissa não é mera especulação. Lord Maynard Keynes salientou que a maioria das teorias do ciclo económico não conseguiu relacionar adequadamente a sua análise com o mecanismo monetário. Qualquer inquérito ou estudo sobre uma depressão que não incluísse fatores como os movimentos do ouro e as pressões sobre as divisas seria inútil, mas os economistas americanos sempre evitaram esta questão.

A Liga das Nações tinha alcançado o seu objetivo de fazer com que as nações da Europa voltassem ao padrão-ouro até 1928, mas três quartos do ouro mundial encontravam-se na França e nos Estados Unidos. O problema era como fazer com que esse ouro chegasse aos países que dele necessitavam como base para a moeda e o crédito. A resposta foi a ação do Sistema da Reserva Federal.

Na sequência da reunião secreta do Conselho da Reserva Federal e dos responsáveis dos bancos centrais estrangeiros em 1927, os Bancos da Reserva Federal duplicaram, em poucos meses, as suas detenções de títulos do Tesouro e aceites, o que resultou na exportação de quinhentos milhões de dólares em ouro nesse ano. As atividades de mercado do Sistema forçaram a descida das taxas de juro do dinheiro à vista na Bolsa de Valores e forçaram a saída do ouro do país. Os estrangeiros também aproveitaram esta oportunidade para comprar em grande quantidade títulos do Tesouro devido à baixa taxa de juro do dinheiro à vista.

«O acordo entre o Banco de Inglaterra e as autoridades da Reserva Federal de Washington, há muitos meses, era que forçaríamos a exportação de 725 milhões de ouro através da redução das taxas bancárias aqui, ajudando assim à estabilização da França e da Europa e colocando a França numa base de ouro.»[124] (20 de abril de 1928)

A 6 de fevereiro de 1929, o Sr. Montagu Norman, Governador do Banco de Inglaterra, deslocou-se a Washington e teve uma reunião com Andrew Mellon, Secretário do Tesouro. Imediatamente após essa visita misteriosa, o Conselho da Reserva Federal alterou abruptamente a sua política e adotou uma política de taxas de desconto elevadas, abandonando a política de dinheiro barato que

---

[124] Clarence W. Barron, **They Told Barron**, Harpers, Nova Iorque, 1930, p. 353.

tinha inaugurado em 1927, após outra visita do Sr. Norman. A queda da bolsa de valores e a deflação da estrutura financeira do povo americano estavam programadas para ocorrer em março. Para dar início ao processo, Paul Warburg emitiu o aviso oficial aos corretores para que saíssem do mercado. No seu relatório anual aos acionistas do seu International Acceptance Bank, em março de 1929, o Sr. Warburg afirmou:

«Se se permitir que as orgias de especulação desenfreada se espalhem, o colapso final afetará certamente não só os próprios especuladores, mas provocará uma depressão geral que envolverá todo o país.»

Durante três anos de «especulação desenfreada», o Sr. Warburg não achou por bem fazer quaisquer comentários sobre a situação da Bolsa de Valores. Um órgão de imprensa amigo, *o The New York Times*, não só dedicou duas colunas àquele relatório na sua página editorial, como também comentou editorialmente a sabedoria e a profundidade das observações do Sr. Warburg. A preocupação do Sr. Warburg era genuína, pois a bolha do mercado bolsista tinha ido muito mais longe do que se pretendia, e os banqueiros temiam as consequências caso as pessoas percebessem o que se estava a passar. Quando esta reportagem no *The New York Times* desencadeou uma onda repentina de vendas na Bolsa, os banqueiros entraram em pânico e decidiu-se acalmar um pouco o mercado. Assim, o National City Bank de Warburg injetou vinte e cinco milhões de dólares em dinheiro no mercado monetário e adiou o dia do colapso.

A revelação da decisão final do Conselho da Reserva Federal de desencadear a Crise de 1929 aparece, por incrível que pareça, no *The New York Times*. A 20 de abril de 1929, *o The Times* publicou a seguinte manchete: «Reunião secreta do Conselho Consultivo Federal em Washington. As resoluções foram aprovadas pelo conselho e transmitidas ao conselho de administração, mas o seu objetivo foi mantido em segredo. Tanto o conselho de administração como o conselho consultivo criaram uma atmosfera de profundo mistério em torno dos trabalhos. Foram envidados todos os esforços para manter em segredo os trabalhos desta sessão extraordinária. Foram dadas respostas evasivas aos correspondentes dos jornais.»

Apenas o círculo mais restrito do «The London Connection» sabia que tinha sido decidido, nesta «reunião secreta», baixar o pano sobre o maior boom especulativo da história americana. Aqueles que estavam a par da situação começaram a vender todas as ações especulativas e a investir o seu dinheiro em obrigações do Estado. Aqueles que não tinham acesso a esta informação secreta, e entre eles contavam-se alguns dos homens mais ricos da América, continuaram a manter as suas ações especulativas e perderam tudo o que tinham.

Em FDR, My Exploited Father-in-Law, o Coronel Curtis B. Dall, que era corretor em Wall Street na altura, escreve sobre o Crash: «Na verdade, foi a "espoliacão" calculada do público pelas potências monetárias mundiais, desencadeada pela escassez repentina e planeada da oferta de dinheiro à vista no mercado monetário de Nova Iorque.»[125] Da noite para o dia, o Sistema da Reserva Federal tinha aumentado a taxa de juro para vinte por cento. Incapazes de cumprir esta taxa, a única alternativa dos especuladores era atirar-se pela janela.

A taxa do Banco da Reserva Federal de Nova Iorque, que ditava a taxa de juro nacional, subiu para seis por cento a 1 de novembro de 1929. Depois de os investidores terem falido, a taxa desceu para um e meio por cento a 8 de maio de 1931. O congressista Wright Patman, em «A Primer On Money», afirma que a oferta monetária diminuiu em oito mil milhões de dólares entre 1929 e 1933, levando 11 630 bancos, de um total de 26 401 nos Estados Unidos, à falência e ao encerramento.

O Conselho da Reserva Federal já tinha alertado os acionistas dos Bancos da Reserva Federal para saírem do mercado, em 6 de fevereiro de 1929, mas não se preocupou em dizer nada ao resto da população. Ninguém sabia o que se passava, exceto os banqueiros de Wall Street que estavam a comandar o espetáculo. Os movimentos do ouro eram completamente pouco fiáveis. O Quarterly Journal of Economics observou que:

«A questão foi levantada, não só neste país, mas em vários países europeus, sobre se as estatísticas aduaneiras registam com precisão os movimentos de metais preciosos e, quando foram realizadas investigações, a confiança nesses números foi enfraquecida em vez

[125] Coronel Curtis B. Dall, *F.D.R., My Exploited Father-in-Law*, Liberty Lobby, Washington, D.C., 1970.

de reforçada. Qualquer movimento entre a França e a Inglaterra, por exemplo, deveria ser registado em cada país, mas tal comparação revela uma discrepância média anual de cinquenta milhões de francos para a França e oitenta e cinco milhões de francos para a Inglaterra. Estas enormes discrepâncias não são explicadas.»

O Exmo. Reginald McKenna afirmou que:

«O estudo das relações entre as variações nas reservas de ouro e a evolução dos níveis de preços mostra o que deveria ser muito óbvio, mas que de modo algum é reconhecido: que o padrão-ouro não funciona de forma automática. O padrão-ouro pode ser, e é, gerido e controlado de forma útil em benefício de um pequeno grupo de comerciantes internacionais.»

Em agosto de 1929, o Conselho da Reserva Federal aumentou a taxa para seis por cento. No mês seguinte, o Banco de Inglaterra aumentou a sua taxa de cinco e meio por cento para seis e meio por cento. O Dr. Friday, na edição de setembro de 1929 da Review of Reviews, não conseguiu encontrar qualquer razão para a ação do Conselho:

«A declaração da Reserva Federal de 7 de agosto de 1929 mostra que não existem sinais de insuficiência para as necessidades do outono. Os recursos em ouro são consideravelmente superiores aos do ano anterior, e o ouro continua a entrar, para embaraço financeiro da Alemanha e da Inglaterra. As razões para a ação do Conselho devem ser procuradas noutro lugar. Ao público foi dada apenas a indicação de que "Este problema tem apresentado dificuldades devido a certas condições peculiares". Todas as razões que o Governador Young apresentou para baixar a taxa bancária no ano passado existem agora. Aumentar a taxa significa que não só existe o perigo de retirar ouro do estrangeiro, como as importações do metal amarelo têm vindo a ocorrer nos últimos quatro meses. Fazer qualquer coisa que acentue esta situação é assumir a responsabilidade por provocar uma deflação de crédito a nível mundial.»

Assim, constatamos que não só o Sistema da Reserva Federal foi responsável pela Primeira Guerra Mundial, que tornou possível ao permitir que os Estados Unidos financiassem os Aliados, como as suas políticas provocaram a depressão mundial de 1929-31. O governador Adolph C. Miller afirmou na Investigação do Senado sobre o Conselho da Reserva Federal, em 1931, que:

«Se não tivéssemos tido o Sistema da Reserva Federal, não creio que tivéssemos tido uma situação especulativa tão grave como a que tivemos, para começar.»

Carter Glass respondeu: «Deixou claro que o Conselho da Reserva Federal proporcionou uma enorme expansão do crédito através destas transações de mercado aberto.»

Emmanuel Goldenweiser disse: «Em 1928-29, o Conselho Federal estava empenhado numa tentativa de conter o rápido aumento dos empréstimos garantidos por títulos e da especulação no mercado bolsista. A continuidade desta política de contenção, no entanto, foi interrompida pela redução das taxas de juro das letras no outono de 1928 e no verão de 1929.»

Tanto o J.P. Morgan como a Kuhn, Loeb Co. tinham «listas privilegiadas» de homens a quem enviavam avisos antecipados sobre ações lucrativas. Os homens incluídos nessas listas privilegiadas podiam comprar essas ações a preço de custo, ou seja, entre 2 a 15 pontos por ação abaixo do preço a que eram vendidas ao público. Os homens nessas listas eram colegas banqueiros, industriais proeminentes, políticos poderosos da cidade, membros do Comité Nacional dos Partidos Republicano e Democrata e governantes de países estrangeiros. Os homens nessas listas foram notificados da queda iminente e venderam todas as ações, exceto as chamadas ações de primeira linha, como a General Motors, a Dupont, etc. Os preços dessas ações também caíram para mínimos históricos, mas recuperaram-se pouco tempo depois. A forma como os grandes banqueiros operaram em 1929 é revelada por uma reportagem da Newsweek de 30 de maio de 1936, quando um nomeado por Roosevelt, Ralph W. Morrison, se demitiu do Conselho da Reserva Federal:

«O consenso geral é que o Conselho da Reserva Federal perdeu um homem competente. Ele vendeu as suas ações de serviços públicos do Texas a Insull por dez milhões de dólares e, em 1929, convocou uma reunião e ordenou aos seus bancos que encerrassem todos os empréstimos garantidos até 1 de setembro. Como resultado, eles atravessaram a depressão com grande sucesso.»

Como era de se esperar, todos os grandes banqueiros atravessaram a depressão «com grande sucesso». Quem sofreu foram os trabalhadores e agricultores que tinham investido o seu dinheiro em ações que prometiam enriquecimento, depois de o presidente dos Estados Unidos, Calvin Coolidge, e o secretário do Tesouro, Andrew Mellon, os terem persuadido a fazê-lo.

Havia havido alguns avisos sobre a aproximação do colapso na Inglaterra, que os jornais americanos nunca viram. O London Statist, em 25 de maio de 1929, dizia:

«As autoridades bancárias dos Estados Unidos parecem querer um pânico no mundo dos negócios para travar a especulação.»

O London Economist, em 11 de maio de 1929, dizia:

«Os acontecimentos do ano passado testemunharam o início de uma nova técnica que, se mantida e desenvolvida, poderá conseguir "racionar o especulador sem prejudicar o comerciante".»

O governador Charles S. Hamlin citou esta declaração nas audiências do Senado em 1931 e afirmou, em corroboração da mesma:

«Esse era o sentimento de certos membros do Conselho: retirar o crédito da Reserva Federal ao especulador sem prejudicar o comerciante.»

O governador Hamlin não se preocupou em salientar que os «especuladores» que pretendia derrubar eram os professores e os pequenos comerciantes de cidades de província que tinham investido as suas poupanças no mercado bolsista, nem que os «comerciantes» que tentava proteger eram os grandes operadores de Wall Street, Bernard Baruch e Paul Warburg.

Quando o Banco da Reserva Federal de Nova Iorque aumentou a sua taxa para seis por cento a 9 de agosto de 1929, iniciaram-se condições de mercado que culminaram em enormes ordens de venda de 24 de outubro a novembro, que anularam 160 mil milhões de dólares em valores mobiliários. Foram 160 mil milhões que os cidadãos americanos tinham num mês e deixaram de ter no mês seguinte. Podemos ter uma ideia da calamidade se recordarmos que o nosso enorme dispêndio de dinheiro e bens na Segunda Guerra Mundial ascendeu a pouco mais de duzentos mil milhões de dólares, e grande parte disso permaneceu como títulos negociáveis na dívida nacional. A queda da bolsa de valores é a maior desgraça que os Estados Unidos alguma vez sofreram.

A Academia de Ciências Políticas da Universidade de Columbia, na sua reunião anual em janeiro de 1930, realizou uma análise retrospectiva do Colapso de 1929. O vice-presidente Paul Warburg deveria ter presidido, e o diretor Ogden Mills deveria ter desempenhado um papel importante na discussão. No entanto, estes dois senhores não compareceram. O professor Oliver M.W. Sprague, da Universidade de Harvard, comentou sobre o colapso:

«Temos aqui um belo caso de estudo de laboratório em que o mercado bolsista caiu aparentemente devido ao seu próprio peso.»

Foi salientado que não houve esgotamento do crédito, como em 1893, nem escassez de moeda, como no Pânico de 1907, quando se recorreu aos certificados da câmara de compensação, nem um colapso dos preços das mercadorias, como em 1920. O que, então, tinha causado a crise? As pessoas tinham comprado ações a preços elevados e esperavam que os preços continuassem a subir. Os preços tinham de descer, e assim aconteceu. Era óbvio para os economistas e banqueiros reunidos em torno do seu brandy e charutos no Hotel Astor que a culpa era do povo. Certamente que o povo tinha cometido um erro ao comprar títulos de sobrevalorizados, mas tinha sido persuadido a fazê-lo por todos os cidadãos proeminentes, desde o Presidente dos Estados Unidos até aos mais humildes. Todas as revistas de circulação nacional, todos os grandes jornais e todos os banqueiros, economistas e políticos proeminentes tinham-se juntado ao grande esquema de confiança que consistia em incitar as pessoas a comprar esses títulos sobrevalorizados. Quando o Banco da Reserva Federal de Nova Iorque aumentou a sua taxa para seis por cento, em agosto de 1929, as pessoas começaram a sair do mercado, e isso transformou-se num pânico que fez com que os preços dos títulos caíssem muito abaixo dos seus níveis naturais. Tal como em pânicos anteriores, isto permitiu que tanto Wall Street como os operadores estrangeiros bem informados adquirissem títulos «blue-chip» e «gilt-edged» por uma fração do seu valor real.

A Crise de 1929 assistiu também à formação de gigantescas sociedades gestoras de participações sociais que adquiriram estas obrigações e títulos baratos, tais como a Marine Midland

Corporation, a Lehman Corporation e a Equity Corporation. Em 1929, a J.P. Morgan Company organizou o gigantesco trust alimentar, a Standard Brands. Surgiu uma oportunidade sem igual para os operadores de trusts alargarem e consolidarem as suas participações.

Emmanuel Goldenweiser, diretor de investigação do Sistema da Reserva Federal, afirmou, em 1947:

«Em retrospetiva, é claro que o Conselho deveria ter ignorado a expansão especulativa e permitido que ela entrasse em colapso sob o seu próprio peso.»

Esta admissão de erro, dezoito anos após o acontecimento, foi um pequeno consolo para as pessoas que perderam as suas poupanças na Crise.

A Quebra da Bolsa de Wall Street de 1929 marcou o início de uma deflação de crédito a nível mundial que se prolongou até 1932, da qual as democracias ocidentais só se recuperaram quando começaram a rearmar-se para a Segunda Guerra Mundial. Durante esta depressão, os operadores dos trustes reforçaram o seu controlo ao apoiarem três vigaristas internacionais: os irmãos Van Sweringen, Samuel Insull e Ivar Kreuger. Estes homens acumularam títulos no valor de milhares de milhões de dólares, atingindo níveis fantásticos. Os banqueiros que os promoveram e lançaram a sua emissão de ações poderiam tê-los travado a qualquer momento, exigindo o reembolso de empréstimos inferiores a um milhão de dólares, mas deixaram-nos prosseguir até que incorporassem muitas propriedades industriais e financeiras em holdings, que os bancos depois adquiriram por quase nada. Insull acumulou participações em serviços públicos por todo o Meio-Oeste, que os bancos obtiveram por uma fração do seu valor. Ivar Kreuger era apoiado pela Lee Higginson Company, supostamente uma das instituições bancárias mais conceituadas do país. O Saturday Evening Post chamou-o de «mais do que um titã financeiro», e a revista inglesa Fortnightly afirmou, num artigo escrito em dezembro de 1931, sob o título «Um Capítulo nas

Finanças Construtivas»: «É como irrigador financeiro que Kreuger se tornou de tão vital importância para a Europa.»[126]

«Irrigador financeiro», como nos lembramos, foi o título atribuído a Jacob Schiff pela revista Newsweek, quando esta descreveu como Schiff tinha comprado as ferrovias americanas com o dinheiro dos Rothschild.

A revista The New Republic observou, a 25 de janeiro de 1933, ao comentar o facto de a Lee Higginson Company ter negociado títulos da Kreuger and Toll no mercado americano:

«Foram desviados três quartos de mil milhões de dólares. Quem foi capaz de ordenar à polícia francesa que mantivesse em segredo a notícia deste suicídio extremamente importante durante algumas horas, durante as quais alguém vendeu títulos da Kreuger em grandes quantidades, saindo assim do mercado antes do colapso?»

O Conselho da Reserva Federal poderia ter controlado a enorme expansão de crédito de Insull e Kreuger, investigando as garantias sobre as quais os seus empréstimos estavam a ser concedidos, mas os governadores nunca realizaram qualquer análise das atividades destes homens.

O banco moderno, com as facilidades de crédito que oferece, proporciona uma oportunidade que antes não existia para operadores como Kreuger darem a impressão de dispor de capital abundante com a ajuda de capital emprestado. Isto permite ao especulador comprar títulos com títulos. O único limite ao montante que ele pode monopolizar é o montante que os bancos lhe concedem, e, se um especulador estiver a ser promovido por uma instituição bancária de renome, tal como Kreuger foi promovido pela Lee Higginson Company, a única forma de o impedir de seria através de uma investigação dos seus recursos financeiros reais, que, no caso de Kreuger, se teriam revelado nulos.

---

126 NOTA: Ivar Kreuger, como nos lembramos, era ocasionalmente convidado pessoal do seu velho amigo, o presidente Herbert Hoover, na Casa Branca. Hoover parece ter mantido uma relação cordial com muitos dos mais proeminentes vigaristas do século XX, incluindo o seu sócio, Emile Francqui. A liquidação judicial da fraude de mil milhões de dólares de Kreuger foi conduzida por Samuel Untermeyer, antigo conselheiro nas audiências da Comissão Pujo.

O líder do povo americano durante o Crash de 1929 e a depressão subsequente foi Herbert Hoover. Após a primeira quebra do mercado (os cinco mil milhões de dólares em valores mobiliários que desapareceram a 24 de outubro de 1929), o Presidente Hoover afirmou:

«A atividade fundamental do país, ou seja, a produção e distribuição de bens, assenta numa base sólida e próspera.»

O seu Secretário do Tesouro, Andrew Mellon, afirmou a 25 de dezembro de 1929 que:

«Os negócios do Governo estão em boas condições.»

O seu próprio negócio, a Aluminum Company of America, aparentemente não estava a correr tão bem, pois ele tinha reduzido os salários de todos os funcionários em dez por cento.

O New York Times noticiou a 7 de abril de 1931: «Montagu Norman, governador do Banco de Inglaterra, reuniu-se hoje aqui com o Conselho da Reserva Federal. Estiveram presentes Mellon, Meyer e George L. Harrison, governador do Banco da Reserva Federal de Nova Iorque.»

A London Connection tinha enviado Norman desta vez para garantir que a Grande Depressão estava a decorrer conforme o previsto. O congressista Louis McFadden tinha-se queixado, conforme noticiado no *The New York Times*, a 4 de julho de 1930: «Os preços das mercadorias estão a ser reduzidos para os níveis de 1913. Os salários estão a ser reduzidos pelo excedente de mão-de-obra de quatro milhões de desempregados. O controlo de Morgan sobre o Sistema da Reserva Federal é exercido através do controlo do Banco da Reserva Federal de Nova Iorque, da representação medíocre e da aquiescência do Conselho da Reserva Federal em Washington.» À medida que a depressão se agravava, o domínio do trust sobre a economia americana reforçava-se, mas ninguém apontava o dedo às partes que controlavam o sistema.

CAPÍTULO TREZE

A DÉCADA DE 1930

Em 1930, Herbert Hoover nomeou para o Conselho da Reserva Federal um velho amigo dos tempos da Primeira Guerra Mundial, Eugene Meyer, Jr., que tinha um longo historial de serviço público que remontava a 1915, quando se associou a Bernard Baruch na Alaska-Juneau Gold Mining Company. Meyer tinha sido Conselheiro Especial do Conselho das Indústrias de Guerra para Metais Não Ferrosos (ouro, prata, etc.); Assistente Especial do Secretário da Guerra para a produção de aeronaves; em 1917, foi nomeado para o Comité Nacional de Poupanças de Guerra e nomeado Presidente da Corporação de Finanças de Guerra de 1918 a 1926. Foi então nomeado presidente do Conselho Federal de Empréstimos Agrícolas de 1927 a 1929. Hoover colocou-o no Conselho da Reserva Federal em 1930, e Franklin D. Roosevelt criou o Banco de Reconstrução para a Reconstrução e o Desenvolvimento em 1946. Meyer devia ser um homem de capacidade excecional para ocupar tantos cargos importantes. No entanto, havia alguns senadores que não acreditavam que ele devesse ocupar qualquer cargo governamental, devido à sua origem familiar como negociante internacional de ouro e às suas operações misteriosas envolvendo milhares de milhões de dólares em títulos do Estado durante a Primeira Guerra Mundial. Consequentemente, o Senado realizou audiências para determinar se Meyer deveria fazer parte do Conselho da Reserva Federal.

Nestas audiências, o deputado Louis T. McFadden, presidente da Comissão de Bancos e Moeda da Câmara dos Representantes, afirmou:

«Eugene Meyer, Jr. tem tido o seu próprio grupo de apoiantes no governo desde que começou em 1917.

O pessoal da sua Corporação de Financiamento de Guerra assumiu o controlo do Sistema Federal de Empréstimos Agrícolas e, quase imediatamente a seguir, o Kansas City Joint Stock Land Bank e o Ohio Joint Stock Land Bank entraram em falência.

DEPUTADO RAINEY: O Sr. Meyer, quando se demitiu nominalmente do cargo de presidente do Conselho Federal de Empréstimos Agrícolas, não cessou realmente as suas atividades nessa instituição. Deixou para trás um grupo competente de destruidores. Estes continuam a seguir as suas políticas e a consultar-se com ele. Antes da sua nomeação, consultava-se frequentemente com o Secretário Adjunto do Tesouro, Dewey. Pouco antes da sua nomeação, o Chicago Joint Land Stock Bank, o Dallas Joint Stock Land Bank, o Kansas City Joint Land Stock Bank e o Des Moines Land Bank estavam todos em funcionamento. As suas obrigações estavam a ser vendidas ao valor nominal. O então comissário agrícola tinha um acordo com o Secretário Dewey de que nada seria feito sem o consentimento e a aprovação do Conselho Federal de Empréstimos Agrícolas. Alguns dias depois, os Marshals dos Estados Unidos, com pistolas ao cinto e, por vezes, com as armas em punho, entraram nestes cinco bancos e exigiram que lhes fossem entregues. A notícia espalhou-se por todos os Estados Unidos, através dos jornais, sobre o que tinha acontecido, e estes bancos ficaram arruinados. Isto levou à ruptura com o antigo Conselho Federal de Empréstimos Agrícolas, à demissão de três dos seus membros e à nomeação do Sr. Meyer para chefiar esse Conselho.

SENADOR CAREY: Quem autorizou os agentes federais a tomarem o controlo dos bancos?

DEPUTADO RAINEY: O Secretário Adjunto do Tesouro, Dewey. Isso deu início à ruína de todos estes bancos rurais, e os Gianninis compraram-nos em grande número.»

A revista World's Work, de fevereiro de 1931, dizia:

«Quando a Guerra Mundial começou para nós em 1917, o Sr. Eugene Meyer, Jr. foi um dos primeiros a ser chamado a Washington. Em abril de 1918, o Presidente Wilson nomeou-o Diretor da Corporação de Finanças de Guerra. Esta corporação emprestou 700 milhões de dólares a instituições bancárias e financeiras.»

As audiências do Senado sobre Eugene Meyer Jr. continuaram:

DEPUTADO MCFADDEN: «A Lazard Frères, a casa bancária internacional de Nova Iorque e Paris, era uma casa bancária da família Meyer. Está frequentemente envolvida em importações e exportações de ouro, e uma das funções importantes do Sistema da Reserva Federal tem a ver com os movimentos de ouro na manutenção e e das suas próprias operações. Ao rever a ata da audiência que tivemos na última quinta-feira, o senador Fletcher perguntou ao Sr. Meyer: 'Tem alguma ligação com a banca internacional?' O Sr. Meyer respondeu: 'Eu? Pessoalmente, não.' Esta última pergunta e resposta não constam na transcrição estenográfica. O senador Fletcher lembra-se de ter feito a pergunta e de ter ouvido a resposta. É uma omissão estranha.

SENADOR BROOKHART: Segundo sei, o Sr. Meyer reviu-a para correções.

DEPUTADO MCFADDEN: O Sr. Meyer é cunhado de George Blumenthal, membro da firma J.P. Morgan Company, que representa os interesses dos Rothschild. É também um oficial de ligação entre o Governo francês e a J.P. Morgan. Edmund Platt, a quem faltavam oito anos para terminar um mandato de dez anos como Governador do Conselho da Reserva Federal, demitiu-se para dar lugar ao Sr. Meyer. Platt recebeu o cargo de vice-presidente da Marine Midland Corporation por parte do cunhado de Meyer, Alfred A. Cook. Eugene Meyer Jr., na qualidade de presidente da War Finance Corporation, encarregado da colocação de dois mil milhões de dólares em títulos do Tesouro, colocou muitas dessas ordens, em primeiro lugar, junto da casa bancária agora localizada no n.º 14 da Wall Street, em nome de Eugene Meyer Jr. O Sr. Meyer é agora um grande acionista da Allied Chemical Corporation. Chamo a vossa atenção para o Relatório da Câmara n.º 1635, 68.º Congresso, 2.ª Sessão, que revela que pelo menos vinte e quatro milhões de dólares em obrigações foram duplicados. Foram destruídos sub-repticiamente dez mil milhões de dólares em obrigações. A nossa comissão de Bancos e Moeda considerou os registos da War Finance Corporation, sob a direção de Eugene Meyer, Jr., extremamente falhos. Enquanto os livros eram apresentados à nossa comissão pelas pessoas que os guardavam e levados de volta para o Tesouro à noite, a comissão descobriu que estavam a ser feitas alterações nos registos permanentes.»

O historial de serviço público não impediu Eugene Meyer, Jr. de continuar a servir o povo americano no Conselho da Reserva Federal, como presidente da Corporação de Financiamento da Reconstrução e como diretor do Banco Internacional.

O presidente Rand, da Marine Midland Corporation, questionado sobre o seu súbito desejo de contar com os serviços de Edmund Platt, disse:

«Pagamos ao Sr. Platt 22 000 dólares por ano e, claro, ficámos com a sua secretária.» Isto significava mais cinco mil por ano.

O senador Brookhart demonstrou que Eugene Meyer Jr. administrou o Conselho Federal de Empréstimos Agrícolas contra os interesses dos agricultores americanos, afirmando:

«O Sr. Meyer nunca emprestou mais de 180 milhões de dólares do capital social de 500 milhões de dólares do Conselho de Empréstimos Agrícolas, pelo que, ao ajudar os agricultores, nem sequer conseguiu utilizar metade do capital.»

> SR. MEYER: O senador Kenyon escreveu-me uma carta que demonstrava que eu cooperei com grande benefício para o povo do Iowa.
>
> SENADOR BROOKHART: «O senhor tomou uma posição contrária à da turma de Wall Street. Eles enviam sempre alguém para fazer isso. Ainda não descobri nas suas declarações grande interesse em conceder empréstimos aos agricultores em geral, nem qualquer esforço real para melhorar a sua situação. Nos seus dois anos como presidente do Conselho Federal de Empréstimos Agrícolas, concedeu muito poucos empréstimos em comparação com o seu capital. Concedeu apenas um oitavo da procura, de acordo com a sua própria declaração.»

Apesar das provas condenatórias reveladas nestas audiências no Senado, Eugene Meyer, Jr. permaneceu no Conselho da Reserva Federal.

Durante este período trágico, o presidente Louis McFadden da Comissão de Bancos e Moeda da Câmara dos Representantes continuou a sua cruzada solitária contra a «Conexão de Londres», que tinha arruinado a nação. A 10 de junho de 1932, McFadden dirigiu-se à Câmara dos Representantes:

«Algumas pessoas pensam que os bancos da Reserva Federal são instituições do Governo dos Estados Unidos. Não são instituições governamentais. São monopólios de crédito privados que exploram o povo dos Estados Unidos em benefício próprio e dos seus clientes estrangeiros. Os bancos da Reserva Federal são agentes dos bancos centrais estrangeiros. Henry Ford afirmou: 'O único objetivo destes financistas é o controlo mundial através da criação de dívidas inextinguíveis.' A verdade é que o Conselho da Reserva Federal usurpou o Governo dos Estados Unidos através do arrogante monopólio de crédito que opera o Conselho da Reserva Federal e os bancos da Reserva Federal.»

Em 13 de janeiro de 1932, McFadden apresentou uma resolução acusando o Conselho de Governadores da Reserva Federal de «conspiração criminosa»:

«Considerando que os acuso, solidariamente, do crime de terem conspirado e agido de forma traidora contra a paz e a segurança dos Estados Unidos e de terem conspirado de forma traidora para destruir o governo constitucional nos Estados Unidos. Fica decidido que a Comissão de Justiça está autorizada e encarregada, no seu conjunto ou por subcomissão, de investigar a conduta oficial do Conselho da Reserva Federal e dos seus agentes, a fim de determinar se, na opinião da referida comissão, se tornaram culpados de qualquer crime grave ou delito que, nos termos da Constituição, exija a intervenção dos poderes constitucionais da Câmara.»

Não foi tomada qualquer medida relativamente a esta Resolução. McFadden voltou a 13 de dezembro de 1932 com uma moção para destituir o Presidente Herbert Hoover. Apenas cinco congressistas o apoiaram nesta questão, e a resolução foi rejeitada. O líder da maioria republicana na Câmara dos Representantes observou: «Louis T. McFadden está agora politicamente morto.»

Em 23 de maio de 1933, McFadden apresentou a Resolução da Câmara n.º 158, Artigos de Impeachment contra o Secretário do Tesouro, dois Secretários Adjuntos do Tesouro, o Conselho de Governadores da Reserva Federal e os dirigentes e administradores dos Bancos da Reserva Federal pela sua culpa e conluio na causa da Grande Depressão. "Acuso-os de terem ilegalmente apropriado-se de mais de 80 mil milhões de dólares do Governo dos Estados Unidos no ano de 1928, consistindo a referida apropriação ilegal na recriação ilegal de créditos contra o Tesouro dos Estados Unidos no valor de mais de 80 mil milhões de dólares no ano de 1928 e em cada ano subsequente, e de terem roubado o Governo dos Estados Unidos e o povo dos Estados Unidos através do roubo e venda da reserva de ouro dos Estados Unidos.»

A resolução nunca chegou a ser votada. Uma campanha de boatos de que McFadden era louco varreu Washington e, nas eleições legislativas seguintes, ele foi derrotado de forma esmagadora por milhares de dólares investidos no seu distrito natal de Canton, na Pensilvânia.

Em 1932, o povo americano elegeu Franklin D. Roosevelt presidente dos Estados Unidos. Isto foi saudado como a libertação do povo americano da influência maligna que tinha provocado a Grande Depressão, o fim do domínio de Wall Street e o desaparecimento dos banqueiros de Washington.

Roosevelt devia a sua carreira política a uma circunstância fortuita. Enquanto Secretário Adjunto da Marinha durante a Primeira Guerra Mundial, devido a laços da velha guarda, ele interveio para impedir a acusação de uma grande rede de homossexuais na Marinha, que incluía vários colegas de Groton e de Harvard. Isto granjeou-lhe a apreciação favorável de um rico círculo homossexual internacional que viajava de um lado para o outro entre Nova Iorque e Paris, e que era presidido por Bessie Marbury, de uma família nova-iorquina muito antiga e proeminente. A «esposa» de Bessie, que viveu com ela durante vários anos, era Elsie de Wolfe, mais tarde Lady Mendl num «mariage de convenance», a árbitra do círculo internacional. Recrutaram a filha mais nova de J.P. Morgan, Anne Morgan, para o seu círculo e utilizaram a sua fortuna para restaurar a Villa Trianon em Paris, que se tornou a sua sede. Durante a Primeira Guerra Mundial, foi utilizada como hospital. Bessie Marbury esperava receber a Legião de Honra do Governo francês como recompensa, mas J.P. Morgan Jr., que a desprezava por ter corrompido a sua irmã mais nova, solicitou ao Governo francês que recusasse a condecoração, o que este fez. Magoada com esta rejeição, Bessie Marbury lançou-se na política e tornou-se uma figura poderosa no Partido Democrata Nacional. Ela também tinha recrutado Eleanor Roosevelt para o seu círculo e, durante uma visita a Hyde Park, Eleanor confidenciou que estava desesperada por encontrar algo para o «pobre Franklin» fazer, uma vez que ele estava confinado a uma cadeira de rodas e estava muito deprimido.

«Eu sei o que vamos fazer», exclamou Bessie, «Vamos candidatá-lo a governador de Nova Iorque!» Graças ao seu poder, ela conseguiu atingir este objetivo, e Roosevelt tornou-se mais tarde presidente.

Um dos homens que Roosevelt trouxe de Nova Iorque consigo como Conselheiro Especial do Tesouro foi Earl Bailie, da J & W Seligman Company, que se tinha tornado famoso por ser o homem que entregou o suborno de 415 000 dólares a Juan Leguia, filho do Presidente do Peru, para que este aceitasse um empréstimo da J & W Seligman Company. Houve muitas críticas a esta nomeação e o Sr. Roosevelt, em consonância com o seu novo papel de defensor do povo, enviou Earl Bailie de volta para «trazer» Nova Iorque.

O próprio Franklin D. Roosevelt era um banqueiro internacional de má reputação, tendo lançado grandes emissões de obrigações estrangeiras neste país na década de 1920. Estas obrigações entraram em incumprimento e os nossos cidadãos perderam milhões de dólares, mas continuavam a querer o Sr. Roosevelt como presidente. O New York Directory of Directors lista o Sr. Roosevelt como presidente e diretor da United European Investors, Ltd., em 1923 e 1924, que colocou em circulação muitos milhões de marcos alemães neste país, todos os quais entraram em incumprimento. O Poor's Directory of Directors lista-o como diretor da The International Germanic Trust Company em 1928. Franklin D. Roosevelt foi também consultor da Federal International Banking Corporation, uma entidade anglo-americana que negociava títulos estrangeiros nos Estados Unidos.

O escritório de advocacia de Roosevelt, Roosevelt and O'Connor, representou muitas empresas internacionais durante a década de 1920. O seu sócio, Basil O'Connor, foi diretor nas seguintes empresas:

Cuban-American Manganese Corporation, Venezuela-Mexican Oil Corporation, West Indies Sugar Corporation, American Reserve Insurance Corporation, Warm Springs Foundation. Foi administrador noutras empresas e, mais tarde, presidente da Cruz Vermelha Americana.

Quando Franklin D. Roosevelt assumiu o cargo de Presidente dos Estados Unidos, nomeou como Diretor do Orçamento James Paul Warburg, filho de Paul Warburg e Vice-Presidente do International Acceptance Bank e de outras empresas. Roosevelt nomeou como Secretário do Tesouro W.H. Woodin, um dos maiores industriais do país, Diretor da American Car Foundry Company e de inúmeras outras fábricas de locomotivas, da Remington Arms, da The Cuba Company, da Consolidated Cuba Railroads e de outras grandes empresas. Woodin foi posteriormente substituído por Henry Morgenthau, Jr., filho do promotor imobiliário do Harlem que tinha ajudado a colocar Woodrow Wilson na Casa Branca. Com uma equipa como esta, as promessas de Roosevelt de mudanças sociais radicais pareciam ter poucas hipóteses de se concretizarem. Uma das primeiras medidas que tomou foi declarar uma moratória para os banqueiros, para os ajudar a pôr os seus registos em ordem.

A World's Work afirma:

«O Congresso deixou Charles G. Dawes e Eugene Meyer Jr. livres para avaliar, pelos seus próprios métodos, as garantias que os potenciais mutuários do capital de dois mil milhões de dólares possam oferecer.»

Roosevelt também criou a Comissão de Valores Mobiliários, para garantir que nenhum rosto novo entrasse no grupo de Wall Street, o que causou o seguinte diálogo no Congresso:

DEPUTADO WOLCOTT: Nas audiências perante esta comissão em 1933, os economistas mostraram-nos gráficos que provavam, sem margem para dúvidas, que o valor em dólares das mercadorias seguia o nível de preços do ouro. Não foi assim, pois não?

LEON HENDERSON: Não.253

DEPUTADO GIFFORD: Joe Kennedy não foi nomeado [como presidente da Comissão de Valores Mobiliários] pelo presidente Roosevelt por ser favorável às grandes empresas?

LEON HENDERSON: Penso que sim.

Paul Einzig salientou em 1935 que:

«O presidente Roosevelt foi o primeiro a declarar-se abertamente a favor de uma política monetária que visava um aumento deliberado dos preços. Num sentido negativo, a sua política foi bem-sucedida. Entre 1933 e 1935, conseguiu reduzir o endividamento privado, mas isso foi feito à custa do aumento do endividamento público.»

Por outras palavras, ele transferiu o peso das dívidas dos ricos para os pobres, uma vez que os ricos são poucos e os pobres muitos.

O senador Robert L. Owen, ao testemunhar perante a Comissão da Câmara dos Representantes para a Banca e a Moeda em 1938, afirmou:

«Incluí no projeto de lei que apresentei no Senado em 26 de junho de 1913 uma disposição segundo a qual os poderes do Sistema deveriam ser empregues para promover um nível de preços estável, o que significava um dólar com poder de compra e de pagamento de dívidas estável. Essa disposição foi suprimida. Os poderosos interesses financeiros assumiram o controlo do Conselho da Reserva Federal através do Sr. Paul Warburg, do Sr. Albert Strauss e do Sr. Adolph C. Miller, e conseguiram realizar aquela reunião secreta de 18 de maio de 1920, provocando uma contração do crédito tão violenta que deixou cinco milhões de pessoas sem emprego. Em 1920, esse Conselho da Reserva causou deliberadamente o Pânico de 1921. As mesmas pessoas, sem restrições no mercado de ações, expandindo o crédito de forma excessiva entre 1926 e 1929, elevaram o preço das ações a um nível fantástico em que não era possível obter dividendos e, quando as pessoas perceberam isso, tentaram sair, resultando no Crash de 24 de outubro de 1929."

O senador Owen não abordou a questão de saber se o Conselho da Reserva Federal poderia ser responsabilizado perante o público. Na verdade, não podem. São funcionários públicos nomeados pelo presidente, mas os seus salários são pagos pelos acionistas privados dos Bancos da Reserva Federal.

O governador W.P.G. Harding, do Conselho da Reserva Federal, testemunhou em 1921 que:

«O Banco da Reserva Federal é uma instituição detida pelos bancos membros acionistas. O Governo não possui um único dólar em ações da mesma.»

No entanto, o Governo concede ao Sistema da Reserva Federal o uso dos seus milhares de milhões de dólares de crédito, e isto confere à Reserva Federal a sua característica de banco central: o poder de emitir moeda com base no crédito do Governo. Não temos notas do Governo Federal nem certificados de ouro como moeda. Temos notas do Banco da Reserva Federal, emitidas pelos Bancos da Reserva Federal, e cada dólar que imprimem é um dólar no seu bolso.

W. Randolph Burgess, do Banco da Reserva Federal de Nova Iorque, afirmou perante a Academia de Ciências Políticas em 1930 que:

«Nos seus princípios operacionais fundamentais, o Sistema da Reserva Federal não difere de outros bancos emissores, tais como o Banco de Inglaterra, o Banco de França ou o Reichsbank.»

Todos estes bancos centrais têm o poder de emitir moeda nos seus respetivos países. Assim, as pessoas não são donas do seu próprio dinheiro na Europa, nem o são aqui. É impresso de forma privada para lucro privado. As pessoas não têm soberania sobre o seu dinheiro, e acabou por se verificar que não têm soberania sobre outras questões políticas importantes, como a política externa.

Enquanto banco central de emissão, o Sistema da Reserva Federal tem por trás de si toda a enorme riqueza do povo americano. Quando iniciou as suas operações em 1913, criou uma séria ameaça aos bancos centrais dos países empobrecidos da Europa. Por representar esta grande riqueza, atraiu muito mais ouro do que era desejável na década de 1920, e era evidente que em breve todo o ouro do mundo estaria amontoado neste país. Isto tornaria o padrão-ouro uma piada na Europa, porque lá não teriam ouro para respaldar a sua emissão de moeda e crédito. Era o objetivo declarado da Reserva Federal em 1927, após a reunião secreta com os dirigentes dos bancos centrais estrangeiros, fazer com que grandes quantidades desse ouro fossem devolvidas à Europa, e os seus métodos para o fazer — a baixa taxa de juro e as compras massivas de títulos do Tesouro, que criaram vastas somas de dinheiro novo — intensificaram a especulação no mercado bolsista e transformaram a queda da bolsa e a depressão resultante num desastre nacional.

Uma vez que o Sistema da Reserva Federal foi culpado por causar este desastre, poderíamos supor que teriam tentado aliviá-lo.

No entanto, durante os anos sombrios de 1931 e 1932, os governadores do Conselho da Reserva Federal viram a situação do povo americano a agravar-se e não fizeram nada para o ajudar. Isto foi mais criminoso do que a conspiração original da Depressão. Qualquer pessoa que tenha vivido esses anos neste país lembra-se do desemprego generalizado, da miséria e da fome do nosso povo. A qualquer momento durante esses anos, o Conselho da Reserva Federal poderia ter agido para aliviar esta situação.

O problema era colocar algum dinheiro de volta em circulação. Grande parte do dinheiro normalmente usado para pagar alugueres e contas de alimentação tinha sido sugado para Wall Street, de tal forma que não havia dinheiro para sustentar a vida. Em muitas áreas, as pessoas imprimiam o seu próprio dinheiro em madeira e papel para uso nas suas comunidades, e esse dinheiro era válido, uma vez que representava obrigações mútuas que as pessoas cumpriam.

O Sistema da Reserva Federal era um banco central emissor. Tinha o poder de, e assim o fez, quando convinha aos seus proprietários, emitir milhões de dólares. Por que não o fez em 1931 e 1932? Os banqueiros de Wall Street estavam fartos do Sr. Herbert Hoover e queriam que Franklin D. Roosevelt entrasse numa onda de glória como o salvador da nação. Por isso, o povo americano teve de passar fome e sofrer até março de 1933, quando o Cavaleiro Branco chegou com a sua equipa de subornadores de Wall Street e colocou algum dinheiro em circulação n. Foi só isso. Assim que o Sr. Roosevelt assumiu o cargo, a Reserva Federal começou a comprar títulos do Tesouro à razão de dez milhões de dólares por semana durante dez semanas e criou cem milhões de dólares em dinheiro novo, o que aliviou a grave escassez de dinheiro e crédito, e as fábricas voltaram a contratar pessoas.

Durante a administração Roosevelt, o Conselho da Reserva Federal, aos olhos do público, era Marriner Eccles, um seguidor e admirador do «Chefe». Eccles era um banqueiro do Utah, presidente da First Securities Corporation, um fundo de investimento familiar composto por vários bancos que Eccles tinha adquirido a baixo custo durante a depressão agrícola de 1920-21. Eccles era também administrador de empresas como a Pet Milk Company, a Mountain States Implement Company e a Amalgamated Sugar. Como grande banqueiro, Eccles encaixava-se bem no grupo de homens poderosos que controlavam Roosevelt.

Houve alguma discussão no Congresso sobre se Eccles deveria fazer parte do Conselho da Reserva Federal ao mesmo tempo que detinha todos esses bancos em Utah, mas ele testemunhou que tinha muito pouco a ver com a First Securities Corporation além de ser o seu presidente, e assim foi confirmado como presidente do Conselho.

Eugene Meyer, Jr. demitiu-se agora do Conselho para dedicar mais tempo a emprestar o capital de dois mil milhões de dólares da Reconstruction Finance Corporation e a determinar o valor das garantias através dos seus próprios métodos.

A Lei Bancária de 1935, que aumentou consideravelmente o poder de Roosevelt sobre as finanças da nação, foi parte integrante da legislação através da qual ele propôs prolongar o seu reinado nos Estados Unidos. Não foi contestada pelo povo como o foi a Lei de Recuperação Nacional, porque não constituía uma violação tão flagrante das suas liberdades. Foi, no entanto, uma medida importante. Em primeiro lugar, prolongou os mandatos do Conselho de Governadores da Reserva Federal para catorze anos, ou seja, três vezes e meia a duração de um mandato presidencial. Isto significava que um presidente que assumisse o cargo e que pudesse ser hostil ao Conselho não poderia nomear uma maioria para o mesmo que lhe fosse favorável. Assim, uma política monetária inaugurada antes de um presidente chegar à Casa Branca continuaria independentemente dos seus desejos.

A Lei Bancária de 1935 revogou também a cláusula da Lei Bancária Glass-Steagall de 1933, que previa que uma instituição bancária não poderia estar cotada na Bolsa de Valores e, simultaneamente, exercer atividades de banca de investimento. Esta cláusula era positiva, uma vez que impedia uma instituição bancária de conceder empréstimos a uma empresa da sua propriedade. Ainda assim, é de recordar que esta cláusula encobria algumas outras disposições daquela lei, tais como a criação da Corporação Federal de Seguro de Depósitos, que disponibilizava um fundo de seguro no valor de 150 milhões de dólares para garantir 15 mil milhões de dólares em depósitos. Isto aumentou o poder dos grandes banqueiros sobre os bancos pequenos e deu-lhes mais uma desculpa para os investigar. A Lei Bancária de 1933 também determinou que todos os lucros dos Bancos da Reserva Federal deveriam, por lei, reverter para os próprios bancos. Por fim, a disposição da lei que previa a participação do Governo nos lucros foi eliminada. Ela nunca tinha sido cumprida, e o aumento dos ativos dos Bancos da Reserva Federal de 143 milhões de dólares em 1913 para 45 mil milhões de dólares em 1949 foi inteiramente para os acionistas privados dos bancos. Assim, a única disposição construtiva da Lei Bancária de 1933 foi revogada em 1935, e os Bancos da Reserva Federal passaram a ter permissão para conceder empréstimos diretamente à indústria, competindo com os bancos membros, que não podiam esperar igualar a sua capacidade de conceder grandes empréstimos.

Quando a disposição que impedia os bancos de se envolverem na banca de investimento e de operarem na Bolsa de Valores foi revogada em 1935, Carter Glass, autor dessa disposição, foi questionado pelos jornalistas:

«Isso significa que o J.P. Morgan pode voltar ao banco de investimento?»

«Bem, porque não?», respondeu o senador Glass. «Tem havido um clamor por todo o país de que os bancos não concedem empréstimos. Agora, os Morgans podem voltar a fazer subscrições.»

Como essa disposição lhes era desfavorável, os banqueiros simplesmente restringiram a concessão de empréstimos até que fosse revogada.

A Newsweek de 14 de março de 1936 observou que:

«O Conselho da Reserva Federal demitiu nove presidentes de Bancos da Reserva, explicando que "pretendia tornar as presidências dos Bancos da Reserva, em grande parte, um cargo a tempo parcial com caráter honorário"».

Este foi mais um exemplo da centralização do controlo no Sistema da Reserva Federal. O sistema de distritos regionais nunca tinha sido um fator importante na administração da política monetária, e o Conselho não estava a reduzir o número de funcionários fora de Washington. O presidente da Comissão do Senado para a Banca e a Moeda tinha perguntado, durante as Audiências sobre a Reserva de Ouro de 1934:

«Não é verdade, Governador Young, que o Secretário do Tesouro, nos últimos doze anos, tem dominado a política dos

Bancos da Reserva Federal e do Conselho da Reserva Federal no que diz respeito à compra de obrigações dos Estados Unidos?»

O Governador Young negou isso, mas já tinha sido revelado que, em ambas as suas viagens apressadas a este país em 1927 e 1929 para ditar a política da Reserva Federal, o Governador Montagu Norman do Banco de Inglaterra tinha ido diretamente ter com Andrew Mellon, Secretário do Tesouro, para o convencer a comprar títulos do Estado no mercado aberto e iniciar a transferência de ouro deste país de volta para a Europa.

As Audiências sobre a Reserva de Ouro também trouxeram outras pessoas que tinham mais do que um interesse passageiro nas operações do Sistema da Reserva Federal. James Paul Warburg, recém-chegado da Conferência Económica de Londres com o Professor O.M.W. Sprague e Henry L. Stimson, entrou para declarar que achava que devíamos modernizar o padrão-ouro. Frank Vanderlip sugeriu que acabássemos com o Conselho da Reserva Federal e criássemos uma Autoridade Monetária Federal. Isso não teria feito diferença para os banqueiros de Nova Iorque, que teriam selecionado o pessoal de qualquer maneira. E o senador Robert L. Owen, crítico de longa data do sistema, fez a seguinte declaração:

«As pessoas não sabiam que os Bancos da Reserva Federal tinham sido criados com fins lucrativos. O objetivo era estabilizar o crédito e a oferta monetária do país. Esse objetivo não foi alcançado. Na verdade, tem havido uma variação notável no poder de compra do dinheiro desde que o Sistema entrou em vigor. Os membros da Reserva Federal são escolhidos pelos grandes bancos, através de pequenas campanhas discretas, e seguem naturalmente os ideais que lhes são apresentados como os mais sólidos do ponto de vista financeiro.»

Benjamin Anderson, economista do Chase National Bank de Nova Iorque, afirmou:

«Neste momento, em 1934, temos 900 milhões de dólares de reservas excedentárias. Em 1924, com um aumento das reservas de 300 milhões, obteve-se rapidamente cerca de três ou quatro mil milhões em expansão do crédito bancário. Esse dinheiro extra foi injetado pelos Bancos da Reserva Federal em 1924 através da compra de títulos do Estado e foi a causa da rápida expansão do crédito bancário. Os bancos continuaram a obter reservas excedentárias porque entrava mais ouro e porque, sempre que havia uma desaceleração, o pessoal da Reserva Federal injetava mais algum. Eles retraíram-se um pouco em 1926.

As coisas estabilizaram um pouco nesse ano. E depois, em 1927, injetaram menos de 300 milhões de reservas adicionais, o que desencadeou a loucura do mercado bolsista e nos conduziu diretamente ao colapso de 1929.»

O Dr. Anderson afirmou também que:

«O dinheiro dos Bancos da Reserva Federal é dinheiro que eles próprios criaram. Quando compram títulos do Estado, criam reservas. Pagam esses títulos emitindo cheques sobre si próprios, e esses cheques chegam aos bancos comerciais, que os depositam nos Bancos da Reserva Federal; assim, passa a existir dinheiro que antes não existia.»

SENADOR BULKLEY: Isso não aumenta de todo a massa monetária em circulação?

ANDERSON: Não.

Esta é uma explicação da forma como os Bancos da Reserva Federal aumentaram os seus ativos de 143 milhões de dólares para 45 mil milhões de dólares em trinta e cinco anos. Não produziram nada, eram empresas não produtivas e, no entanto, obtiveram este lucro enorme, simplesmente criando dinheiro, 95% do qual sob a forma de crédito, que não contribuiu para a massa monetária em circulação. Não foi distribuído entre as pessoas sob a forma de salários, nem aumentou o poder de compra dos agricultores e dos trabalhadores. Era dinheiro de crédito criado por banqueiros para uso e lucro dos banqueiros, que aumentaram a sua riqueza em mais de quarenta mil milhões de dólares em poucos anos porque tinham obtido o controlo do crédito do Governo em 1913, com a aprovação da Lei da Reserva Federal.

Marriner Eccles também tinha muito a dizer sobre a criação de dinheiro. Considerava-se um economista e tinha sido trazido para o serviço do Governo por Stuart Chase e Rexford Guy Tugwell, dois dos primeiros conselheiros de Roosevelt. Eccles foi o único do círculo de Roosevelt que permaneceu no cargo durante toda a sua administração.

Perante a Comissão de Banca e Moeda da Câmara dos Representantes, em 24 de junho de 1941, o governador Eccles afirmou:

«O dinheiro é criado a partir do direito de emitir moeda de crédito.»

A transferência do crédito do Governo para os banqueiros privados em 1913 deu-lhes oportunidades ilimitadas para criar dinheiro. O Sistema da Reserva Federal também podia destruir dinheiro em grandes quantidades através de operações de mercado aberto. Eccles afirmou, nas Audiências da Prata de 1939:

«Quando se vendem obrigações no mercado aberto, extinguem-se as reservas.»

Extinguir reservas significa eliminar a base para a emissão de dinheiro e crédito, ou, restringir o dinheiro e o crédito, uma condição que é normalmente ainda mais favorável aos banqueiros do que a criação de dinheiro. Recolher ou destruir dinheiro dá ao banqueiro controlo imediato e ilimitado da situação financeira, uma vez que ele é o único com dinheiro e o único com o poder de emitir dinheiro numa altura de escassez monetária. Os pânicos monetários de 1873, 1893, 1920-21 e 1929-31 caracterizaram-se por uma retração do meio de circulação. Em termos económicos, isto não parece ser algo de tão terrível, mas quando significa que as pessoas não têm dinheiro para pagar a renda ou comprar comida, e quando significa que um empregador tem de despedir três quartos dos seus empregados porque não consegue pedir dinheiro emprestado para lhes pagar, a enorme culpa dos banqueiros e o longo historial de sofrimento e miséria pelo qual são responsáveis sugeririam que nenhuma punição seria demasiado severa para os seus crimes contra os seus semelhantes.

Em 30 de setembro de 1940, o governador Eccles disse:

«Se não houvesse dívidas no nosso sistema monetário, não haveria dinheiro.»

Esta é uma afirmação precisa sobre o nosso sistema monetário. Em vez de o dinheiro ser criado pela produção das pessoas, pelo aumento anual de bens e serviços, é criado pelos banqueiros a partir das dívidas das pessoas. Por ser inadequado, está sujeito a grandes flutuações e é basicamente instável. Estas flutuações são também uma fonte de grande lucro. Por essa razão, o Conselho da Reserva Federal tem-se oposto consistentemente a qualquer legislação que tente estabilizar o sistema monetário. A sua posição foi definida de forma definitiva na carta do presidente Eccles ao senador Wagner, em 9 de março de 1939, e no memorando emitido pelo Conselho em 13 de março de 1939.

O presidente Eccles escreveu que:

«... informamos que o Conselho de Governadores do Sistema da Reserva Federal não é favorável à aprovação do projeto de lei n.º 31 do Senado, um projeto de lei que visa alterar a Lei da Reserva Federal, nem a qualquer outra legislação de caráter geral semelhante.»

O Memorando do Conselho afirmava, no seu «Memorando sobre Propostas para manter os preços a níveis fixos»:

«O Conselho de Governadores opõe-se a qualquer projeto de lei que proponha um nível de preços estável, com base no facto de os preços não dependerem principalmente do preço ou do custo do dinheiro; de que o controlo do Conselho sobre o dinheiro não pode ser total; e de que preços médios estáveis, mesmo que obtidos por ação oficial, não garantiriam uma prosperidade duradoura.»

No entanto, William McChesney Martin, presidente do Conselho de Governadores em 1952, afirmou perante a Subcomissão de Controlo da Dívida, a Comissão Patman, em 10 de março de 1952, que «Um dos objetivos fundamentais da Lei da Reserva Federal é proteger o valor do dólar.»

O senador Flanders questionou-o: «Isso está especificamente previsto na legislação original que instituiu o Sistema da Reserva Federal?»

«Não», respondeu o Sr. Martin, «mas está inerente a toda a história legislativa e às circunstâncias que a rodeiam.»

O senador Robert L. Owen contou-nos como isso foi retirado da legislação original contra a sua vontade e que o Conselho de Governadores se opôs a tal legislação. Aparentemente, o Sr. Martin não sabe disso.

De facto, preços médios estáveis são impossíveis enquanto tivermos especuladores na bolsa de valores a fazer os preços subirem e descerem para obterem lucros para si próprios. Apesar da insistência do Governador Eccles de que preços médios estáveis não garantiriam uma prosperidade duradoura, eles poderiam contribuir muito para criar essa condição. Um homem com um salário anual de 2.500 dólares não fica mais próspero se o preço do pão aumentar cinco cêntimos por pão durante o ano.

Em 1935, Eccles afirmou perante a Comissão da Câmara dos Representantes para a Banca e a Moeda:

«O Governo controla a reserva de ouro, ou seja, o poder de emitir moeda e crédito, regulando assim, em grande medida, a estrutura de preços.»

Isto constitui uma contradição quase direta com a afirmação de Eccles, em 1939, de que os preços não dependem, principalmente, do preço ou do custo do dinheiro.

Em 1935, o governador Eccles declarou perante a Comissão da Câmara:

«O Conselho da Reserva Federal tem o poder de realizar operações de mercado aberto. As operações de mercado aberto são o instrumento único mais importante de controlo sobre o volume e o custo do crédito neste país. Quando digo "crédito" neste contexto, refiro-me ao dinheiro, porque a maior parte do dinheiro em circulação entre a população deste país assume a forma de crédito bancário ou depósitos bancários. Quando os Bancos da Reserva Federal compram letras ou títulos no mercado aberto, aumentam o volume do dinheiro do povo e reduzem o seu custo; e quando vendem no mercado aberto, diminuem o volume de dinheiro e aumentam o seu custo. A autoridade sobre estas operações, que afetam o bem-estar de todo o povo, deve ser investida num órgão que represente o interesse nacional.»

O testemunho do governador Eccles expõe o cerne da máquina de dinheiro que Paul Warburg revelou aos seus incrédulos colegas banqueiros em Jekyll Island, em 1910. A maioria dos americanos comenta que não consegue compreender como funciona o Sistema da Reserva Federal. Continua a ser incompreensível, não por ser complexo, mas por ser tão simples. Se um vigarista se aproximar de si e se oferecer para demonstrar a sua maravilhosa máquina de dinheiro, observe enquanto ele coloca uma folha de papel em branco e produz uma nota de 100 dólares. Isso é o Sistema da Reserva Federal. O senhor então se oferece para comprar essa maravilhosa máquina de dinheiro, mas não pode. Ela é propriedade de acionistas privados " es" dos Bancos da Reserva Federal, cujas identidades podem ser rastreadas parcialmente, mas não completamente, até à "Conexão de Londres".

Nas audiências da Comissão de Bancos e Moeda da Câmara dos Representantes, em 6 de junho de 1960, o congressista Wright Patman, presidente da comissão, interrogou Carl E. Allen, presidente do Banco da Reserva Federal de Chicago. (p. 4).

PATMAN: «Ora, Sr. Allen, quando o Comité de Mercado Aberto da Reserva Federal compra uma obrigação de um milhão de dólares, o senhor cria o dinheiro a crédito da Nação para pagar essa obrigação, não é verdade?

ALLEN: Isso está correto.

PATMAN: E o crédito da nação é representado por notas do Federal Reserve nesse caso, não é verdade? Se os bancos quiserem o dinheiro real, dá-lhes notas do Federal Reserve em pagamento, não é verdade?

ALLEN: Isso poderia ser feito, mas ninguém quer as notas do Federal Reserve.

PATMAN: Ninguém as quer, porque os bancos preferem ter o crédito como reservas.

Esta é a parte mais incrível do funcionamento da Reserva Federal e uma que é difícil de compreender para qualquer pessoa. Como pode um cidadão americano compreender o conceito de que há pessoas neste país que têm o poder de registar num livro-razão que o governo dos Estados Unidos lhes deve agora mil milhões de dólares, e de cobrar o capital e os juros deste «empréstimo»?

O congressista Wright Patman conta-nos em «The Primer of Money», p. 38, que entrou num Banco da Reserva Federal e pediu para ver as obrigações sobre as quais o povo americano está a pagar juros. Depois de lhe terem mostrado as obrigações, pediu para ver o dinheiro, mas eles só tinham alguns livros-razão e cheques em branco. Patman diz:

«O dinheiro, na verdade, não existe e nunca existiu. O que chamamos de "reservas de caixa" são simplesmente créditos contabilísticos lançados nos livros-razão dos Bancos da Reserva Federal. Os créditos são criados pelos Bancos da Reserva Federal e depois repassados através do sistema bancário.»

Peter L. Bernstein, em *A Primer on Money, Banking and Gold,* afirma:

«O truque das notas da Reserva Federal é que os bancos da Reserva Federal não perdem dinheiro quando pagam esta moeda aos bancos membros. As notas da Reserva Federal não são resgatáveis em nada, exceto no que o Governo denomina "moeda com curso legal" — ou seja, dinheiro que um credor deve estar disposto a aceitar de um devedor em pagamento das quantias que lhe são devidas.

Mas, uma vez que todas as notas da Reserva Federal são, por lei, declaradas como moeda legal, elas só são realmente resgatáveis por si mesmas... são uma obrigação irredeimável emitida pelos Bancos da Reserva Federal.»[127]

Como afirma o congressista Patman: «O dólar representa uma dívida de um dólar para com o Sistema da Reserva Federal. Os bancos da Reserva Federal criam dinheiro do nada para comprar obrigações do Tesouro dos Estados Unidos, colocando dinheiro em circulação a juros, através de lançamentos contabilísticos de crédito em conta corrente a favor do Tesouro dos Estados Unidos. O Tesouro emite uma obrigação com juros no valor de mil milhões de dólares. A Reserva Federal concede ao Tesouro um crédito de mil milhões de dólares pela obrigação e criou do nada uma dívida de mil milhões de dólares que o povo americano é obrigado a pagar com juros.» (Money Facts, Comissão de Bancos e Moeda da Câmara dos Representantes, 1964, p. 9)

Patman continua:

«De onde é que o sistema da Reserva Federal obtém o dinheiro com que cria as reservas bancárias?

---

[127] Peter L. Bernstein, *A Primer on Money, Banking and Gold,* Vintage Books, Nova Iorque, 1965, p. 104.

Resposta. Não recebe o dinheiro, cria-o. Quando a Reserva Federal passa um cheque, está a criar dinheiro. A Reserva Federal é uma verdadeira máquina de fazer dinheiro. Pode emitir dinheiro ou cheques.

Em 1951, o Banco da Reserva Federal de Nova Iorque publicou um panfleto intitulado «Um Dia de Trabalho no Banco da Reserva Federal de Nova Iorque». Na página 22, lemos que:

«Existe ainda outro elemento de interesse público, mais importante, no funcionamento dos bancos, para além da guarda do dinheiro; os bancos podem "criar" dinheiro. Um dos fatores mais importantes a ter em conta neste contexto é que a oferta de dinheiro afeta o nível geral dos preços — o custo de vida. O Índice de Custo de Vida e a oferta de dinheiro são paralelos.»

As decisões do Conselho da Reserva Federal, ou melhor, as decisões que lhes são ditadas por «partes desconhecidas», afetam a vida quotidiana de todos os americanos através do efeito dessas decisões sobre os preços. Aumentar a taxa de juro, ou fazer com que o dinheiro se torne «mais caro», atua de forma a limitar a quantidade de dinheiro disponível no mercado, tal como o faz o aumento dos requisitos de reservas pelo Sistema da Reserva Federal. A venda de obrigações pelo Comité de Mercado Aberto também extingue e reduz a oferta monetária. A compra de títulos do Estado no mercado aberto «cria» mais dinheiro, tal como a redução da taxa de juro e o facto de tornar o dinheiro «mais barato». É axiomático que um aumento da oferta monetária traz prosperidade e que uma diminuição da oferta monetária provoca uma depressão. Aumentos dramáticos da oferta monetária que ultrapassam a oferta de bens provocam inflação, «demasiado dinheiro a perseguir bens em falta». Um aspeto mais esotérico do sistema monetário é a «velocidade de circulação», que soa muito mais técnica do que realmente é. Trata-se da velocidade a que o dinheiro muda de mãos; se for ouro enterrado no jardim de um camponês, trata-se de uma velocidade de circulação lenta, causada por uma falta de confiança na economia ou na nação. Uma velocidade de circulação muito rápida, como o boom do mercado de ações do final da década de 1920, significa rápida rotatividade, gastos e investimento de dinheiro, e decorre da confiança, ou excesso de confiança, na economia. Com uma alta velocidade de circulação, uma oferta monetária menor circula entre tantas pessoas e bens quanto uma oferta monetária maior circularia com uma velocidade de circulação mais lenta. Mencionamos isto porque a velocidade de circulação, ou a confiança na economia, também é grandemente afetada pelas ações da Reserva Federal. Milton Friedman comenta na Newsweek, de 2 de maio de 1983: «A principal função da Reserva Federal é determinar a oferta monetária. Tem o poder de aumentar ou diminuir a oferta monetária na proporção que escolher.»

Este é um poder enorme, porque aumentar a oferta monetária pode levar à reeleição de um governo, enquanto uma reduçã e pode levar à derrota de um governo. Friedman prossegue criticando a Reserva Federal: «Como é que uma instituição com um historial de desempenho tão fraco tem, no entanto, uma reputação pública tão elevada e até goza de uma credibilidade considerável pelas suas previsões?»

Todas as transações de mercado aberto, que afetam a oferta monetária, são conduzidas para uma única conta do Sistema pelo Banco da Reserva Federal de Nova Iorque em nome de todos os Bancos da Reserva Federal, e supervisionadas por um funcionário do Banco da Reserva Federal de Nova Iorque. As conferências nas quais são tomadas decisões para comprar ou vender títulos pelo Comité de Mercado Aberto permanecem fechadas ao público, e as deliberações também permanecem um mistério. A 8 de maio de 1928, *o The New York Times* noticiou que Adolph C. Miller, Governador do Conselho da Reserva Federal, ao testemunhar perante a Comissão Bancária e Monetária da Câmara dos Representantes, afirmou que as compras no mercado aberto e as taxas de redesconto eram estabelecidas através de «conversas». Naquela época, as compras no mercado aberto ascendiam a setenta ou oitenta milhões de dólares por dia, e hoje seriam dez vezes mais. Trata-se de somas avultadas para serem manipuladas com base em meras «conversas», mas essa é toda a informação que conseguimos obter.

Devido a estas transações misteriosas que afetam a vida, a liberdade e a felicidade de todos os cidadãos americanos, têm surgido inúmeras propostas, como o Documento do Senado n.º 23, apresentado pelo Sr. Logan em 24 de janeiro de 1939, que defende que «O Governo deve criar, emitir e colocar em circulação toda a moeda e crédito necessários para satisfazer o poder de despesa do Governo e o poder de compra dos consumidores. O privilégio de criar e emitir moeda não é apenas a prerrogativa suprema do Governo, mas é a maior oportunidade criativa do Governo.»

Em 21 de março de 1960, o congressista Wright Patman utilizou uma ilustração simples no Registo do Congresso para explicar como os bancos «criam dinheiro».

«Se eu depositar 100 dólares no meu banco e os requisitos de reservas impostos pelo Banco da Reserva Federal forem de 20%, então o banco pode conceder um empréstimo a João da Silva no valor máximo de 80 dólares. De onde vêm esses 80 dólares? Não vêm do meu depósito de 100 dólares; pelo contrário, o banco simplesmente credita 80 dólares na conta de John Doe. O banco pode adquirir títulos do Tesouro pelo mesmo procedimento, simplesmente criando, por meio de um, depósitos a crédito do governo. A criação de dinheiro é um poder dos bancos comerciais... Desde 1917, a Reserva Federal concedeu aos bancos privados quarenta e seis mil milhões de dólares em reservas.»

A forma como isto é feito é melhor revelada pelo Governador Eccles nas audiências perante a Comissão da Câmara dos Representantes sobre Banca e Moeda, em 24 de junho de 1941:

> ECCLES: «O sistema bancário, no seu conjunto, cria e extingue os depósitos à medida que concede empréstimos e realiza investimentos, quer compre obrigações do Estado, quer compre obrigações de serviços públicos, quer conceda empréstimos a agricultores.
>
> SR. PATMAN: Concordo plenamente com o que diz, Governador, mas o facto é que eles criaram o dinheiro, não foi?
>
> ECCLES: Bem, os bancos criam dinheiro quando concedem empréstimos e fazem investimentos.»

Em 30 de setembro de 1941, perante a mesma comissão, o governador Eccles foi questionado pelo deputado Patman:

«Como conseguiu o dinheiro para comprar aqueles dois mil milhões de dólares em títulos do Tesouro em 1933?

ECCLES: Nós criámo-lo.

SR. PATMAN: A partir de quê?

ECCLES: A partir do direito de emitir moeda de crédito.

SR. PATMAN: E não há nada por trás disso, pois não, a não ser o crédito do nosso Governo?

ECCLES: É assim que funciona o nosso sistema monetário. Se não houvesse dívidas no nosso sistema monetário, não haveria dinheiro."

A 17 de junho de 1942, o Governador Eccles foi interrogado pelo Sr. Dewey.

ECCLES: «Refiro-me ao Federal Reserve: quando realiza uma operação de mercado aberto, ou seja, quando compra títulos do Governo no mercado aberto, coloca dinheiro novo nas mãos dos bancos, o que cria depósitos ociosos.

DEWEY: Não há reservas excedentárias para utilizar para este fim?

ECCLES: Sempre que o Sistema da Reserva Federal compra títulos do Tesouro no mercado aberto, ou os compra diretamente ao Tesouro, seja de que forma for, é isso que faz.

DEWEY: Com o que é que vai comprá-los? Vai criar crédito?

ECCLES: É tudo o que sempre fizemos. É assim que o Sistema da Reserva Federal funciona. O Sistema da Reserva Federal cria dinheiro. É um banco de emissão.

Na audiência na Câmara dos Representantes de 1947, o Sr. Kolburn perguntou ao Sr. Eccles:

«O que quer dizer com monetização da dívida pública?

ECCLES: Refiro-me ao banco a criar dinheiro através da compra de títulos do Estado. Tudo é criado pela dívida — seja ela privada ou pública.274

FLETCHER: Presidente Eccles, quando acha que haverá a possibilidade de regressar a um mercado livre e aberto, em vez deste mercado financeiro indexado e artificialmente controlado que temos agora?

ECCLES: Nunca. Nem durante a sua vida, nem durante a minha.»

O congressista Jerry Voorhis é citado na *U.S. News*, de 31 de agosto de 1959, a questionar o Secretário do Tesouro Anderson:

«Quer dizer que os bancos, ao comprarem títulos do Estado, não emprestam os depósitos dos seus clientes? Que criam o dinheiro que utilizam para comprar os títulos? ANDERSON: Exatamente. Os bancos são diferentes de outras instituições de crédito. Quando uma associação de poupança, uma companhia de seguros ou uma cooperativa de crédito concede um empréstimo, empresta exatamente o dinheiro que os seus clientes depositaram anteriormente. Mas quando um banco concede um empréstimo, simplesmente acrescenta à conta de depósito do mutuário no banco o montante do empréstimo. O dinheiro não é retirado de ninguém. É dinheiro novo, recriado pelo banco, para uso do mutuário."

Curiosamente, nunca houve um julgamento sobre a legalidade ou constitucionalidade da Lei da Reserva Federal. Embora assente em fundamentos tão instáveis quanto a Lei de Recuperação Nacional (NRA), que foi contestada no processo Schechter Poultry v. United States of America, 29 U.S. 495, 55 US 837.842 (1935), a NRA foi considerada inconstitucional pelo Supremo Tribunal com o fundamento de que «o Congresso não pode abdicar ou transferir para outros as suas funções legítimas e e es. O Congresso não pode, constitucionalmente, delegar a sua autoridade legislativa a associações ou grupos comerciais ou industriais, de modo a conferir-lhes o poder de legislar.»

O Artigo 1.°, Sec. 8 da Constituição estipula que «O Congresso terá o poder de contrair empréstimos com base no crédito dos Estados Unidos... e de cunhar moeda, regular o seu valor e o das moedas estrangeiras, e fixar o padrão de pesos e medidas.» De acordo com a decisão da NRA, o Congresso não pode delegar este poder ao Sistema da Reserva Federal, nem pode delegar a sua autoridade legislativa ao Sistema da Reserva Federal para permitir que o Sistema fixe a taxa de reservas bancárias, a taxa de redesconto ou o volume de moeda. Tudo isto é «legislado» pelo Conselho da Reserva Federal, que se reúne em sessões legislativas para determinar estas matérias e para emitir «leis» ou regulamentos que as fixem.

A Segunda Guerra Mundial deu aos grandes banqueiros proprietários do Sistema da Reserva Federal a oportunidade de despejar no país milhares de milhões de dólares impressos no início de 1930, na maior operação de falsificação da história, tudo legalizado pelo governo de Roosevelt, claro. Henry Hazlitt escreve na edição de 4 de janeiro de 1943 *da revista Newsweek:*

«O dinheiro que começou a entrar em circulação há uma semana, a 21 de dezembro de 1942, era, na verdade, dinheiro impresso no sentido mais estrito do termo, ou seja, dinheiro *sem qualquer tipo de garantia subjacente.* A declaração da Reserva Federal de que «O Conselho de Governadores, após consulta ao Departamento do Tesouro, autorizou os Bancos da Reserva Federal a utilizar, neste momento, as reservas existentes de moeda impressa no início dos anos trinta, conhecidas como "Notas do Banco da Reserva Federal". Repetimos, estas notas não têm absolutamente qualquer tipo de garantia por trás delas.»

O governador Eccles também testemunhou sobre alguns outros assuntos interessantes relativos ao Federal Reserve e ao financiamento da guerra nas audiências do Senado sobre o Gabinete de Administração de Preços em 1944:

«A moeda em circulação aumentou de sete mil milhões de dólares em quatro anos para vinte e um mil milhões e meio. Estamos a perder quantidades consideráveis de ouro durante o período de guerra. À medida que as nossas exportações foram saindo, em grande parte ao abrigo do programa Lend-Lease, recebemos importações pelas quais pagámos em dólares. Estes países estão agora a levantar esses saldos em dólares sob a forma de ouro.

SR. SMITH: Governador Eccles, qual é o objetivo que os governos estrangeiros perseguem neste programa previsto, através do qual contribuiríamos com ouro para um fundo internacional?

GOVERNADOR ECCLES: Gostaria de discutir a OPA e deixar o fundo de estabilização para um momento em que esteja preparado para o abordar.

SR. SMITH: Só um momento. Considero que este fundo é muito pertinente para o que estamos a discutir hoje.

SR. FORD: Creio que o fundo de estabilização está totalmente fora do âmbito da OPA e, consequentemente, devemos cingir-nos ao assunto em questão.

Os congressistas nunca chegaram a discutir o Fundo de Estabilização, outro mecanismo através do qual devolveríamos aos países empobrecidos da Europa o ouro que lhes tinha sido enviado para cá. Em 1945, Henry Hazlitt, comentando na *Newsweek* de 22 de janeiro a mensagem orçamental anual de Roosevelt ao Congresso, citou Roosevelt dizendo:

«Mais tarde, recomendarei legislação que reduza os atuais elevados requisitos de reservas de ouro dos Bancos da Reserva Federal.»

Hazlitt salientou que a exigência de reservas não era elevada, era apenas o que tinha sido nos últimos trinta anos. O objetivo de Roosevelt era libertar mais ouro do Sistema da Reserva Federal e disponibilizá-lo para o Fundo de Estabilização, mais tarde denominado Fundo Monetário Internacional, parte do Banco Mundial para a Reconstrução e o Desenvolvimento, o equivalente ao Comité Financeiro da Liga que teria engolido a soberania financeira dos Estados Unidos se o Senado nos tivesse deixado aderir a ele.

CAPÍTULO QUATORZE

DENÚNCIA NO CONGRESSO

«A política do Sr. Volcker é uma espécie de enigma.» — New York Times

Desde 1933, quando Eugene Meyer se demitiu do Conselho de Governadores da Reserva Federal, nenhum membro das famílias bancárias internacionais exerceu pessoalmente funções no Conselho de Governadores. Optaram por trabalhar nos bastidores através de presidentes cuidadosamente selecionados do Banco da Reserva Federal de Nova Iorque e de outros funcionários.

O atual presidente do Conselho de Governadores da Reserva Federal é Paul Volcker. A sua nomeação foi recebida por um economista de renome com a seguinte previsão: «A escolha de Volcker foi, de longe, a pior. Carter colocou o Drácula a cargo do banco de sangue. Para nós, isso significa que um colapso e uma depressão na década de 80 são mais certos do que nunca.»

O Relatório de Investigação do Coronel E.C. Harwood, de 6 de agosto de 1979, apresentava uma visão muito semelhante. «Paul Volcker é do mesmo molde que os homens do dinheiro sem escrúpulos que têm conduzido mal as ações monetárias desta nação nas últimas cinco décadas. O resultado provavelmente será igualmente desastroso para o dólar e para a economia dos EUA.»

Apesar destas visões sombrias, a reportagem do *The New York Times* sobre a escolha de Volcker foi positivamente extasiada. A 26 de julho de 1979, *o The Times* comentou que Volcker aprendeu «o negócio» com Robert Roosa, agora sócio da Brown Brothers Harriman, e que Volcker tinha feito parte do Roosa Brain Trust no Banco da Reserva Federal de Nova Iorque e, mais tarde, no Tesouro durante a administração Kennedy. «David Rockefeller, presidente do Chase, e o Sr. Roosa exerceram forte influência na decisão do Sr. Carter de nomear o Sr. Volcker para a presidência do Conselho da Reserva.» *O New York Times* não referiu que David Rockefeller e Robert Roosa tinham anteriormente escolhido o Sr. Carter, membro da Comissão Trilateral, como candidato presidencial do Partido Democrata, nem que o Sr. Carter dificilmente recusaria nomear a sua escolha, Paul Volcker, como novo presidente do Conselho do Federal Reserve. Também não é exagero recordar que esta forma de seleção do presidente do Conselho de Governadores se insere diretamente na linha da prerrogativa real que remonta ao acordo inicial de George Peabody com N.M. Rothschild, à reunião de Jekyll Island e à promulgação da Lei da Reserva Federal.

O Times observou que «a escolha de Volcker foi aprovada pelos bancos europeus em Bona, Frankfurt e Zurique». William Simon, antigo Secretário do Tesouro, foi citado como tendo dito que se tratava de «uma escolha maravilhosa». *O Times* observou ainda que o índice Dow subiu com a nomeação de Volcker, registando os melhores ganhos em três semanas, com uma subida de 9,73 pontos, e que o dólar valorizou acentuadamente no mercado cambial, tanto no país como no estrangeiro.

Quem era Volcker, para que a sua nomeação pudesse ter tal efeito no mercado bolsista e no valor do dólar no mercado cambial? Ele representava a casa mais poderosa da «London Connection», a Brown Brothers Harriman, e as casas londrinas que dirigiam o império Rockefeller. A 29 de julho de 1979, o *The Times* tinha dito sobre Volcker: «O novo homem traçará o seu próprio rumo».

O percurso de Volcker mostra que isso era um disparate. O seu rumo sempre foi traçado por ele pelos seus senhores em Londres. Frequentou Princeton, obteve um mestrado em Harvard e frequentou a London School of Economics entre 1951 e 1952, a escola de pós-graduação dos banqueiros. Posteriormente, ingressou no Banco da Reserva Federal de Nova Iorque como economista entre 1952 e 1957, foi economista no Chase Manhattan Bank entre 1957 e 1961, trabalhou no Departamento do Tesouro entre 1961 e 1965, ocupando os cargos de subsecretário adjunto para assuntos monetários entre 1963 e 1965 e de subsecretário para assuntos monetários entre 1969 e 1974. Tornou-se então presidente do Banco da Reserva Federal de Nova Iorque entre 1975 e 1979, quando Carter, a pedido de Robert Roosa e David Rockefeller, o nomeou presidente e e do Conselho de Governadores da Reserva Federal. Foi sucedido como presidente do Banco da Reserva Federal de Nova Iorque por Anthony Solomon, um doutorado de Harvard que esteve na OPA entre 1941 e 1942 e na missão financeira do governo no Irão entre 1942 e 1946. Dirigiu uma empresa de conservas no México entre 1951 e 1961, foi presidente da International Investment Corp. para a Jugoslávia entre 1969 e 1972 (um país comunista) e subsecretário para assuntos monetários no Tesouro entre 1977 e 1980. Em suma, o percurso de Solomon era muito semelhante ao de Paul Volcker.

O New York Times afirmou a 2 de dezembro de 1981: «Durante anos, a Reserva Federal foi a segunda ou terceira instituição mais secreta da cidade. A Lei Sunshine de 1976 levantou um pouco o véu. O conselho realiza agora uma reunião pública uma vez por semana, às quartas-feiras às 10h, mas não para discutir a política monetária, que continua a ser considerada ultra-secreta e não deve ser discutida em público.» *O Times* referiu que, quando se realizam reuniões do Comité de Mercado Aberto, Solomon e Volcker sentam-se juntos à cabeceira da mesa e transmitem as instruções que receberam do estrangeiro.

Atrás de Volcker e Solomon está Robert Roosa, Secretário do Tesouro no gabinete-sombra de Carter, e representante da Brown Brothers Harriman, da Comissão Trilateral, do Conselho de Relações Exteriores, dos Bilderbergers e do Instituto Real de Economia. É administrador da Fundação Rockefeller, d[128], e diretor das empresas Texaco e American Express. O Dr. Martin Larson salienta que «o consórcio internacional de financistas conhecido como os Bilderbergers, que se reúne anualmente em profundo sigilo para determinar o destino do mundo ocidental, é uma criação da aliança Rockefeller-Rothschild, e que realizou a sua terceira reunião na Ilha de St. Simons, a pouca distância da Ilha de Jekyll.» Larson

128 Ver Gráfico V.

afirma também que «os interesses dos Rockefeller funcionam em estreita aliança com os Rothschild e outros bancos centrais».[129]

A 18 de junho de 1983, o presidente Ronald Reagan pôs fim a meses de especulação ao anunciar que iria renomear Paul Volcker como presidente do Conselho de Governadores da Reserva Federal para mais um mandato de quatro anos, embora o mandato de Volcker só terminasse a 6 de agosto de 1983. A recondução por Reagan de um nomeado por Carter intrigou alguns observadores políticos, mas aparentemente ele tinha sucumbido a uma pressão considerável, como indicado num editorial de destaque no *The Washington Post*, de 10 de junho de 1983: «Não há ninguém que se compare ao Sr. Volcker tanto em prestígio político como na compreensão das intrincadas redes que compõem o sistema financeiro mundial.» O autor anónimo não apresentou qualquer documentação para justificar a elevação de Volcker ao estatuto de maior financista do mundo e, quanto à sua posição política, *o The New York Times* comentou, em 19 de junho de 1983: «A política do Sr. Volcker é uma espécie de enigma.» A sua postura «apolítica» está em conformidade com a tradição de Washington de «independência política da Reserva Federal», que se mantém há muitos anos. No entanto, o problema da sua dependência da «ligação de Londres» nunca foi discutido em Washington.

Na realidade, Volcker é mais um político do que um economista. Depois de frequentar a London School of Economics e de descobrir quem dá as ordens na comunidade financeira internacional, Volcker tem, desde então, seguido as regras do jogo. Nunca, sequer uma vez, deixou de cumprir as ordens da «Conexão de Londres».

Será realmente possível que a «Conexão de Londres» exista e que homens como Volcker e Solomon recebam as suas instruções, por mais tortuosas ou indiretas que sejam, de banqueiros estrangeiros? Vejamos as provas, circunstanciais, sem dúvida, mas provas circunstanciais da qualidade que muitas vezes enviaram homens para a prisão ou para a cadeira elétrica. John Moody salientou em 1911 que sete homens do grupo Morgan, aliados ao grupo Standard Oil-Kuhn, Loeb, governavam os Estados Unidos. Onde se situam estes grupos no panorama financeiro atual?

---

[129] Ver Gráfico I.

A U.S. News publicou, a 11 de abril de 1983, uma lista das maiores holdings bancárias dos Estados Unidos por ativos, a 31 de dezembro de 1982. Em primeiro lugar está o Citicorp, de Nova Iorque, com ativos de 130 mil milhões de dólares. Trata-se do First National Bank of New York, de Baker e Morgan, que se fundiu com o National City Bank em 1955, dois dos maiores compradores de ações do Federal Reserve Bank of New York em 1914. O número 3 é o Chase Manhattan, de Nova Iorque, com ativos de 80,9 mil milhões de dólares. Trata-se da fusão entre o Chase e o Bank of Manhattan, o grupo Rockefeller e Kuhn Loeb, também compradores de ações do Banco da Reserva Federal de Nova Iorque em 1914. O número 4 é o Manufacturers Hanover de Nova Iorque, com 64 mil milhões de dólares, também comprador de ações do Banco da Reserva Federal de Nova Iorque em 1914, através d. O número 5 é a J.P. Morgan Company de Nova Iorque, com 58,6 mil milhões de dólares em ativos e detentora de uma quantidade considerável de ações do Banco da Reserva Federal. O número 6 é o Chemical Bank de Nova Iorque, com 48,3 mil milhões de dólares, também comprador de ações do Federal Reserve em 1914. E o número 11, a First Chicago Corporation, o First National Bank de Chicago, que era o principal correspondente do banco Morgan-Baker em Nova Iorque e que forneceu os dois primeiros presidentes do Conselho Consultivo Federal.

A linha direta que liga os participantes da Conferência de Jekyll Island de 1910 aos dias de hoje é ilustrada por uma passagem de «A Primer on Money», Comissão de Bancos e Moeda, Câmara dos Representantes dos EUA, 88.º Congresso, 2.ª sessão, 5 de agosto de 1964, p. 75:

«O efeito prático de exigir que todas as compras sejam feitas através do mercado aberto é retirar dinheiro ao contribuinte e entregá-lo aos corretores. Obriga o Governo a pagar uma taxa para pedir dinheiro emprestado. Existem seis corretores «bancários»: First National City Bank of New York; Chemical Crop. Exchange Bank, Nova Iorque; Morgan Guaranty Trust Co., Nova Iorque; Bankers Trust of New York; First National Bank of Chicago e Continental Illinois Bank of Chicago.»

Assim, os bancos que recebem uma «taxa» sobre todo o dinheiro emprestado pelo Governo dos Estados Unidos são os mesmos bancos que planearam a Lei da Reserva Federal de 1913. Há ampla evidência que demonstra a atual preeminência dos mesmos bancos que criaram o Sistema da Reserva Federal em 1914. Por exemplo, Warren Brookes escreve na página editorial do *The Washington Post*, de 6 de junho de 1983:

«O Citicorp (National City Bank e First National Bank of New York, que se fundiram em 1955) acaba de registar um retorno sobre o capital próprio de 18,6%, o J.P. Morgan, 17%, o Chemical Bank e o Bankers Trust, quase 16%, uma taxa de retorno excecional.»

Estes são os bancos que compraram a primeira emissão de ações do Banco da Reserva Federal em 1914 e que detinham a participação maioritária no Banco da Reserva Federal de Nova Iorque, que fixa a taxa de juro e é o banco responsável por todas as operações de mercado aberto.

Estes bancos também lucram constantemente com as flutuações, de outra forma inexplicáveis, no crescimento monetário e nas taxas de juro. Brookes comenta ainda sobre «as taxas reais de crescimento monetário que oscilam alternadamente entre 0 e 17% em períodos sucessivos de seis meses, durante três anos assolados pela recessão. As duas medidas de crescimento monetário mais admiradas por Milton Friedman, M2 e M3, mostraram, na verdade, poucas alterações numa base anual no período de 1972-82.» Assim, temos taxas de crescimento monetário a oscilar entre 0 e 17%, mas sem alterações reais ano a ano, o que levanta a questão de por que razão não podemos ter estabilidade no crescimento monetário ao longo do ano. A resposta é que os grandes lucros são obtidos por estas oscilações, e a próxima questão é: quem põe em marcha estas oscilações? A resposta é «a Ligação de Londres».

Para desviar a atenção do controlo contínuo dos banqueiros e dos seus herdeiros, que obtiveram o monopólio governamental do dinheiro e do crédito da nação em 1913, os propagandistas a soldo do monopólio mediático controlado e do meio académico estão constantemente a apresentar teorias económicas novas e mais exóticas. Assim, James Burnham, um dos propagandistas da National Review, ganhou fama com uma teoria ridícula sobre «os gestores». Ele postulou que os antigos árbitros da riqueza, os J.P. Morgans, os Warburgs e os Rothschilds, tinham, em 1950, desaparecido de cena, sendo substituídos por uma nova classe de «gestores». Esta teoria, que não tinha qualquer fundamento na realidade, serviu para obscurecer o facto de que as mesmas pessoas ainda controlavam o sistema monetário mundial. Os «gestores» eram apenas isso, executivos como Volcker que eram figuras de proa, funcionários remunerados que continuariam a receber os seus salários apenas enquanto cumprissem as instruções dos seus empregadores. Burnham continua a ser um propagandista bem pago na *National Review*, que muitos líderes proeminentes, incluindo o presidente Reagan, consideram ser uma publicação «conservadora».

Entre 1914 e 1982, um período em que muitos milhares de bancos americanos entraram em falência, os compradores originais das ações do Banco da Reserva Federal não só sobreviveram como consolidaram o seu poder. E quanto à «Conexão de Londres»? Será que ainda existe e continua a ditar o destino económico dos Estados Unidos? *O Washington Post*, de 19 de maio de 1983, publicou uma notícia datada de Nairobi, no Quénia, referindo a reunião do Banco Africano de Desenvolvimento. «O banco de investimento britânico Morgan Grenfell e um consórcio dos Estados Unidos, composto por Kuhn Loeb, Lehman Brothers International, o francês Lazard Frères e o britânico Warburg, estão a atuar discretamente como consultores financeiros de cerca de dez Estados africanos endividados.»

São os mesmos nomes que encontramos em 1914, ainda a gerir as finanças do mundo, com lucros para si próprios, mas com resultados desastrosos para todos os outros. Talvez possamos procurar alívio na atual Administração do Presidente Reagan. Infelizmente, antes de chegar até ele, temos de percorrer toda a longa lista dos seus principais colaboradores, composta por homens da J. Henry Schroder, da Brown Brothers Harriman e de outros elementos de destaque da «The London Connection».

López Portillo, presidente do México, ao dirigir-se ao Congresso Nacional do México em setembro de 1982, chamou ao boom do crédito mundial da última década uma pestilência financeira semelhante à Peste Negra que assolou a Europa no século XIV. «Tal como na Idade Média, ela arrasa país após país. É transmitida por ratos e gera desemprego e miséria, falências industriais e enriquecimento por especulação. O remédio prescrito pelos curandeiros é a inatividade forçada e a privação de alimentos ao paciente.»

A revista Forbes afirmou, a 11 de outubro de 1982: «O mundo anseia por liquidez, não porque a oferta de dinheiro tenha diminuído, mas porque grande parte dela é agora utilizada para saldar dívidas antigas, em vez de financiar novos investimentos produtivos.»

A política de taxas de juro elevadas e restrição monetária tem sido desastrosa para os Estados Unidos. No início de 1983, uma ligeira flexibilização monetária e do crédito promete algum alívio, mas enquanto o Sistema da Reserva Federal e os seus manipuladores invisíveis continuarem a controlar a oferta monetária, podemos esperar mais problemas. *A revista The Nation*, em 11 de dezembro de 1982, ao comentar os problemas económicos, afirmou: «A culpa de tudo isto recai sobre o Sistema da Reserva Federal, que funciona como de costume em nome do sistema bancário internacional.»

A evidência de como o Sistema da Reserva Federal funciona em nome do sistema bancário internacional é ilustrada graficamente por uma série de gráficos elaborados pela equipa da Comissão de Banca, Moeda e Habitação da Câmara dos Representantes, 94.º Congresso, 2.ª sessão, agosto de 1976, «FEDERAL RESERVE DIRECTORS: A STUDY OF CORPORATE AND BANKING INFLUENCE».[130]

Apresentamos como nosso Gráfico V a página 49 deste estudo, mostrando os conselhos de administração interligados de David Rockefeller.[131] Como nosso Gráfico VI, reproduzimos a página 55 deste estudo, mostrando os conselhos de administração interligados de Frank R. Milliken, um dos diretores de Classe C do Conselho de Administração do Banco da Reserva Federal de Nova Iorque. Neste gráfico encontram-se todas as principais figuras da nossa história da conferência de Jekyll Island: Citibank, J.P. Morgan and Company, Kuhn Loeb and Company e muitas empresas relacionadas. Como Gráfico VII, reproduzimos a página 53 deste estudo, mostrando os conselhos de administração interligados de outro Diretor de Classe

[130] Devido a limitações de espaço, apenas cinco dos setenta e cinco gráficos do estudo, todos os quais mostram as ligações entre indivíduos proeminentes e poderosos com controlo no Sistema da Reserva Federal, foram selecionados para ilustrar as ligações entre os responsáveis e administradores dos doze Bancos da Reserva Federal em 1976 e as empresas listadas neste livro.

[131] «Os três administradores da Classe C são nomeados pelo Conselho de Governadores como representantes do interesse público no seu conjunto.» p. 34, Estudo do Congresso, 1976.

C do Banco da Reserva Federal de Nova Iorque, Alan Pifer. Na qualidade de presidente da Carnegie Corporation de Nova Iorque, ele mantém ligações com a J. Henry Schroder Trust Company, a J. Henry Schroder Banking Corporation, a Rockefeller Center, Inc., o Banco da Reserva Federal de Boston, a Equitable Life Assurance Society (J.P. Morgan) e outras. Assim, um estudo de agosto de 1976 da Comissão da Câmara dos Representantes para a Banca, Moeda e Habitação apresenta-nos todo o nosso elenco principal de personagens, que funcionam hoje tal como funcionavam em 1914.

Este estudo do Congresso, com 120 páginas, detalha as funções de política pública dos Bancos Distritais da Reserva Federal, como os administradores são selecionados, quem é selecionado, o fator de lobby nas relações públicas, o domínio bancário e a fiscalização bancária, bem como as ligações corporativas com os bancos da Reserva. Foram utilizados gráficos para ilustrar os cargos de administração de Classe A, Classe B e Classe C de cada banco distrital. Para cada sucursal bancária, foi elaborado um gráfico com informações sobre os administradores nomeados pelo banco e aqueles nomeados pelo Conselho de Governadores do Sistema da Reserva Federal.

No seu prefácio ao estudo, o presidente Henry S. Reuss (D-Wis) escreveu:

«Esta Comissão tem vindo a observar, ao longo de muitos anos, a influência de interesses privados sobre as responsabilidades essencialmente públicas do Sistema da Reserva Federal.

Como o estudo deixa claro, é difícil imaginar um conselho de administração com uma base mais restrita para uma agência pública do que aquele que foi reunido para os doze bancos do Sistema da Reserva Federal.

Apenas dois segmentos da sociedade americana — o setor bancário e as grandes empresas — têm representação substancial nos conselhos, e muitas vezes até estes se fundem através de conselhos interligados... Os pequenos agricultores estão ausentes. As pequenas empresas são quase invisíveis. Não há mulheres nos conselhos distritais e apenas seis nas sucursais. Em todo o sistema — incluindo conselhos distritais e de sucursais — aparecem apenas treze membros de grupos minoritários.

O estudo levanta uma questão substancial sobre a alegação frequentemente repetida do Federal Reserve de «independência». Poder-se-ia perguntar: independente de quê? Certamente não do setor bancário ou das grandes empresas, se for para julgar pelas enormes interligações reveladas por esta análise dos conselhos distritais.

O domínio das grandes empresas e do setor bancário sobre o Sistema da Reserva Federal, referido neste relatório, pode ser atribuído, em parte, à Lei da Reserva Federal original, que conferiu aos bancos comerciais membros o direito de nomear dois terços dos administradores de cada banco distrital. No entanto, o Conselho de Governadores em Washington deve partilhar a responsabilidade por este desequilíbrio. São eles que nomeiam os chamados membros «públicos» dos conselhos de administração de cada banco distrital, nomeações que têm refletido, em grande medida, os mesmos interesses restritos dos membros eleitos pelos bancos... Enquanto não houver reformas fundamentais, o Sistema da Reserva Federal ficará incapacitado de cumprir as suas responsabilidades públicas enquanto agência de estabilização económica e de regulamentação bancária. O mandato do Sistema é demasiado essencial para o bem-estar da nação para deixar grande parte do seu mecanismo sob o controlo de interesses privados restritos.

A concentração de poder económico e financeiro nos Estados Unidos foi longe demais.»

Numa secção do texto intitulada «O Sistema de Clubes», a Comissão observou:

«Esta abordagem de "clube" leva a Reserva Federal a recorrer consistentemente aos mesmos círculos — as mesmas empresas, as mesmas universidades, as mesmas holdings bancárias — para preencher os cargos de administração.»

Este estudo do Congresso conclui o seguinte:

«Muitas das empresas nestas tabelas, como mencionado anteriormente, têm múltiplas ligações ao Sistema da Reserva Federal. First Bank Systems; Southeast Banking Corporation; Federated Department Stores; Westinghouse Electric Corporation; Proctor and Gamble; Alcoa; Honeywell, Inc.; Kennecott Copper;

Owens-Corning Fiberglass; todas têm dois ou mais diretores ligados a bancos distritais ou filiais.

Em resumo, os administradores da Reserva Federal são aparentemente representantes de um pequeno grupo de elite que domina grande parte da vida económica desta nação.»

FIM DO RELATÓRIO DO CONGRESSO.

ADENDO

Às 11h05 de terça-feira, 26 de julho de 1983, a lista de bancos membros detentores de ações *do Banco da Reserva Federal de Nova Iorque* inclui vinte e sete bancos da cidade de Nova Iorque. Abaixo está o número de ações detidas por dez desses bancos, totalizando 66% do número total de ações em circulação, ou seja, 7.005.700:

	Ações	**Porcent agem**
Bankers Trust Company	438 831	(6%)
Bank of New York	141 482	(2%)
Chase Manhattan Bank	1 011 862	(14%)
Chemical Bank	544 962	(8%)
Citibank	1 090 813	(15%)
European American Bank & Trust	127 800	(2%)
J. Henry Schroder Bank & Trust	37 493	(5%)
Manufacturers Hanover	509 852	(7%)
Morgan Guaranty Trust	655 443	(9%)
Banco Nacional da América do Norte	105 600	(2%)

O número colossal de ações detidas atualmente, em comparação com as aquisições originais em 1914, resulta da Secção 5 da Lei da Reserva Federal original, que exigia que um banco membro comprasse e detivesse ações no Banco da Reserva Federal do distrito equivalentes a 6% do seu capital e excedentes.

Atualmente, as ações detidas por cinco dos bancos acima mencionados representam 53% do total ***das ações do Banco da Reserva Federal de Nova Iorque.*** Uma análise dos principais acionistas dos bancos da cidade de Nova Iorque mostra claramente que algumas famílias, ligadas por laços de sangue, casamento ou interesses comerciais, ainda controlam os bancos da cidade de Nova Iorque, que, por sua vez, detêm o controlo acionista do Banco da Reserva Federal de Nova Iorque.

É de salientar que três dos bancos detentores de ações do Banco da Reserva Federal de Nova Iorque, num total de 270 893 ações, *são subsidiárias de bancos estrangeiros.*

- O J. Henry Schroder Bank and Trust é listado pela Standard & Poor's como uma subsidiária da Schroders Ltd. de Londres.
- O National Bank of North America é uma subsidiária do National Westminster Bank, um dos «Big Five» de Londres.
- O European American Bank é uma subsidiária do European American Bank, Bahamas, LTD.

É interessante notar que entre os administradores do European American Bank & Trust se incluem:

- Milton F. Rosenthal, presidente e diretor de operações da empresa internacional de ouro Engelhard Minerals and Chemical;
- Hamilton F. Potter, sócio da Sullivan and Cromwell (advogados do J. Henry Schroder Bank & Trust);
- Edward H. Tuck, sócio da Shearman and Sterling (advogados do Citibank);
- F.H. Ulrich e Hans Liebkutsch, diretores executivos do gigante Midland Bank de Londres, um dos «Big Five»; e
- Roger Alloo, Paul-Emmanuel Janssen e Maurice Laure, da Société Générale de Banque (Bruxelas, Bélgica).

Esta informação, retirada da última edição da tabulação disponível junto do *Conselho de Governadores do Sistema da Reserva Federal*, é citada como prova atual que indica que o capital de controlo do Banco da Reserva Federal de Nova Iorque, que define a taxa e a escala de operações de *todo o Sistema da Reserva Federal*, é fortemente influenciado por bancos diretamente controlados pela «*The London* Connection», ou seja, o Banco de Inglaterra controlado pelos Rothschild.

ANEXO I

- E.C. Knuth, em The Empire of the City, impressão privada, 1946, p. 27, refere-se ao «Banco de Inglaterra, o parceiro de pleno direito da Administração Americana na condução dos assuntos financeiros de todo o mundo» e cita a Encyclopaedia Americana, edição de 1943.
- Barron cita Lord Swaythling (8 de abril de 1923): «Lord Swaythling disse: "A bolsa só pode ser gerida a partir de Londres. Este é o centro da bolsa."» (They Told Barron, de Clarence W. Barron, fundador do Baron's Weekly, Harpers, Nova Iorque, 1930, p. 27.)
- Bolsa, no mundo financeiro internacional, significa as transações em dinheiro ou títulos, ou simplesmente, a «troca» dos valores desses títulos. É necessário que essa «troca» ocorra onde os valores possam ser estabelecidos, e esse lugar é a «City» em Londres.
- Londres foi estabelecida como o principal centro de câmbio devido aos «Consols» do Banco de Inglaterra, obrigações que nunca podiam ser resgatadas, mas que pagavam uma taxa de rendimento estável. Henry Clews escreve, em The Wall Street View, Silver Burdett Co. 1900, p. 255,
- «A Lei Consolidada de 1757 consolidou as dívidas da nação inglesa a 3%, que eram mantidas numa conta no Banco de Inglaterra e constituem o grande baluarte dos seus depósitos.»
- Ao «despejar» ostensivamente «Consols» na Bolsa de Londres após a Batalha de Waterloo, num pânico fingido, Nathan Meyer Rothschild comprou então secretamente os Consols vendidos no pânico por outros detentores a um preço baixo, tornando-se o maior detentor de Consols e conquistando assim o controlo do Banco de Inglaterra em 1815.

DIVIDENDOS DE 12%

Embora um governo trabalhista tenha nacionalizado o Banco da Inglaterra em 1946, a Grande Enciclopédia Soviética salienta (vol. I, p. 490c) que o Banco da Inglaterra continua a pagar 12% de dividendos por ano, tal como fazia antes da nacionalização.

O «Governador» é nomeado pelo governo, numa situação semelhante à dos Estados Unidos, onde os Governadores do Sistema da Reserva Federal são nomeados pelo Presidente. No entanto, tal como é salientado na Encyclopaedia Americana, vol. 13, p. 272,

«Na prática, os governadores do Banco de Inglaterra não hesitaram em criticar e exercer pressão sobre o governo em público.»

TAXA BANCÁRIA

A taxa de juro fixada pelo Banco de Inglaterra é conhecida como «taxa bancária» e constitui um fator determinante nas taxas de juro em todo o mundo, embora as taxas noutros países possam ser superiores ou inferiores a esta «taxa bancária». O Banco de Inglaterra gere a dívida pública e é chamado a arbitrar em assuntos políticos. Serviu de intermediário junto dos revolucionários iranianos nas negociações para a libertação dos reféns americanos — um exemplo recente.

Não devemos surpreender-nos com o facto de o atual Governador do Banco de Inglaterra, Sir Gordon Richardson, ser uma figura financeira internacional proeminente, que aparece noutras partes destas páginas devido à sua ligação com a J. Henry Schroder Wagg em Londres, de 1962 a 1972, quando se tornou Governador do Banco de Inglaterra. Foi também diretor da J. Henry Schroder Co., Nova Iorque, e da Schroder Banking Corp., Nova Iorque. Desempenha igualmente funções como diretor da Rolls Royce e do Lloyd's Bank. Embora resida em Londres, mantém uma casa em Nova Iorque e consta na atual lista telefónica de Manhattan simplesmente como «G. Richardson, 45 Sutton Place S.», embora uma listagem anterior o indicasse em 4 Sutton Place. Sutton Place foi desenvolvida como um endereço de moda para a elite internacional por Bessie Marbury, que já mencionámos anteriormente pela sua ligação com a família Morgan e os Roosevelt.

Os atuais diretores do Banco de Inglaterra (1982) incluem Leopold de Rothschild, da N.M. Rothschild & Sons, Sir Robert Clark, presidente do Hill Samuel Bank, o banco mais influente a seguir aos Rothschilds d, John Clay, do Hambros Bank, e David Scholey, do Warburg Bank e copresidente da S.C. Warburg Co.

Anthony Sampson escreve, em «*The Changing Anatomy of* Britain», Random House, Nova Iorque, 1982, p. 270,

«Os bancos mais cosmopolitas, com especialistas e administradores estrangeiros, tais como os Warburgs, os Montagus, os Rothschilds e os Kleinworts, também tinham descoberto uma enorme nova fonte de lucros no mercado dos eurodólares, que teve início no final dos anos 50 e se multiplicou ao longo dos anos 60... Os próprios banqueiros britânicos controlavam fundos relativamente pequenos, mas sabiam como ganhar dinheiro com o dinheiro de outras pessoas.»

O mercado de eurodólares, um novo desenvolvimento na «criação de dinheiro», é monopolizado pelas empresas acima referidas.

IMPÉRIO DO EURODÓLAR

«Hoje, juntamente com aliados na ilha de Manhattan (o imóvel mais importante da Grã-Bretanha), o Império Britânico controla todo o mercado financeiro de eurodólares de 1,5 biliões de dólares, outros 300 a 500 mil milhões de dólares nas Ilhas Caimão e nas Bahamas, e 50 a 100 mil milhões de dólares no "mercado do dólar asiático" de Hong Kong e Singapura... Considere o mercado de eurodólares de 1,5 biliões de dólares como um mercado «fora da lei» em dólares americanos sobre o qual esta nação não tem controlo. Aqui, o controlo e os lucros estão esmagadoramente nas mãos dos bancos de Londres, que definem as condições de empréstimo e a taxa de juro sobre esta massa de dólares americanos em relação à London Interbank Borrowing Rate (LIBOR)... Bancos norte-americanos como o Citibank (Nova Iorque), cujo conselho de administração conta com o poderoso financista britânico Lord Aldington, colaboram abertamente neste mercado. Ao mesmo tempo, bancos britânicos, incluindo o conhecido banco central do comércio mundial de drogas, o Hong Kong and Shanghai Bank, invadem a América para devorar os bancos norte-americanos.

Em 1978, o Hongshang (Ed. — Banco de Hong Kong e Xangai) adquiriu o Marine Midland Bank de Nova Iorque, o 11.º maior banco comercial do estado... Os britânicos também controlam a criação de dólares americanos. Enquanto o presidente da Reserva Federal, Paul Volcker, restringe o crédito à economia interna, bancos controlados pelos britânicos nas Ilhas Caimão (como o European American Bank — Ed.), uma possessão britânica a 320 km da Flórida, nas Bermudas e em uma dúzia de outros terminais de "banca livre" com e, criam centenas de milhares de milhões de dólares americanos. Como é que isto é feito? Não existem rácios de reserva nem outras restrições à criação de créditos denominados em dólares no sistema bancário de «livre iniciativa» do Império. Um crédito genuíno de 1 milhão de dólares proveniente dos Estados Unidos pode ser transformado em 20 a 100 milhões de dólares em créditos denominados em dólares à medida que passa pelo sistema britânico sem rácios de reserva.[132]

Não só o poder financeiro, mas também o poder jurídico, permaneceu sediado na Grã-Bretanha. O Washington Post comentou, em 18 de junho de 1983, que após a Revolução Americana, todas as antigas leis permaneceram em vigor nos novos Estados Unidos: algumas dessas leis da «common law inglesa» datavam de 1278, muito antes da descoberta da América.

Este enorme poder financeiro de «The City» revela-se em muitas áreas. Dean Acheson afirma, em «Present at the Creation», 1969, W.W. Norton, Nova Iorque, p. 779,

«Ficámos na residência da embaixada, a antiga mansão de J.P. Morgan, no n.º 14 de Prince's Gate, em frente ao Hyde Park.»

Quantos americanos sabem que a residência da Embaixada dos EUA em Londres é a casa de J.P. Morgan, ou que Dean Acheson, um antigo funcionário de Morgan, se descreveu a si próprio como Secretário de Estado na p. 505,

«A minha atitude sempre tinha sido, e era sabido que era, pró-britânica.»

Ninguém comentou o preconceito aberto de um Secretário de Estado americano a favor da Inglaterra.

---

132 Revista Harpers, fevereiro de 1980.

O dinheiro «criado» pela Reserva Federal não é utilizado apenas para questões financeiras; este dinheiro é também utilizado para manter o controlo dos banqueiros sobre todos os aspetos da vida política, económica e social. É utilizado para financiar as enormes despesas dos candidatos políticos, os orçamentos inflacionados das universidades, os enormes gastos necessários para lançar jornais ou revistas e uma vasta gama de fundações, «think-tanks» e outros instrumentos de controlo mental.

Guerra Psicológica

Poucos americanos sabem que quase todos os desenvolvimentos na psicologia nos Estados Unidos nos últimos sessenta e cinco anos foram dirigidos pelo Gabinete de Guerra Psicológica do Exército Britânico. Há pouco tempo, o presente autor tomou conhecimento de um novo nome, *o Instituto Tavistock de Londres*, também conhecido como *Instituto Tavistock de Relações Humanas*. As «relações humanas» abrangem todos os aspetos do comportamento humano, e o modesto objetivo do Instituto Tavistock é obter e exercer controlo sobre todos os aspetos do comportamento humano dos cidadãos americanos.

Devido às intensas barragens de artilharia da Primeira Guerra Mundial, muitos soldados ficaram permanentemente incapacitados devido ao choque de bombardeamento. Em 1921, o Marquês de Tavistock, 11.º Duque de Bedford, doou um edifício a um grupo que planeava realizar programas de reabilitação para soldados britânicos vítimas de choque de bombardeamento. O grupo adotou o nome de «Instituto Tavistock» em homenagem ao seu benfeitor. O Estado-Maior do Exército Britânico decidiu que era crucial determinar o ponto de ruptura do soldado em condições de combate. O Instituto Tavistock foi assumido por Sir John Rawlings Reese, chefe do Gabinete de Guerra Psicológica do Exército Britânico.

Foi constituído, em total sigilo, um grupo de especialistas altamente qualificados em guerra psicológica. Em cinquenta anos, o nome «Instituto Tavistock» aparece apenas duas vezes no Índice do New York Times, mas este grupo, segundo LaRouche e outras autoridades, organizou e treinou todo o pessoal do Gabinete de Serviços Estratégicos (OSS), do Estudo de Bombardeamento Estratégico, do Quartel-General Supremo das Forças Expedicionárias Aliadas e de outros grupos militares americanos fundamentais durante a Segunda Guerra Mundial. Durante a Segunda Guerra Mundial, o Instituto Tavistock associou-se à divisão de ciências médicas da Fundação Rockefeller para realizar experiências esotéricas com drogas que alteram a mente.

A atual cultura de drogas dos Estados Unidos remonta na sua totalidade a este Instituto, que supervisionou os programas de formação da Agência Central de Inteligência. A «contracultura do LSD» teve origem quando a Sandoz A.G., uma empresa farmacêutica suíça propriedade da S.G. Warburg & Co., desenvolveu uma nova droga a partir do ácido lisérgico, chamada LSD.

James Paul Warburg (filho de Paul Warburg, que redigiu a Lei da Reserva Federal em 1910), financiou uma subsidiária do Instituto Tavistock nos Estados Unidos, denominada Instituto de Estudos Políticos, cujo diretor, Marcus Raskin, foi nomeado para o Conselho de Segurança Nacional. James Paul Warburg criou um programa da CIA para realizar experiências com LSD em agentes da CIA, alguns dos quais mais tarde cometeram suicídio. Este programa, o MK-Ultra, supervisionado pelo Dr. Gottlieb, resultou em enormes processos judiciais contra o Governo dos Estados Unidos por parte das famílias das vítimas.

O Instituto de Estudos Políticos criou uma filial no campus, a Students for Democratic Society (SDS), dedicada às drogas e à revolução. Em vez de financiar ele próprio a SDS, Warburg utilizou fundos da CIA, cerca de vinte milhões de dólares, para promover os motins nos campus da década de 1960.

O Instituto Tavistock inglês não restringiu as suas atividades a grupos de esquerda, mas também dirigiu os programas de think tanks americanos supostamente «conservadores», como o Instituto Herbert Hoover na Universidade de Stanford, a Fundação Heritage, Wharton, Hudson, o Instituto de Tecnologia de Massachusetts e a Rand. Os programas de «formação em sensibilidade» e «encontros sexuais» dos grupos mais radicais da Califórnia, como o Instituto Esalen e os seus muitos imitadores, foram todos desenvolvidos e implementados por psicólogos do Instituto Tavistock.

Uma das raras referências ao Instituto Tavistock aparece na Business Week, de 26 de outubro de 1963, com uma fotografia do seu edifício na zona de consultórios médicos mais cara de Londres.

A reportagem menciona «o viés freudiano» do Instituto e comenta que este é amplamente financiado por empresas britânicas de primeira linha, incluindo a Unilever, a British Petroleum e a Baldwin Steel. De acordo com a Business Week, os programas de testes psicológicos e de formação em relações de grupo do Instituto foram implementados nos Estados Unidos pela Universidade de Michigan e pela Universidade da Califórnia, que são focos de radicalismo e da rede de drogas.

Foi o Marquês de Tavistock, 12.º Duque de Bedford, que Rudolf Hess voou até Inglaterra para contactar a fim de pôr fim à Segunda Guerra Mundial. Diz-se que Tavistock valia 40 milhões de dólares em 1942. Em 1945, a sua esposa suicidou-se com uma overdose de comprimidos.

BIOGRAFIAS

NELSON ALDRICH (1841-1915)

Senador por Rhode Island; presidente da Comissão Monetária Nacional; a sua filha Abby Aldrich casou-se com John D. Rockefeller, Jr.; tornou-se avô do seu homónimo, Nelson Aldrich Rockefeller, bem como dos atuais David Rockefeller e Laurence Rockefeller.

WILLIAM JENNINGS BRYAN (1860-1925)

Secretário de Estado de Woodrow Wilson, três vezes candidato presidencial derrotado do Partido Democrata, em 1896, 1900 e 1908, e líder do Partido Democrata.

ALFRED OWEN CROZIER (1863-1939)

Advogado proeminente em Grand Rapids, Cincinnati e Nova Iorque, Crozier escreveu oito livros sobre problemas jurídicos e monetários, centrando-se na sua oposição à substituição da moeda constitucional pela moeda corporativa impressa por empresas privadas para seu lucro.

CLARENCE DILLON (1882-1979)

Nascido em San Antonio, Texas, filho de Samuel Dillon e Bertha Lapowitz. Harvard, 1905. Casou-se com Anne Douglass, de Milwaukee. O seu filho, C. Douglas Dillon (posteriormente Secretário do Tesouro, 1961-65), nasceu em Genebra, Suíça, em 1909, enquanto se encontravam no estrangeiro. Dillon conheceu William A. Read, fundador da corretora de obrigações de Wall Street William A. Read and Company, através de uma apresentação feita pelo seu colega de turma de Harvard, William A. Phillips, em 1912, e Dillon juntou-se ao escritório de Read em Chicago nesse ano. Mudou-se para Nova Iorque em 1914. Read faleceu em 1916 e Dillon adquiriu uma participação maioritária na empresa. Durante a Primeira Guerra Mundial, Bernard Baruch, presidente do Conselho de Indústrias de Guerra (conhecido como o «Czar da indústria americana»), convidou Dillon para ser vice-presidente do Conselho de Indústrias de Guerra. Em 1920, o nome da William A. Read & Company foi alterado para Dillon, Read & Company. Dillon era diretor da American Foreign Securities Corporation, que tinha fundado em 1915 para financiar as compras de munições do Governo francês nos Estados Unidos. O seu braço direito na, James Forrestal, tornou-se Secretário da Marinha, mais tarde Secretário da Defesa, e faleceu em circunstâncias misteriosas num hospital federal. Em 1957, a revista Fortune listou Dillon como um dos homens mais ricos dos Estados Unidos, com uma fortuna então estimada entre 150 e 200 milhões de dólares.

ALAN GREENSPAN (1926-)

Nomeado pelo Presidente Reagan para suceder **a Paul Volcker** como Presidente do Conselho de Governadores do Sistema da Reserva Federal em 1987. Greenspan tinha sucedido a Herbert Stein como presidente do Conselho de Assessores Económicos do Presidente em 1974. Era o protegido do antigo presidente do Conselho de Governadores, **Arthur Burns,** de origem austríaca (Bernstein). Burns era um monetarista representante da Escola de Economia Vienense dos Rothschild, que manifestou a sua influência em Inglaterra através da Royal Colonial Society, uma fachada para os Rothschild e outros banqueiros ingleses que escondiam os seus lucros do comércio mundial de drogas no ***Hong Kong Shanghai Bank.*** O economista da Royal Colonial Society era Alfred Marshall, inventor da teoria monetarista, que, como chefe do Grupo de Oxford, se tornou o patrono de Wesley Clair Mitchell, que fundou o National Bureau of Economic Research para os Rockefeller nos Estados Unidos.

Mitchell, por sua vez, tornou-se o patrono de Arthur Burns e Milton Friedman, cujas teorias são agora as técnicas de poder de Greenspan no Conselho da Reserva Federal. Greenspan é também o protegido de Ayn Rand, uma excêntrica que intercalava os seus casos amorosos com ordens guturais para que fossem egoístas. Rand foi também a mentora do propagandista da CIA William Buckeley e da National Review. Greenspan foi diretor de grandes empresas de Wall Street, tais como *a J.P. Morgan Co.*, a Morgan Guaranty Trust (o banco americano para os soviéticos após a Revolução Bolchevique de 1917), a Brookings Institution, o Bowery Savings Bank, o Dreyfus Fund, a General Foods e a Time, Inc. A conquista mais impressionante de Greenspan foi como presidente da Comissão Nacional da Segurança Social entre 1981 e 1983. Ele manipulou os números para convencer o público de que a Segurança Social estava falida, quando na verdade tinha um enorme excedente.

Estes números foram então utilizados para impor aos trabalhadores americanos um enorme aumento do imposto retido na fonte da Segurança Social, invocando o ditado económico de David Ricardo sobre a lei de ferro dos salários, segundo o qual os trabalhadores só podiam receber um salário de subsistência, e quaisquer fundos para além disso deviam ser-lhes extorquidos à força através de aumentos de impostos. Como sócio da J.P. Morgan Co. desde 1977, Greenspan representava a linha ininterrupta de controlo do Sistema da Reserva Federal pelas empresas representadas na reunião secreta em *Jekyll Island em 1910*, onde Henry P. Davison, braço direito de J.P. Morgan, foi uma figura-chave na elaboração da Lei da Reserva Federal.

Poucos dias após assumir o cargo de presidente do Conselho da Reserva Federal, Greenspan aumentou imediatamente a taxa de juro em 4 de setembro de 1987, o primeiro aumento deste tipo em três anos de prosperidade geral, e precipitou a queda da bolsa de valores de outubro de 1987, *a Segunda-feira Negra*, quando o índice Dow Jones desceu 508 pontos. Sob a direção de Greenspan, o Conselho da Reserva Federal tem empurrado os Estados Unidos cada vez mais para a recessão, sem uma palavra de crítica por parte dos complacentes membros do Congresso.

CORONEL EDWARD MANDELL HOUSE (1858-1938)

Filho de um agente dos Rothschild no Texas. Conseguiu eleger cinco governadores consecutivos do Texas; tornou-se conselheiro de Woodrow Wilson em 1912. Colaborou com **Paul Warburg** para que a Lei da Reserva Federal fosse aprovada pelo Congresso em 1913.

ROBERT MARION LAFOLLETTE (1855-1925)

Serviu no Senado por Wisconsin entre 1905 e 1925. Liderou os reformadores agrários na oposição aos banqueiros do Leste e aos seus planos para a Lei da Reserva Federal. Concorreu à Presidência em 1924 pelo partido Progressista-Socialista.

CHARLES AUGUSTUS LINDBERGH, SR. (1860-1924)

Congressista por Minnesota (1907-1917) que liderou a luta contra a promulgação da Lei da Reserva Federal em 1913. Exerceu funções até 1917, quando se demitiu para se candidatar a governador de Minnesota. Ele fez uma boa campanha, apesar dos ataques adversos da imprensa liderados pelo The New York Times. A sua campanha foi prejudicada quando agentes federais queimaram os seus livros, incluindo *Why Is Your Country At War? (Por que razão* o seu país está em guerra?), bem como os documentos e o conteúdo do seu escritório em Little Falls, Minnesota.

LOUIS T. McFADDEN (1876-1936)

Deputado e presidente da Comissão de Bancos e Moeda da Câmara dos Representantes, 1927-1933; opôs-se corajosamente aos manipuladores do Sistema da Reserva Federal nas décadas de 1920 e 1930. Apresentou projetos de lei para destituir o Conselho de Governadores da Reserva Federal e funcionários aliados. Após três atentados contra a sua vida, morreu em circunstâncias misteriosas.

JOHN PIERPONT MORGAN (1837-1913)

Considerado o financista americano dominante na viragem do século. O Who's Who de 1912 afirmava que ele «controla mais de 50 000 milhas de caminhos-de-ferro nos Estados Unidos». Fundou a United States Steel Corporation. Tornou-se representante da ***Casa de Rothschild*** através do seu pai, **Junius S. Morgan**, que se tinha tornado sócio em Londres da George Peabody & Company, mais tarde *Junius S. Morgan Company*, um agente dos Rothschild. **John Pierpont Morgan, Jr.** sucedeu ao seu pai como chefe do império Morgan.

DAVID MULLINS (1946-)

Nomeado governador do Conselho da Reserva Federal a 21 de maio de 1990, o mandato de David Mullins decorre até 31 de janeiro de 1996. Foi recentemente nomeado para o cargo de vice-presidente do Conselho da Reserva Federal e desempenhou funções como secretário adjunto do Tesouro para as Finanças Internas entre 1988 e 1990, tendo recebido o prémio mais alto do departamento, o Prémio Alexander Hamilton, pelo seu trabalho em programas como os combustíveis sintéticos, as finanças federais e o Conselho de Assistência ao Crédito Agrícola, além de ser o autor do Plano do Presidente para o resgate das instituições de poupança e crédito. É um primo distante do autor, descendente de John Mullins, d, o primeiro colono registado na região ocidental da Virgínia, herói da batalha de King's Mountain e beneficiário de uma concessão de 200 acres de terra pelos seus serviços prestados na Revolução Americana.

WRIGHT PATMAN (1893-1976)

Deputado e presidente da Comissão de Bancos e Moeda da Câmara dos Representantes entre 1963 e 1974. Liderou a luta no Congresso para impedir os manipuladores do Sistema da Reserva Federal desde 1937 até à sua morte em 1976.

CONGRESSISTA ARSENE PUJO

Serviu no Congresso entre 1903 e 1913. Democrata da Louisiana. Presidente da Comissão de Bancos e Moeda da Câmara dos Representantes. Presidente da Subcomissão das «Audiências Pujo», em 1912.

SIR GORDON RICHARDSON (1915-)

Presidente do ***Banco de Inglaterra*** desde 1973. Presidente da J. Henry Schroder Wagg, Londres, 1962-72; administrador da J. Henry Schroder Banking Corporation, Nova Iorque; Schroder Banking Corporation, Nova Iorque; Lloyd's Bank, Londres; Rolls Royce.

JACOB SCHIFF (1847-1920)

Nascido na casa dos Rothschild em Frankfurt, Alemanha. Emigrou para os Estados Unidos, casou-se com Therese Loeb, filha de Solomon Loeb, fundador da ***Kuhn, Loeb and Co.*** Schiff tornou-se sócio sénior da Kuhn, Loeb and Co. e, como representante dos interesses **dos Rothschild**, ganhou o controlo da maior parte da rede ferroviária dos Estados Unidos.

BARÃO KURT VON SCHRODER (1889-)

Banqueiro pessoal de **Adolph Hitler**, adiantou fundos para a ascensão de Hitler ao poder na Alemanha em 1933; representante alemão das sucursais de Londres e Nova Iorque da J. Henry Schroder Banking Corporation; Líder de Grupo Sénior da SS; diretor de todas as subsidiárias alemãs da I.T.T.; Círculo de Amigos de Himmler; conselheiro do conselho de administração ***do Deutsche Reichsbank*** (banco central alemão).

ANTHONY MORTON SOLOMON (1919-)

Formado em Harvard, economista no Gabinete de Administração de Preços, 1941-42; missão financeira no Irão, 1942-46; Agência para o Desenvolvimento Internacional na América do Sul, 1965-69; presidente da Corporação Internacional de Investimento para a Jugoslávia, 1969-72; conselheiro do presidente da Comissão de Meios e Recursos da Câmara dos Representantes, 1972-73; subsecretário de Assuntos Monetários do Tesouro dos EUA, 1977-80; presidente do Banco da Reserva Federal de Nova Iorque, 1980-

SAMUEL UNTERMYER (1858-1940)

Sócio do escritório de advocacia *Guggenheimer e Untermyer*, de Nova Iorque, que conduziu as «Audiências Pujo» da Comissão de Bancos e Moeda da Câmara dos Representantes em 1912. Advogado de **Rogers** e **Rockefeller** em muitos processos de grande envergadura contra F. Augustus Heinze, Thomas W. Lawson e outros. Recebeu um honorário único de 775 000 dólares por tratar da fusão da Utah Copper Company. Noticiado no The New York Times de 26 de maio de 1924 por ter instado ao reconhecimento imediato da Rússia Soviética numa reunião no Carnegie Hall. O prestígio e o poder de Untermyer são ilustrados pelo facto de este obituário na primeira página do *The New York Times* ocupar seis colunas. A sua entrada no Who's Who foi a mais longa durante treze anos.

FRANK VANDERLIP (1864-1937)

Secretário-adjunto do Tesouro entre 1897 e 1901; ganhou prestígio por financiar a Guerra Hispano-Americana através da emissão de 200 milhões de dólares em obrigações durante o seu mandato, num processo conhecido como *a «Guerra do National City Bank»*. Presidente do National City Bank entre 1909 e 1919. Um dos membros do grupo original de Jekyll Island que ***redigiu a Lei da Reserva Federal*** em novembro de 1910. Não é feita qualquer menção a este facto importante no extenso obituário publicado no The New York Times, a 30 de junho de 1937.

GEORGE SYLVESTER VIERECK (1884-1962)

Autor do estudo definitivo *The Strangest Friendship in History, Woodrow Wilson and Col. House*, Liveright, 1932. Um dos principais poetas do início do século XX, com crítica na primeira página do *The New York Times Book Review*, e conhecido como o principal cidadão germano-americano dos Estados Unidos.

PAUL VOLCKER (1927-)

Presidente do Conselho de Governadores da Reserva Federal desde 1979, nomeado pelo **Presidente Carter** e reconduzido pelo **Presidente Reagan** para um novo mandato de quatro anos com início a 6 de agosto de 1983. Formou-se em Princeton, Harvard e na London School of Economics; trabalhou no Banco da Reserva Federal de Nova Iorque, 1952-57; no Chase Manhattan Bank, 1957-61; no Departamento do Tesouro, 1961-74; e foi presidente do Banco da Reserva Federal de Nova Iorque, 1975-79.

PAUL WARBURG (1868-1932)

Reconhecido por autoridades especializadas como o verdadeiro autor do nosso plano para o banco central, ***o Sistema da Reserva Federal***. Emigrou da Alemanha para os Estados Unidos em 1904; *sócio do banco Kuhn Loeb and Company*, em Nova Iorque; naturalizou-se em 1911. Membro do Conselho de Governadores original da Reserva Federal, 1914-1918; presidente do Conselho Consultivo Federal, 1918-1928. Irmão de Max Warburg, que foi chefe dos Serviços Secretos alemães durante a Primeira Guerra Mundial e que representou a Alemanha na Conferência de Paz, 1918-1919, enquanto Paul era presidente do Sistema da Reserva Federal.

SIR WILLIAM WISEMAN (1885-1962)

Sócio da ***Kuhn, Loeb and Company***; chefe dos Serviços Secretos Britânicos durante a Primeira Guerra Mundial. Trabalhou em estreita colaboração com **o Coronel House,** dominando os Estados Unidos e a Inglaterra.

BIBLIOGRAFIA

Jornais:

- New York Times 1858-1983
- Washington Post 1933-1983

Revistas:

- Barron's Weekly 1921-1983
- Business Week 1929-1983
- Revista Forbes 1917-1983
- Fortune 1930-1983
- Harper's 1850-1983
- National Review 1955-1983
- Newsweek 1933-1983
- The Nation 1865-1983
- The New Republic 1914-1983
- Time 1923-1983

Livros:

- Current Biography 1940-1983 H.W. Wilson Co., N.Y.
- Dicionário de Biografia Nacional, Scribners, N.Y. 1934-1965
- Directório de Administradores, Londres 1896-1983
- Diretório de Administradores da Cidade de Nova Iorque 1898-1918
- The Concise Dictionary of National Biography, 1903-1979, Oxford University Press
- Registo do Congresso 1910-1983

- Índice Internacional de Publicações Periódicas 1920-1965, H.W. Wilson Co., N.Y.
- Índice Poole de Literatura Periódica 1802-1906, Wm. T Poole, Chicago Guia do Leitor para Periódicos 1900-1983
- Guia dos Banqueiros da Rand McNally 1904-1928
- Moody's: Banca e Finanças 1928-1968
- Quem é Quem na América 1890-1983, A.N. Marquis Co.
- Quem é Quem, Grã-Bretanha 1921-1983
- Quem era quem na América 1607-1906, A.N. Marquis Co.
- Quem é Quem no Mundo 1972-1983, A.N. Marquis Co.
- Quem é Quem nas Finanças e na Indústria 1936-1969, A.N. Marquis Co.
- Registo de Administradores da Standard and Poor's 1928-1983
- Audiências da Comissão do Senado sobre a Lei da Reserva Federal, 1913
- Audiências da Comissão da Câmara dos Representantes sobre a Lei da Reserva Federal, 1913
- Audiências da Comissão da Câmara dos Representantes sobre o Money Trust (Comissão Pujo), 1913
- Investigação da Câmara dos Representantes sobre o Sistema da Reserva Federal, 1928
- Investigação do Senado sobre a aptidão de Eugene Meyer para o cargo de governador do Conselho da Reserva Federal, 1930
- Audiências do Senado sobre a nomeação de Thomas B. McCabe para o cargo de governador do Sistema da Reserva Federal, 1948
- Audiências da Comissão da Câmara dos Representantes sobre a Extensão da Dívida Pública, 1945
- Diretores da Reserva Federal: Um Estudo sobre a Influência Corporativa e Bancária.

- Relatório do pessoal, Comissão de Banca, Moeda e Habitação, Câmara dos Representantes, 94.º Congresso, 2.ª Sessão, agosto de 1976.
- O Sistema da Reserva Federal, Objetivos e Funções, Conselho de Governadores, 1963
- Uma História dos Crimes Monetários, Alexander Del Mar, Sociedade Del Mar, 1899
- Inflacão da Moeda Fiat em França, Andrew Dickson White, Fundação para a Educação Económica, N.Y. 1959
- A Guerra contra o Ouro, Antony C. Sutton, 76 Press, Califórnia, 1977
- Wall Street e a Ascensão de Hitler, Antony C. Sutton, 76 Press, Califórnia, 1976
- Discursos Coletados de Louis T. McFadden, Congressional Record
- A Verdade sobre Rockefeller, E.M. Josephson, Chedney Press, N.Y. 1964
- A Estranha Morte de Franklin D. Roosevelt, E.M. Josephson, Chedney Press, Nova Iorque, 1948
- Por Trás do Trono, Paul Emden, Hoddard Stoughton, Londres, 1934
- O Poder Monetário da Europa, Paul Emden, Hoddard Stoughton, Londres
- Os Barões Ladrões, Mathew Josephson, Harcourt Brace, N.Y. 1934
- Os Rothschild, Frederic Morton, Curtis Publishing Co., 1961
- Os Magníficos Rothschilds, Cecil Roth, Robert Hale Co., 1939
- Peões no Jogo, William Guy Carr, (impressão privada), 1956
- A Rasgar os Véus, François Coty, Paris, 1940

- Escritores sobre a História Monetária Inglesa, 1626-1730, Londres, 1896
- O Sistema da Reserva Federal Após Cinquenta Anos, Comissão de Banca e Moeda, janeiro, fevereiro de 1964
- A Conspiração dos Banqueiros, Arthur Kitson, 1933
- Leis dos Estados Unidos Relativas à Moeda, Finanças e Banca de 1789 a 1891, Charles F. Dunbar, Ginn & Co., Boston, 1893
- Política Monetária da Abundância em vez da Escassez, Comissão de Bancos e Moeda, 1937-1938
- A Amizade Mais Estranha da História, Woodrow Wilson e o Coronel House, George Sylvester Viereck, Liveright, N.Y. 1932
- A Formulação da Política da Reserva Federal, G.L. Bach, Knapf, N.Y. 1950
- Governantes da América, Um Estudo do Capital Financeiro, Anna Rockester, International Publishers, N.Y. 1936
- A banca nos Estados Unidos antes da Guerra Civil, Comissão Monetária Nacional, 1911
- Sistema Bancário Nacional, Comissão Monetária Nacional, 1911
- O Sistema da Reserva Federal, Paul Warburg, Macmillan, N.Y. 1930
- Roosevelt, Wilson e a Lei da Reserva Federal, Coronel Elisha Garrison, Christopher Publishing House, Boston, 1931
- Os Homens que Governam a América, Arthur D. Howden Smith, Bobbs Merrill, Nova Iorque, 1935
- Gigantes Financeiros da América, George E. Redmond, Stratford, Boston, 1922
- A Grande Enciclopédia Soviética, Macmillan, Londres, 1973

- Enciclopédia Britânica, 1979
- Enciclopédia Americana, 1982
- Dope, Inc., Goldman, Steinberg et al., New Benjamin Franklin House Publishing Company, Nova Iorque, 1978
- Banca, Moeda e o Trust Monetário, Charles A. Lindbergh, Sr., 1913
- A Estranha Carreira do Sr. Hoover Sob Duas Bandeiras, John Hamill, William Faro, N.Y., 1931
- O Sistema da Reserva Federal, H. Parker Willis, Ronald Co., 1923
- O ABC do Sistema da Reserva Federal, E.W. Kemmerer, Universidade de Princeton, 1919
- Aventuras nas Finanças Construtivas, Carter Glass, Doubleday, N.Y. 1927
- Reforma Bancária nos Estados Unidos, Paul Warburg, Universidade de Columbia, 1914
- Moeda dos EUA vs. Moeda Corporativa, Alfred Crozier, Cleveland, 1912
- Philip Dru - Administrador, E.M. House, B.W. Huebsch, Nova Iorque, 1912
- Os Documentos Íntimos do Coronel House, editado por Charles Seymour, 4 v. 1926-1928, Houghton Mifflin Co.
- A Grande Conspiração da Casa de Morgan, H.W. Loucks, 1916
- Capital City, McRae e Cairncross, Eyre Methuen, Londres, 1963
- Agressão, Otto Lehmann-Russbeldt, Hutchinson, Londres, 1934
- O Império das Altas Finanças, Victor Perlo, International Pub., 1957
- Memórias de Max Warburg, Berlim, 1936

- Cartas e Amizades de Sir Cecil Spring-Rice Tragédia e Esperança, Carroll Quigley, Macmillan, N.Y.
- A Política do Dinheiro, Brian Johnson, McGraw Hill, N.Y. 1970
- Um Manual sobre Dinheiro, Comissão de Bancos e Moeda da Câmara dos Representantes, 1964
- Pierpont Morgan e os Amigos, A Anatomia de um Mito, George Wheeler, Prentice Hall, N.J., 1973
- Pierpont Morgan, Herbert Satterlee, Macmillan, Nova Iorque, 1940
- Morgan, o Magnífico, John K. Winkler, Vanguard, Nova Iorque, 1930
- Wilson, Arthur Link (5 vol.) Princeton University Press, Princeton, N.J.
- Início histórico... O Federal Reserve, Roger T Johnson, Banco da Reserva Federal de Boston, 1977 (7 edições, 1977-1982, num total de 92 000 exemplares.) [É digno de nota que este livreto de 64 páginas não faz qualquer menção a Jekyll Island, à autoria de Paul Warburg ou à fonte dos fundos de promoção que resultaram na promulgação da Lei da Reserva Federal em 23 de dezembro de 1913.]
- O Federal Reserve e o Nosso Dólar Manipulado, Martin A. Larson, Devin Adair Co., Old Greenwich, Conn., 1975
- Chain Banking, Stockholder and Loan Links of 200 Largest Member Banks, Comissão de Bancos e Moeda da Câmara dos Representantes, 3 de janeiro de 1963
- Banca Internacional, Relatório do Pessoal, Comissão de Banca, Moeda e Habitação, maio de 1976
- Auditoria do Sistema da Reserva Federal, Audiências perante a Comissão de Banca e Moeda da Câmara dos Representantes, 1975.

PERGUNTAS E RESPOSTAS

Ao dar palestras em muitos países e ao participar em programas de rádio e televisão como convidado, o autor é frequentemente questionado sobre o Sistema da Reserva Federal. As perguntas mais frequentes e as respostas são as seguintes:

P: O que é o Sistema da Reserva Federal?

R: O ***Sistema da Reserva Federal*** não é federal; não possui reservas; e não é um sistema, mas sim um sindicato criminoso. É o produto da atividade sindicalista criminosa de um consórcio internacional de famílias dinásticas que compõem o que o autor denomina ***«A Ordem*** Mundial» (ver **«THE WORLD** ORDER» e **«THE CURSE OF** CANAAN», ambos de **Eustace Mullins**).[133] O Sistema da Reserva Federal é um banco central que opera nos Estados Unidos. Embora o estudante não encontre tal definição de banco central nos manuais de nenhuma universidade, o autor definiu um banco central da seguinte forma:

- É o poder financeiro dominante do país que o abriga.
- É inteiramente de propriedade privada, embora procure dar a aparência de uma instituição governamental.
- Tem o direito de imprimir e emitir dinheiro, a prerrogativa tradicional dos monarcas.
- Foi criado para financiar guerras.
- Funciona como um monopólio monetário com poder total sobre todo o dinheiro e crédito do povo.

P: Quando o Congresso aprovou a Lei da Reserva Federal em 23 de dezembro de 1913, os congressistas sabiam que estavam a criar um banco central?

R: Os membros do 63.º Congresso não tinham conhecimento de um banco central nem das suas operações monopolistas. Muitos dos

[133] Publicado pela Omnia Veritas Ltd – www.omnia-veritas.com

que votaram a favor do projeto de lei foram enganados; outros foram subornados; outros foram intimidados. O prefácio da Lei da Reserva Federal diz:

«Uma Lei que prevê a criação de bancos da Reserva Federal, para fornecer uma moeda elástica, para proporcionar meios de redesconto de títulos comerciais, para estabelecer uma supervisão mais eficaz da atividade bancária nos Estados Unidos e para outros fins.»

Os «outros fins» não especificados consistiam em dar aos conspiradores internacionais o ***monopólio de todo o dinheiro e crédito*** do povo dos Estados Unidos; financiar a Primeira Guerra Mundial através deste novo banco central; colocar os trabalhadores americanos à mercê da agência de cobrança do sistema da Reserva Federal, o ***Internal Revenue Service***; e permitir que os monopolistas apreendessem os ativos dos seus concorrentes e os levassem à falência.

P: O Sistema da Reserva Federal é uma agência governamental?

R: Até mesmo o atual presidente da Comissão Bancária da Câmara dos Representantes afirma que a *Reserva Federal é uma agência governamental* e que não é de propriedade privada. A verdade é que ***o governo nunca detém uma única ação do Banco da Reserva Federal.*** Esta farsa decorre do facto de o Presidente dos Estados Unidos nomear os governadores do Conselho da Reserva Federal, que são depois confirmados pelo Senado. O autor secreto da *lei,* o banqueiro **Paul Warburg**, representante do banco **Rothschild**, inventou do nada o nome «Federal» para a lei, que redigiu para concretizar duas das suas principais aspirações: uma «*moeda* elástica» (leia-se «cheque sem cobertura») e facilitar a negociação de aceites e créditos comerciais internacionais. **Warburg** foi fundador e presidente da *International Acceptance Corporation* e obteve lucros na ordem dos milhares de milhões através da negociação deste papel comercial. A Sec. 7 da Lei da Reserva Federal estipula

«Os bancos da Reserva Federal, incluindo o capital e as reservas neles contidos, bem como os rendimentos daí decorrentes, estarão isentos de tributação federal, estadual e local, exceto impostos sobre bens imóveis.»

Os edifícios governamentais não pagam imposto sobre imóveis.

P: As nossas notas de dólar, que ostentam a inscrição «notas da Reserva Federal», são dinheiro do governo?

R: ***As notas da Reserva Federal*** são, na verdade, notas promissórias, ***promessas de pagamento***, em vez do que tradicionalmente consideramos dinheiro. São notas que vencem juros emitidas contra obrigações do Estado que vencem juros, papel emitido sem qualquer lastro, o que é conhecido como moeda fiduciária, porque conta apenas com a garantia do emitente para garantir estas notas. A Lei da Reserva Federal autoriza a emissão destas notas,

«com o objetivo de conceder adiantamentos aos bancos da Reserva Federal... As referidas notas serão obrigações dos Estados Unidos. Serão resgatadas em ouro, mediante pedido, no Departamento do Tesouro dos Estados Unidos, no Distrito de Columbia.»

Os turistas que visitam o *Bureau of Printing and Engraving* no Mall, em Washington, D.C., observam a impressão das notas da Reserva Federal nesta agência governamental, sob contrato com o ***Sistema da Reserva Federal,*** pelo valor nominal de 0,00260 cada, em lotes de 1.000, ao mesmo preço independentemente do valor facial. Estas notas, ***impressas para um banco privado***, tornam-se então passivos e obrigações do governo dos Estados Unidos e são adicionadas à nossa atual dívida de 4 biliões de dólares. O governo não tinha dívida quando a Lei da Reserva Federal foi aprovada em 1913.

P: Quem detém as ações dos Bancos da Reserva Federal?

R: As famílias dinásticas da *Ordem Mundial* dominante, internacionalistas que não são leais a nenhuma raça, religião ou nação. São famílias como os Rothschild, os **Warburg**, os **Schiff**, os Rockefeller, os **Harriman**, os **Morgan** e outras conhecidas como *a elite*, ou «os grandes ricos».

P: Posso comprar estas ações?

R: **Não**. A Lei da Reserva Federal estipula que as ações dos Bancos da Reserva Federal não podem ser compradas ou vendidas em nenhuma bolsa de valores. São transmitidas por herança como a fortuna dos «grandes ricos». Quase metade dos proprietários de ações dos Bancos da Reserva Federal *não são americanos.*

P: A Autoridade Tributária é uma agência governamental?

R: Embora figure como parte do *Departamento do Tesouro*, o ***IRS*** é, na realidade, uma agência de cobrança privada do Sistema da Reserva Federal. Tem a sua origem na ***«Mão Negra»*** *da Itália medieval*, um es de cobrança de dívidas por meio da força e da extorsão a serviço *das famílias mafiosas italianas* no poder. Todos os impostos sobre o rendimento das pessoas singulares cobrados pelo ***IRS*** são obrigatoriamente depositados, por lei, no ***Banco da Reserva Federal*** mais próximo, nos termos da Secção 15 da Lei da Reserva Federal,

«Os fundos detidos no fundo geral do Tesouro podem ser... depositados em bancos da Reserva Federal, os quais, quando solicitado pelo Secretário do Tesouro, devem atuar como agentes fiscais dos Estados Unidos.»

P: O Conselho da Reserva Federal controla o preço e a quantidade diária de dinheiro?

R: O ***Conselho de Governadores da Reserva Federal***, reunindo-se à porta fechada como Comité Federal de Mercado Aberto com os presidentes dos ***Bancos da Reserva Federal***, controla toda a atividade económica nos Estados Unidos através da emissão de ordens para comprar obrigações do Estado no mercado aberto, ***criando dinheiro a partir do nada*** e causando pressão inflacionista, ou, inversamente, vendendo obrigações do Estado no mercado aberto e extinguindo a dívida, criando pressão deflacionista e provocando a queda do mercado bolsista.

P: O Congresso pode abolir o Sistema da Reserva Federal?

R: A última disposição da Lei da Reserva Federal de 1913, Sec. 30, estabelece:

«O direito de emendar, alterar ou revogar esta Lei é expressamente reservado.»

Esta formulação significa que ***o Congresso*** pode, a qualquer momento, tomar medidas para abolir o Sistema da Reserva Federal, ou recomprar as ações e integrá-las no Departamento do Tesouro, ou alterar o Sistema conforme entender conveniente. Nunca o fez.

P: Existem muitos críticos do Sistema da Reserva Federal além de si?

R: Quando comecei as minhas investigações em 1948, ***a Reserva Federal*** tinha apenas trinta e quatro anos. Nunca era mencionada na imprensa. Hoje, ***o Fed*** é discutido abertamente na secção de notícias e nas páginas financeiras. Existem projetos de lei no Congresso para que ***o Fed*** seja auditado pelo Gabinete de Contabilidade do Governo. Graças à *minha denúncia*, já não é uma vaca sagrada, embora os três principais candidatos à Presidência d e em 1992 — **Bush**, **Clinton** e **Perot** — tenham se unido num coro unânime durante os debates, afirmando que se comprometiam a não tocar no Fed.

P: Sofreu alguma consequência pessoal devido à sua denúncia sobre o Fed?

R: Fui despedido do quadro de funcionários *da Biblioteca do Congresso* depois de ter publicado esta denúncia em 1952, a única pessoa alguma vez demitida do quadro por motivos políticos. Quando intentei uma ação judicial, o tribunal recusou-se a julgar o caso. Toda a edição alemã deste livro foi queimada em 1955, o único livro queimado na Europa desde a Segunda Guerra Mundial. Tenho sofrido assédio contínuo por parte de agências governamentais, conforme detalhado nos meus livros «A WRIT FOR MARTYRS» e «MY LIFE IN CHRIST». A minha família também sofreu assédio. Quando falei recentemente na Wembley Arena, em Londres, a imprensa denunciou-me como «um lunático sinistro».

P: A imprensa apoia sempre a Reserva Federal?

R: Houve algumas deserções encorajadoras nos últimos meses. Uma notícia de primeira página do ***Wall Street Journal***, de 8 de fevereiro de 1993, afirmava:

«A atual estrutura do Fed é difícil de justificar numa democracia. É uma ***instituição*** estranhamente ***antidemocrática.*** A sua organização é tão antiquada que existe apenas um banco da Reserva a oeste das Montanhas Rochosas e dois no Missouri... Ter um banco central com o monopólio da emissão da moeda numa sociedade democrática é um equilíbrio muito difícil de alcançar.»

OUTROS TÍTULOS

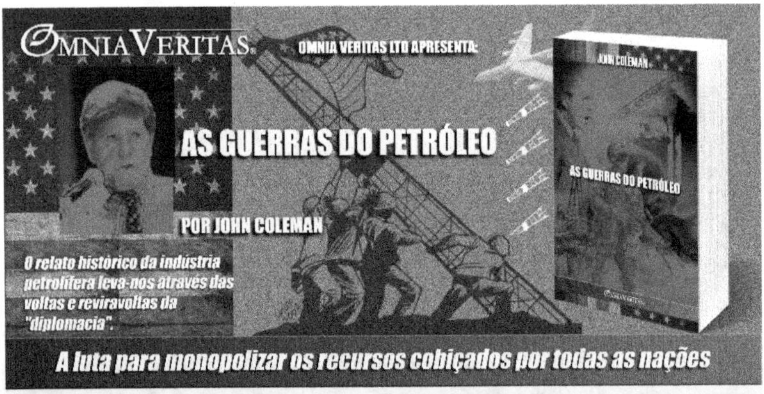
OMNIA VERITAS
OMNIA VERITAS LTD APRESENTA:
AS GUERRAS DO PETRÓLEO
POR JOHN COLEMAN
O relato histórico da indústria petrolífera leva-nos através das voltas e reviravoltas da "diplomacia".
A luta para monopolizar os recursos cobiçados por todas as nações
JOHN COLEMAN
AS GUERRAS DO PETRÓLEO

OMNIA VERITAS
OMNIA VERITAS LTD APRESENTA:
POR
JOHN COLEMAN
DIPLOMACIA POR ENGANO
UM RELATO DA CONDUTA DE TRAIÇÃO DOS
GOVERNOS DA GRÃ-BRETANHA
E DOS ESTADOS UNIDOS
A história da criação das Nações Unidas é um caso clássico da diplomacia do engano
JOHN COLEMAN
DIPLOMACIA POR ENGANO

OMNIA VERITAS
OMNIA VERITAS LTD APRESENTA:
por John Coleman
A HIERARQUIA DOS CONSPIRADORES
HISTÓRIA DO COMITÉ DE 300
Esta conspiração aberta contra Deus e o homem inclui a escravidão da maioria dos humanos...
JOHN COLEMAN
A HIERARQUIA DOS CONSPIRADORES
HISTÓRIA DO COMITÉ DE 300

OMNIA VERITAS
OMNIA VERITAS LTD APRESENTA:
INSTITUTO TAVISTOCK
de RELAÇÕES HUMANAS
Moldando o declínio moral, espiritual, cultural, político e económico dos Estados Unidos da América
Sem o Tavistock, não teria havido as Guerras Mundiais I e II.
por John Coleman
Os segredos do Instituto Tavistock para as Relações Humanas

OMNIA VERITAS
OMNIA VERITAS LTD APRESENTA:
JOHN COLEMAN
MAÇONARIA DE A A Z
MAÇONARIA
de A a Z
No século XXI, a Maçonaria tornou-se menos uma sociedade secreta do que uma "sociedade de segredos"
por John Coleman
Este livro explica o que é a Maçonaria

OMNIA VERITAS
OMNIA VERITAS LTD APRESENTA:
JOHN COLEMAN
O CLUBE DE ROMA
O GRUPO DE REFLEXÃO DA NOVA ORDEM MUNDIAL
Os muitos acontecimentos trágicos e explosivos do século XX não aconteceram por si só, mas foram planeados de acordo com um padrão bem estabelecido...
POR JOHN COLEMAN
Quem foram os planificadores e criadores destes grandes eventos?

OMNIA VERITAS
OMNIA VERITAS LTD APRESENTA:
PARA ALÉM da CONSPIRAÇÃO
DESMASCARAR O GOVERNO MUNDIAL INVISIVEL
por John Coleman
Todos os grandes acontecimentos históricos são planeados em segredo por homens que se rodeiam de total discrição
JOHN COLEMAN
Os grupos altamente organizados têm sempre uma vantagem sobre os cidadãos

OMNIA VERITAS
Omnia Veritas Ltd apresenta:
EUSTACE MULLINS
HOMICÍDIO POR INJEÇÃO
REDE SECRETA DO CARTEL MÉDICO REVELADA

www.ingramcontent.com/pod-product-compliance
Lightning Source LLC
LaVergne TN
LVHW011253061026
849535LV00005B/1240
* 9 7 8 1 8 0 5 4 0 4 8 2 8 *